Edition Zweite Moderne
Herausgegeben von
Ulrich Beck
Redaktion: Raimund Fellinger

André Gorz
Arbeit zwischen Misere und Utopie

Aus dem Französischen von
Jadja Wolf
Vom Autor für die deutsche
Ausgabe erweiterte und autorisierte
Übersetzung

Suhrkamp

Titel der Originalausgabe:
Misères du présent.
Richesse du possible

Erste Auflage 2000
© 1997, Éditions Galilé Paris
© der deutschen Ausgabe Suhrkamp Verlag Frankfurt am Main 2000

Satz: Hümmer, Waldbüttelbrunn
Druck: Pustet, Regensburg
Umschlag gestaltet nach einem Konzept
von Willy Fleckhaus: Rolf Staudt
Printed in Germany

2 3 4 5 6 – 05 04 03 02 01 00

Inhalt

Alle mit * gekennzeichneten Wörter sind deutsch im Original

Für Dorine
again, again and evermore

Einleitung

Wir müssen lernen, die nicht verwirklichten Möglichkeiten zu erkennen, die Chancen, die sich in den Rissen unserer zerfallenden Gesellschaft verbergen. Es muß unser erklärter Wille werden, uns diese Möglichkeiten anzueignen. Wir müssen die Veränderungen offensiv ergreifen. Wir müssen den Bruch mit der sterbenden Gesellschaft wagen, sie wird nicht mehr auferstehen. Wir müssen das Wagnis des Exodus eingehen. Von Symptombehandlungen der »Krise« ist nichts zu erwarten, denn es handelt sich um keine Krise mehr. Vielmehr hat sich ein neues System etabliert, und zwar eines, das die »Arbeit« massenweise abschafft. Es zwingt alle, gegen alle um die immer weniger werdende »Arbeit« zu kämpfen, und stellt dadurch die schlimmsten Formen von Herrschaft, Unterwerfung und Ausbeutung wieder her. Aber nicht diese Abschaffung der »Arbeit« dürfen wir diesem neuen System vorwerfen, sondern daß es eben diese »Arbeit«, deren Normen, Würde und allgemeine Zugänglichkeit es abschafft, weiterhin als Pflicht eines jeden, als verbindliche Norm und unersetzliche Grundlage unserer Rechte und unserer Würde postuliert. Deshalb müssen wir den Mut aufbringen, den Exodus aus der »Arbeitsgesellschaft« zu wagen. Sie besteht nicht mehr und kehrt auch nicht wieder zurück. Wir müssen sie begraben, statt ihr nachzutrauern, damit aus ihren Trümmern eine andere Gesellschaft entstehen kann. Und wir müssen lernen, hinter den unsere Gegenwart prägenden Widerständen, Fehlschlägen und Sackgassen die Konturen dieser anderen Gesellschaft auszumachen. Die »Arbeit« hat ihre zentrale Rolle im Bewußtsein, im Denken und der Vorstellungskraft aller Menschen zu verlieren, wir müssen lernen, sie mit anderen Augen zu betrachten – nicht mehr als das, was man hat oder nicht hat, sondern als das, was wir tun. Wir müssen es wagen, uns die Arbeit wiederanzueignen.

Die Auseinandersetzungen um das Buch von Jeremy Rifkin[1] sind in dieser Hinsicht aufschlußreich. Was er als »das Ende der Arbeit«

---

1 Jeremy Rifkin: *Das Ende der Arbeit und ihre Zukunft*, Frankfurt am Main 1995.

bezeichnet, bedeutet das Ende dessen, was man für gewöhnlich »Arbeit« nennt. Dabei handelt es sich aber weder um Arbeit im anthropologischen noch im philosophischen Sinn. Nicht um die Arbeit der Gebärenden noch um die des Bildhauers oder des Dichters. Nicht um »selbsttätige Gestaltung der stofflichen Umwelt« noch um »praktisch-sinnliche Tätigkeit«, durch die das Subjekt sich in einen Gegenstand entäußert, der sein Werk ist. Sondern es handelt sich ganz eindeutig nur um die spezifische, für den Industriekapitalismus typische »Arbeit«: also um Arbeit, die gemeint ist, wenn man sagt, daß eine Frau, die ihre eigenen Kinder erzieht, »keine Arbeit habe«, daß sie aber einer »Arbeit nachgehe«, wenn sie – und sei es auch nur für einige Stunden – andere Kinder erzieht, z. B. in einer Kinderkrippe oder einem Kindergarten.

Die »Arbeit«, die man *hat* oder nicht *hat*, braucht keine der Eigenschaften von Arbeit im anthropologischen oder philosophischen Sinn zu besitzen. Tatsächlich fehlt ihr heute sehr häufig das, was sie, Hegel zufolge, gerade ausmacht: Sie ist keine *Entäußerung*, durch die ein Subjekt sich verwirklicht, indem es sich in der objektiven Materialität dessen vergegenständlicht, was es schöpft oder herstellt. Die Millionen von Angestellten, die am Bildschirm »arbeiten«, »verwirklichen« nichts Greifbares. Ihre sinnlich-praktische Tätigkeit ist aufs äußerste reduziert, ihre Körper und ihr Empfindungsvermögen werden ausgeklammert. Ihre »Arbeit« ist in keinster Weise »stoffliche Gestaltung der sinnlich erfahrbaren Umwelt«, obwohl sie weitreichende indirekte Auswirkungen auf letztere haben kann. Die »Produkte« der im Immateriellen tätigen »Arbeiter« sowie der im Dienstleistungssektor Beschäftigten verschwinden meistens oder werden bereits im Verlauf ihrer Fertigstellung restlos verbraucht. Selten nur können diese »Arbeiter« sagen: »Das hier habe ich geschaffen. Dies ist mein Werk.« Ich hasse die Ideologen, die sich auf die philosophische oder anthropologische Definition von Arbeit berufen, um damit »Arbeiten« zu verherrlichen, die deren elende Negation sind.

Wer »das Ende der Arbeit« im Namen ihrer philosophischen oder anthropologischen Unentbehrlichkeit leugnen will, belegt unversehens das Gegenteil dessen, was er beweisen wollte: Denn gerade »Arbeit« im Sinne von Selbstverwirklichung, von »poiesis«, der Schaffung eines Werks, verschwindet in den virtualisierten

Realitäten der immateriellen Ökonomie am schnellsten. Soll die »wirkliche Arbeit« gerettet und bewahrt werden, ist die Einsicht unabdingbar, daß *diese nicht mehr bei der »Arbeit«* stattfindet. Denn Arbeit im Sinne von *poiesis,* von *»schaffen«,* findet nicht mehr (oder nur noch äußerst selten) als bezahlte und gesellschaftlich anerkannte Arbeit statt. So läßt sich die Notwendigkeit der »Arbeitsgesellschaft« keineswegs durch die Unentbehrlichkeit der anthropologischen Arbeit beweisen. Im Gegenteil: Wir müssen aus der »Arbeit« und der »Arbeitsgesellschaft« ausbrechen, um die Möglichkeit zu »wirklicher Arbeit« und die Freude an ihr wiederzufinden. In gewisser Hinsicht (wenn auch anders als ich) meint das Rifkin, wenn er sagt, daß die »Arbeit«, deren Ende er verkündet, durch Aktivitäten anderer Art abgelöst werden soll.

Die vom Kapitalismus in seinem Endstadium massenweise abgebaute »Arbeit« ist eine gesellschaftliche Konstruktion. Gerade darum kann sie auch abgeschafft werden. Warum sagt man von einer Frau, sie *habe* Arbeit, wenn sie in der Grundschule unterrichtet, und sie habe keine, wenn sie ihre eigenen Kinder großzieht? Weil sie im ersten Fall für das, was sie tut, bezahlt wird und im zweiten Fall nicht? Aber selbst wenn etwa die Mutter am heimischen Herd ein dem Gehalt einer Erzieherin entsprechendes Kindergeld erhielte, *hätte* sie immer noch keine »Arbeit«, auch dann nicht, wenn sie ein Diplom als Erzieherin erworben hätte. Und warum nicht? Weil die »Arbeit« als *soziale* Aktivität definiert wird, die sich in den Strom des gesamtgesellschaftlichen Warenaustausches einfügt. Ihre Entlohnung ist Ausdruck dieser Einfügung, aber dennoch nicht das Wesentliche. Dieses besteht in der *gesellschaftlich anerkannten und normierten Funktion, die* »Arbeit« *in der Produktion und der Reproduktion der Gesamtgesellschaft innehat.* Um aber eine gesellschaftlich anerkannte Funktion zu erfüllen, muß sie selbst als Ausübung *gesellschaftlich festgelegter Kompetenzen,* die mit *gesellschaftlich bestimmten Verfahren* übereinstimmen, anerkannt sein. Mit anderen Worten, sie muß ein »Beruf« sein, will heißen *die Ausübung von gemäß anerkannter Verfahren institutionell bestätigten Kompetenzen.* Keine dieser Voraussetzungen erfüllt die Mutter am heimischen Herd. Ihre Arbeit läßt sich nicht in den gesamtgesellschaftlichen Arbeitsprozeß integrieren. Sie untersteht keinen anerkannten Verfahren, deren Übereinstimmung mit Berufsnormen institutionell kontrollierbar wäre, und die allgemeinen Bestimmungen von Arbeitszeit und Leistung gelten für sie nicht. Kurz: ihre Arbeit ist nicht in der öffentlichen Sphäre angesiedelt, entspricht nicht *gesellschaftlich definierten* und kodifizierten *Bedürfnissen*. Und zwar ebensowenig wie die Arbeit eines Sklaven oder Dieners, der persönliche Wünsche seines Herrn erfüllt. Aber auch ebensowenig wie die künstlerische, wissenschaftliche oder schöpferische Arbeit.

Der schöpferische Mensch, ob Theoretiker oder Künstler, »arbeitet« nur dann (*hat* nur dann eine Arbeit), wenn er der öffentlich und gesellschaftlich bestimmten Nachfrage entsprechend Seminare abhält oder Unterricht erteilt. Das Gleiche gilt für alle künstlerischen, sportlichen, philosophischen etc. Tätigkeiten, deren Ziel die Schaffung von Sinn, von Subjektivität, von Wissen etc. ist. Schöpferische Tätigkeit ist nicht sozialisierbar, kodifizierbar. Sie ist immer wesentlich Überschreitung und Neuschöpfung von Normen und Codes sowie Einsamkeit, Rebellion und Verweigerung von »Arbeit«. Sie kann nicht als »Arbeitsersatz« gelten, der die Arbeitsgesellschaft weiter am Leben erhalten soll.

Die »Arbeit« stellt, auf Grund der mit ihr einhergehenden Standardisierung von Fähigkeiten, Verfahrensweisen und Bedürfnissen, ein wichtiges Sozialisierungs-, Normalisierungs- und Standardisierungsinstrument dar, das Erfindergeist, Phantasie und individuelle oder kollektive Selbstbestimmung neuer Normen, Bedürfnisse und Fähigkeiten unterdrückt und einschränkt. Deshalb mußte die gesellschaftliche Anerkennung von neuen Aktivitäten und Kompetenzen, die neuen Bedürfnissen entsprechen, stets in gesellschaftlichen Konflikten durchgesetzt werden. Dabei ging es immer, zumindest implizit, auch ums Politische: Die Verfügungsmacht der Gesellschaft (ihrer Institutionen, Berufsorganisationen, Gesetze und Vorschriften) über die gesellschaftlichen Akteure mußte zugunsten von deren Verfügungsmacht über die Gesellschaft zurückgedrängt werden.

Hier liegt einer von vielen Gründen für die Leichtigkeit, mit der der Neoliberalismus sich seit dem Ende der siebziger Jahre durchgesetzt hat. Die durch den Fordismus geförderte Normalisierung stieß auch in der Arbeiterklasse zunehmend auf Ablehnung – ebenso wie die vom Bürokratismus des Wohlfahrtsstaates gestützte »Diktatur über die Bedürfnisse«: Die »Bürger« waren zu »Verwaltungsfällen« geworden, die nur dann Rechte besaßen, wenn ihr individueller »Fall« in die bestehenden Kategorien der offiziell anerkannten Bedürfnisse paßte. Die kollektive Lösung kollektiver Probleme, die kollektive Befriedigung kollektiver Bedürfnisse wurden dadurch vermieden und die Herrschaft des Staatsapparates über die auf einen »Kundenstatus« reduzierten Bürger verstärkt.[2]

Im Prinzip (aber eben nur im Prinzip) hätten die Massenabschaffung von »Arbeit«, ihre postfordistische Entstandardisierung, die Entstaatlichung und Entbürokratisierung der sozialen Absicherungen dazu führen können, Freiräume für eine Fülle von selbstorganisierten Netzwerken der Selbsthilfe und der Selbsttätigkeit zu eröffnen. Diese Befreiung der Arbeit und diese Ausweitung des öffentlichen Raumes haben aber nicht stattgefunden. Denn sie hätten eine andere Zivilisation, eine andere Gesellschaft und eine andere Ökonomie vorausgesetzt, in der die Macht des Kapitals über die Arbeit und der Vorrang der Rentabilitätskriterien beseitigt wären. Die postfordistische Abkehr von der Standardisierung und Massenfertigung sowie die Entbürokratisierung verfolgten jedoch das genau entgegengesetzte Ziel. An die Stelle der vom Sozialstaat verfügten Gesetze sollten die anonymen »Gesetze« des Marktes treten, und das uneingeschränkte Spiel dieser »Gesetze« sollte das Kapital gegen die politische Macht schützen. Die aufmüpfigen Arbeiterklassen sollten durch den Abbau von Arbeitsplätzen zur Raison gebracht werden. Gleichzeitig aber sollte die »Arbeit« die Basis gesellschaftlicher Zugehörigkeit und sozialer Rechte, des Selbstwertgefühls und der Achtung durch andere bleiben.

Und so begann eine neue Ära, in der die neuen, zur Minderung menschlicher Not und Abhängigkeit geeigneten Technologien und Möglichkeiten als Herrschafts- und Unterwerfungsmittel angewendet werden. So treten die aus der Entstehungszeit des Manufakturkapitalismus Ende des 18. Jahrhunderts bekannten Formen

2 Vergleiche hierzu die sehr konkrete und erhellende »Critique de l'État providence« von Bo Rothstein, in: J.-P. Durand: *La fin du modèle suédois*, Paris 1994.

von Subproletarisierung, körperlichem Elend, »Landstreicherei« und »Straßenräuberei« wieder auf. So breiten sich die Lebensbedingungen der »Dritten Welt« auch in der »Ersten Welt« aus. Und die »Weiterentwicklung« von Kapitalverwertungsprozessen richtet die nicht primär vom Kapital verwertete Subsistenzproduktion weiter zugrunde und zwingt Hunderte von Millionen der Landbevölkerung (das ist keine Übertreibung) in der »Dritten Welt« dazu, in die Slums der gigantischen urbanen Ballungszentren zu strömen und diese weiter zu vergrößern. So erzielt die in der Geschichte bisher unerreichte Fülle von Kapital gleichzeitig eine in der Geschichte zuvor nie dagewesene Profitrate. Und so gelingt es diesem Kapital, zunehmenden Reichtum mit immer weniger Arbeit zu erzeugen, immer weniger Löhne und immer weniger (ja teilweise sogar überhaupt keine) Steuern auf die Gewinne zu zahlen und sich damit weder an der Finanzierung der durch die Produktion verursachten Sozial- und Umweltkosten mehr zu beteiligen noch an den Kosten der Infrastruktur, auf die die Produktion angewiesen ist.

So geriet die materielle und kulturelle Reproduktion der Gesellschaften in die Krise, und auf allen Kontinenten breiten sich Anomie und Barbarei aus, verschleierte oder offene Bürgerkriege, Furcht vor einem Zusammenbruch der Zivilisation und einer Implosion der von den Finanzmärkten dominierten Weltwirtschaft, in der Geld Geld durch den alleinigen Kauf und Verkauf von Geld selbst einträgt. Geld ist zu einem die produktiven Wirtschaftssektoren aussaugenden Parasiten geworden und das Kapital zu einem Räuber, der die Gesellschaft plündert. Beide lösen sich auf Grund der globalen Ausbreitung des keinen Regeln und Einschränkungen unterliegenden Marktes von den Staaten und Gesellschaften ab und ersetzen die nationalstaatlich verfaßten Gesellschaften durch die absolute Gesellschaftslosigkeit und die Nationalstaaten durch einen »virtuellen« Staat ohne Territorium, Grenzen, Entfernungen und ohne Bürger, kurz, durch den Weltstaat im Dienste eines absolutistischen Herrschers, nämlich den des Geldes. Und also gelangt das Kapital an sein Ziel: Es ist absolute, ungeteilte und uneingeschränkte Macht. Losgelöst von Lebenswirklichkeit und erfahrbarer Realität, ersetzt es die menschliche Urteilskraft durch den kategorischen Imperativ seines ständigen Wachstums und entzieht seine Macht dem menschlichen Zugriff: Das Kapital hat seinen Exodus erfolgreich betrieben.

Damit ist es dem Kapitalismus gelungen, die Krise des fordistischen Modells zu überwinden. Das erreichte er durch die Aneignung eines *über ihn hinausweisenden*, technisch-wissenschaftlichen Wandels, dessen *historischer und anthropologischer Reichweite er selbst nicht mehr gewachsen ist*.[3] Die wichtigsten Produktivkräfte, sowohl die Arbeit (und hier stehen wir erst am Anfang der Entwicklung) als auch das fixe Kapital, hat er weitgehend entmaterialisiert. Seitdem wird beim fixen Kapital das gespeicherte und durch die neuen Informationstechnologien jederzeit abrufbare Wissen immer wichtiger und bei der Arbeitskraft die intellektuellen Fähigkeiten. Die Grenze zwischen dem Intellekt und dem fixen Kapital – das heißt zwischen dem lebendigen Wissen und dem Maschinenwissen – ist heute fließend. Der postfordistische Kapitalismus macht sich Stalins Motto, »Der Mensch ist das wertvollste Kapital«, zu eigen. Er wird in den Produktionsprozeß als »menschliche Ressource«, als »Humankapital«, als humanes fixes Kapital einbezogen. Seine spezifisch menschlichen Fähigkeiten werden mit dem unpersönlichen Maschinenwissen zu ein und demselben System verschmolzen. Er wird ganz bis in sein Subjekt-Sein hinein Cyborg und Produktionsmittel, also zugleich Kapital, Ware und Arbeit. Und insoweit seine Fähigkeiten im Verwertungsprozeß des Geldkapitals nicht gefragt sind, wird er zurückgewiesen, ausgeschlossen, als nicht existent betrachtet. Das wertvollste Kapital ist der Mensch nur dann, wenn er als Kapital fungieren kann.

Eben das rückt folgende, von Lester Thurow präzis gestellte

---

3 Besser als jeder andere hat Jacques Robin die Mehrdimensionalität dieses Wandels aufgezeigt, der »nicht nur unser konzeptuelles Weltbild, sondern auch unsere Fähigkeiten, die Wirklichkeit wahrzunehmen, verändert«. Er zeigt, daß dieser Wandel einen »fundamentalen Bruch« in der Menschheitsgeschichte nach sich zieht: Er beendet die »Ära der Energie«, die seit dem Beginn des Neolithikums die Materie durch den Einsatz immer effektiverer Energiequellen umzuwandeln sucht. Die Informationsrevolution stürzt die kapitalistische Wirtschaft, Gesellschaft und noch grundlegender die kapitalistische Zivilisation in eine Krise. Vergleiche hierzu J. Robin: *Changer d'ère*, Paris 1989, vor allem die Kapitel 1 und 5. Vergleiche auch vom selben Autor: *Quand le travail quitte la société industrielle*, zwei von der Groupe de réflexion inter- et transdisciplinaire (GRIT) edierte Hefte, 1993-1994, 21, Bd. de Grenelle, Paris.

Frage in den richtigen Zusammenhang: »Wie kann der Kapitalismus funktionieren, wenn das wichtigste Kapital, das Wissenskapital, keinen Besitzer mehr hat?«[4] Darauf gibt der Kapitalismus zur Zeit nur zwei vorläufige Teilantworten:

Erstens das »Individualunternehmen«: Bei diesem versteht sich »der Mensch« selbst als Kapital und verwertet sich als solches. Das trifft auf die von Rifkin sogenannte Wissensarbeiterelite zu, die jene 4% der amerikanischen Erwerbstätigen ausmacht, die zusammen gleich viel verdienen wie die Hälfte (51%) aller Erwerbstätigen. Robert Reich charakterisiert sie als »eine kleine Elite erfolgreicher Amerikaner in einem Land von zunehmend verarmten Arbeitern. Die Mitglieder dieses High-Tech-Nomaden-Stammes haben miteinander mehr gemein als mit den Bürgern der Länder, in denen sie ihre Geschäfte abwickeln. (...) Sie werden sich in zunehmend von der Welt isolierte Enklaven zurückziehen (...) und ihre Tätigkeitsbereiche werden mit dem übrigen Amerika wenig gemein haben.«[5]

Die zweite Antwort ist die von den großen Firmen vorgeschlagene Lösung, welche durch die Wiedereinführung von vorkapitalistischen, beinahe feudalen Abhängigkeits- und Zugehörigkeitsverhältnissen die Betriebe zu Besitzern von »Humankapital« macht (ich komme darauf noch zurück).

Nur durch grundlegende Veränderungen kann der Zusammenbruch des Kapitalismus verhindert werden, prognostiziert Thurow, nur durch »ein großes Projekt«, »eine überzeugende Vision für eine bessere Zukunft«, »die Vision eines höheren Allgemeinwohls für die Gesamtgesellschaft«. Aber eine solche Vision gibt es nirgends, fügt er hinzu, »es ist Aufgabe der Linken, sie zu entwerfen«. Soll der Kapitalismus nun also trotz allem gerettet werden? Ist das überhaupt möglich? Kann man nichts Besseres tun? Können wir seinen Exodus mit unserem Exodus in nicht von ihm beherrschte Gegenden beantworten? Gibt es Wege für diesen Exodus, die sowohl in den reichen Ländern gangbar wären als auch in den armen, in denen gegenwärtig 800 Millionen völlig oder zeitweise arbeitslos sind und in den kommenden fünfundzwanzig Jahren

---

4 Vergleiche Lester Thurow: *Die Zukunft des Kapitalismus*, Düsseldorf 1996.
5 Robert Reich: *The Work of Nations: Preparing Ourselves for 21st Century Capitalism*, New York 1992, S. 302 f.

1200 Millionen junger Menschen auf den »Arbeitsmarkt« drängen werden?

Zwischen untergeordneten und revolutionären Reformen haben schon zu Beginn der sechziger Jahre einige von uns unterschieden.[6] Erstere beschäftigen sich mit dringend zu beseitigenden Funktionsstörungen der bestehenden Gesellschaft, letztere haben die Überwindung der bestehenden Gesellschaft zugunsten einer anderen Gesellschaft, die in jener bereits keimt, zum Ziel. Aufgabe der Politik ist es nun, die strategischen Zwischenziele zu bestimmen, die den dringenden Anforderungen der Gegenwart genügen und zugleich die andere, keimende Gesellschaft präfigurieren.

Den gleichen Gedanken finde ich heute bei Henri Maler[7] und Jacques Bidet wieder, dem ich mich am stärksten verbunden fühle. Er schreibt:»Wenn man nicht mehr mit Blick auf ein radikal anderes Ziel handelt, läuft man Gefahr, die genaue Grenze zwischen der sozialistischen Umgestaltung der kapitalistischen Gesellschaft und einer bloßen Neugestaltung des Kapitalismus zu verwischen. (...) Vernünftigerweise ist die Geschichte aus der Perspektive ihrer denkbaren Vollendung zu sehen (...). Schließlich werden allein diejenigen gehört werden, die das Gesicht der Welt verändern wollen.«[8]

6 Vergleiche André Gorz: *Zur Strategie der Arbeiterbewegung im Neokapitalismus*, Frankfurt am Main 1967, und *Der schwierige Sozialismus*, Frankfurt am Main 1968.
7 Henri Maler: *Convoiter l'impossible. L'utopie avec Marx, malgré Marx*, Paris 1995.
8 Jacques Bidet: »Il n'y a pas de communisme après le socialisme«, ein am 15. Mai 1993 am Institut de recherches marxistes vorgetragenes Exposé. Jacques Bidet ist gemeinsam mit Jacques Texier Direktor der Zeitschrift *Actuel Marx*, die bei PUF erscheint, und Verfasser von unter anderem: *Théorie de la Modernité*, Paris 1990.

I. Vom Sozialstaat zum Kapitalstaat

> Der Liberalismus ist selbst auch eine Reglementie-
> rung mit staatlichem Charakter. Durch Gesetze und
> Zwangsmaßnahmen wird er eingeführt und aufrecht-
> erhalten, er ist das Ergebnis eines Willens, der sich
> seiner eigenen Ziele bewußt ist, und nicht etwa der
> spontane, zwangsläufige Ausdruck ökonomischer Ge-
> gebenheiten.
>
> *Antonio Gramsci*

1. Die große Weigerung

»Der Kapitalismus hat der Arbeiterklasse den Krieg erklärt und er
hat ihn gewonnen«, schreibt Lester Thurow.[9] Das ist kein schlech-
ter Einstieg. Denn die Globalisierung läßt sich weder durch die
Revolution der Informationstechnologie noch durch die Suche
nach neuen Absatzmärkten erklären. Sie begann als eine genuin politische Antwort auf die Mitte der sechziger Jahre so genannte
»Krise der Regierbarkeit«. Diese Krise, deren Bewältigung das
Hauptziel der im Kreis der Trilateralen Union versammelten öffentlichen und privaten Entscheidungsträger darstellte, manife-
stierte sich auf allen Ebenen der Gesellschaft: auf der des Staates, der
der Universitäten und Schulen, der Unternehmen, Städte, Kran-
kenhäuser und der Institutionen zur Sicherung der kulturellen
Reproduktion der Gesellschaft.

In den Vereinigten Staaten hatte die Krise im Sommer des Jah-
res 1964 nahezu den Charakter einer Revolte angenommen: Von
der Ost- zur Westküste sich ausbreitende Krawalle des schwarzen
Proletariats verwüsteten ganze Stadtteile der großen Städte und
ließen sie in Flammen aufgehen. In Detroit dauerte der Aufstand
beinahe eine ganze Woche. Er setzte sich bis in die siebziger Jahre
durch massive Verweigerung und durch Sabotageakte in den großen Fabriken und Universitäten fort. Mit einer Verzögerung von
mehreren Jahren erreichte die »Rebellion« 1967 auch die Universitäten und Schulen Westdeutschlands, griff dann auf die Industrie-

9 Lester Thurow: *op. cit.*

18

zentren des übrigen Europa über und dauerte bis in die Mitte der siebziger Jahre (in Italien sogar bis 1980) an, und zwar in Form von Arbeiteraktionen, die sich grundlegend von den üblichen Streiks unterschieden. Sie äußerten sich als Verweigerung der strikten Arbeitszeiten und Verweigerung der Arbeitsplatzeinstufung, als Gehorsamsverweigerung gegenüber den »Vorgesetzten«, eigenständige Verlangsamung der Taktzeiten am Fließband und längere Werksbesetzungen einschließlich der Festsetzung von Firmenchefs oder Managern und als Weigerung, Vollmachten an die legal gewählten Repräsentanten der Betriebschaft zu delegieren, Verweigerung von Verhandlungen über die Forderungen der Basis und ganz einfach Arbeitsverweigerung.

Auch außerhalb der großen Fabriken, Büros und Geschäfte gab es damals vielfältige Weisen, sich der angewohnten, beinahe institutionellen Pflege des Klassenkompromisses – der Grundlage des »fordistischen Kompromisses« – zu verweigern. Die sozialen Bewegungen der Jahre 1967-1974 stellten sich bewußt außerhalb des von den Institutionen vorgegebenen Terrains. Statt Ansprüche zu erheben versuchten sie selbst unmittelbar »das Leben« samt seiner Bedingtheiten und Inhalte zu verändern: es nicht mehr der Logik der Produktivität wie der der abstrakten Arbeit, der Standardisierung, dem Massenkonsum, der Normalisierung, Quantifizierung und Synchronisierung zu unterwerfen sowie Bedürfnisse und Wünsche hervorzuheben, die sich nicht durch Waren oder Geld befriedigen lassen.[10] Diesbezüglich schreiben Pietro Ingrao und Rossana Rossanda: »Viel weitreichender noch als die Oppositionen der Umweltbewegungen ist die feministische Opposition, die der politischen Sphäre vorwirft, sich an wesentlich männlichen, produktivistischen Kriterien, (...) zu orientieren, die vom Körper, der Reproduktion und den Gefühlen (...) abstrahieren. Körper und Geschlecht (...) widerstehen der juridischen Abstraktion, dieser

10 Wer den Reader von Alexis Chassagne und Gaston Montracher: *La fin du travail*, Paris 1978 liest oder wieder liest, kann sich eine Vorstellung von der lustvoll subversiven Radikalität der damaligen Bewegungen machen. Er besteht aus Auszügen französischer, amerikanischer und italienischer Bücher, Zeitschriften, Zeitungen, aus situationistischen, anarchistischen und marxistischen Texten, in denen der Aufruf »Nieder mit der Arbeit!« als ein Leitmotiv immer wieder auftaucht. Vergleiche auch Franco Berardi, genannt Bifo: *Le ciel est enfin tombé sur la Terre*, Paris 1978.

reductio ad unum, die keine Gleichheit des Ungleichen kennt und die Grundlage der männlichen Kultur und Macht bildet.«[11]

Anders als die Begründer des Wohlfahrtsstaates annahmen, hatten die Sozialleistungen die Bevölkerung weder mit der kapitalistischen Gesellschaft versöhnt, noch hatten die ständigen Verhandlungs- und Schlichtungsverfahren die gesellschaftlichen Antagonismen entschärft. Im Gegenteil: Da der Staat sich in alle Bereiche einmischte, überall reglementierte, schützte und schlichtete, war er an die Stelle weiter Teile der Zivilgesellschaft getreten. Damit stand er in vorderster Front. Er war für alles oder fast alles verantwortlich, wurde ständig von allen Seiten angegriffen oder beansprucht und war so gerade wegen der Wichtigkeit seiner Funktionen verwundbar geworden. Es war das unausgesprochene Projekt der trilateralen Union, an die Stelle dieser zu deutlich greifbaren und angreifbaren Ordnungsmacht eine unsichtbare und nicht zur Rechenschaft zu ziehende zu setzen, deren von niemand verantwortete Gesetze sich allen wie »Naturgesetze« unausweichlich aufzwingen würden. Diese Ordnungsmacht ist der Markt.

Die gleiche Überlegung galt für die »Krise der Regierbarkeit« innerhalb der Unternehmen. Die Gigantomanie der großen Fabriken, die für den Fordismus charakteristischen großen Verwaltungsapparate, die zentralisierte, hierarchische, bis ins Kleinste festgelegte Arbeitsteilung, die eine Fülle von »Offizieren und Unteroffizieren der Produktion« (Marx) verlangte, machte die Unternehmen extrem verwundbar. Auch galt es, möglichst rasch die allzu greifbare zentrale Ordnungsmacht durch Formen dezentraler Selbst-Organisation zu ersetzen, das heißt durch eine Vernetzung von relativ selbständigen Untereinheiten, die darüber hinaus auf Grund eigenständiger gegenseitiger Abstimmung die Organisationskosten zu senken erlaubten. Dadurch sollten der Widerstand der Beschäftigten und die Verhandlungsmacht der Gewerkschaften geschwächt sowie die im Gefolge von kollektiven Tarifabschlüssen,

---

11 Pietro Ingrao, Rossana Rossanda: *Appuntamenti di fine secolo*, Rom 1995. Der letzte Satz dieses Zitats liefert eine hervorragende Definition dessen, was Th. W. Adorno als die Kategorie des »Nicht-Identischen« bezeichnet. Von ihr wird am Ende dieses Buches, unter dem Stichwort »das Subjekt der Kritik« die Rede sein.

Betriebsvereinbarungen und Sozialgesetzgebung sich vermeintlich eingebürgerten »Verkrustungen« aufgebrochen werden. Mit einem Wort, es ging darum, »den Arbeitsmarkt von dem zu befreien«, was ihn »verfälschte«. Die Parole lautete: »Deregulierung«.

2. Der Exodus des Kapitals

Die »Krise der Regierbarkeit« auf der Ebene der Gesellschaften wie auf der der Unternehmen machte die Hinfälligkeit eines Modells sichtbar. Fast dreißig Jahre lang hatten die westlichen Regierungen eine keynesianische, dirigistische Politik verfolgt. Durch Geld- und Steuermaßnahmen kurbelte der Staat Produktion und Nachfrage an, verteilte einen wachsenden Anteil des produzierten Reichtums um und schaffte durch öffentliche Ausgaben ebensoviele Arbeitsplätze, wie der Produktivitätszuwachs im privaten Sektor vernichtete. Seit dem Beginn der siebziger Jahre stieß die Expansion der Wirtschaft aber an Grenzen, die eine Politik zur Förderung und Ankurbelung des Wachstums nicht mehr überwinden konnte. Die Binnenmärkte waren gesättigt und rechtfertigten keine Erweiterungsinvestitionen mehr. Die »Grenzproduktivität des Kapitals« (das heißt die Gewinnsteigerung durch eine zusätzliche Investition) ging gegen Null, wobei ihr Rückgang das Ende einer Epoche bedeutete, in der die Produktion, die Nachfrage, die Produktivität und die Profite in einem ausgewogenen Verhältnis wachsen konnten.

Mit der Verlangsamung des wirtschaftlichen Wachstums tendierten Skalenerträge und Produktivitätssteigerung ihrerseits nach unten. Der keynesianische Staat und die von ihm verfolgte Strategie bescherten dem Kapitalismus fortan mehr Nachteile als Vorteile. Denn bei mangelndem Wirtschaftswachstum vergrößerten sie den Druck und den Einfluß des Staates auf die Gesellschaft. In den sozialpolitisch avanciertesten Ländern beliefen sich die öffentlichen Ausgaben auf 70% und mehr und die öffentlichen Defizite auf 10% des Bruttoinlandsprodukts. Der von den schwedischen Sozialdemokraten aufgegriffene Meidner-Plan machte deutlich, daß selbst der private Kapitalbesitz nicht mehr länger unantastbar war. Ihm zufolge sollten die von den Gewerkschaften verwalteten Sozialfonds die Schlüsselindustrien des Landes nach und nach aufkaufen, um sie als Arbeiterkooperativen in Übereinstimmung mit dem sozialdemokratischen Modell einer egalitären und genügsamen Alltagskultur zu betreiben.

Angesichts der drohenden Vergesellschaftung oder Verstaatlichung lag es im Interesse des Kapitals, seine Symbiose mit einem Staat zu beenden, der unfähig geworden war, für einen Aufschwung des Binnenmarktes zu sorgen. Planung oder »konzertierte Aktionen« waren nur in der Phase des »extensiven Wachstums« vorteilhaft gewesen, als die Stückkosten durch die zunehmende Großserienproduktion in den immer gigantischeren Fabrikanlagen sich verringerten. Dafür mußte die Industrie Investitionen langfristig planen und war zudem auf einen Staat angewiesen, der seinerseits die Infrastruktur und die unentbehrlichen öffentlichen Dienstleistungen langfristig planen konnte. Mit dem Stillstand bzw. der Verlangsamung des Wachstums sahen die Unternehmen nicht mehr in der Planung, sondern ganz im Gegenteil in der größtmöglichen Mobilität und Anpassungsfähigkeit ihre Chancen zur Expansion oder zumindest zur Verteidigung ihrer jeweiligen Marktanteile. »Der Konkurrenzimperativ« und das Bemühen um die Wiederherstellung der »Regierbarkeit« wiesen in dieselbe Richtung: Das Kapital mußte sich demnach von seiner Abhängigkeit vom Staat lösen und die sozialstaatlichen Zwänge lockern, der Staat sich in den Dienst der »Konkurrenzfähigkeit« der Unternehmen stellen und die Überlegenheit der »Marktgesetze« anerkennen. Daraus würde sich dann ganz selbstverständlich eine Umkehrung der Machtverhältnisse ergeben.

Der Exodus des Kapitals hatte sich seit dem Beginn der siebziger Jahre beschleunigt, als sich die meisten großen Unternehmen zu sogenannten »Multis« entwickelten, zu Firmen also, die im Ausland Niederlassungen gründeten, um Zugang zu den jeweiligen Binnenmärkten zu bekommen. Die große Mehrheit der multinationalen Konzerne war damals in amerikanischem Besitz. Man war noch weit von der Globalisierung der neunziger Jahre entfernt, denn der freie Warenverkehr wurde noch durch Zollbarrieren eingeschränkt, und der Kapitaltransfer unterlag der jeweiligen staatlichen Kontrolle und Genehmigung. Erst gegen Ende der siebziger

Jahre sollten diese Mobilitätshindernisse nach und nach unter dem Druck der großen Unternehmen beseitigt werden. Aus multinationalen wurden transnationale, globale Firmen.

Die Gründe hierfür waren überall die gleichen: Die Konzerne konnten ihren Umsatz nur steigern, wenn sie ihre Exporte erhöhten, das heißt, ihren Anteil am Weltmarkt ausdehnten. Dies setzte seinerseits nicht nur die Liberalisierung des Warenaustauschs voraus, sondern auch die Liberalisierung der Kapitalzirkulation, die Möglichkeit also, im Ausland zu investieren, zu produzieren und auf ausländischen Geldmärkten zu den günstigsten Bedingungen Geld zu leihen. Im Konkurrenzkampf zwischen den Konzernen hatten diejenigen Vorteile, die den wenigsten Kontrollen und Beschränkungen ihrer Mobilität ausgesetzt waren. Der »Konkurrenzimperativ« führte unweigerlich zur Globalisierung der Wirtschaft und zum Widerspruch zwischen Kapitalinteressen und den Interessen der Nationalstaaten. *Der politische Raum* (also der der Staaten) und *der ökonomische Raum* (also der der kapitalistischen Konzerne) *konnten nicht mehr deckungsgleich sein.* Damit war das Ende dessen gekommen, was Robert Reich den »ökonomischen Nationalismus« genannt hat.

Ohne das bis dahin weitgehend unausgeschöpfte Potential der »Informationstechnologien« hätte Globalisierung weder stattfinden noch selbst anvisiert werden können. Wenn nicht jede Unternehmensgruppe darauf vertraut hätte, die Möglichkeiten der Revolutionierung des Informationssektors besser und schneller als andere zu nutzen und dadurch zusätzliche Anteile am Weltmarkt zu erobern, dann hätten sich wahrscheinlich Kartellisierung und eine Aufteilung der Welt durch Kartellabsprachen (wie in den dreißiger Jahren) durchgesetzt und es wäre nicht zu den »Handelskriegen« gekommen, aus denen die Globalisierung der Wirtschaft hervorgegangen ist. Aber man muß sich vor eindimensionalen Erklärungen hüten. So hat zwar die Revolution der Informationstechnologie die Globalisierung ermöglicht, doch diese hat umgekehrt die beschleunigte Entwicklung und Anwendung der Informationstechnologien erlaubt und hernach unabdingbar gemacht. Das Kapital war zwar auf eine technische Revolution angewiesen, um die Krise des Fordismus zu überwinden, sich von den sozialstaatlichen Zwängen zu

befreien, die Lohnstückkosten zu senken und die Produktivitäts-
steigerungen zu beschleunigen. Aber diese technische Revolution
setzte voraus, daß das soziale Kräfteverhältnis und das Kräfteverhältnis zwischen Kapital und Staat unumkehrbar zugunsten des
Kapitals verändert würde.

Die Bedingungen, die den Exodus des Kapitals ermöglichten,
ließen ihn schließlich auch notwendig werden. Die »Transnatio-
nalisierung« der Firmen, ihr Exodus aus dem nationalen politischen
Raum wurden zu einem »Überlebensimperativ« für jede einzelne
von ihnen. Sie konnten keine Unternehmen mehr sein, sondern
mußten sich in Strategen wandeln, die eine Vielzahl von Märkten
und von in der ganzen Welt verstreuten Zulieferern in allen Grö-
ßenordnungen miteinander koordinieren und vernetzen. Robert
Reich führt das Beispiel eines Pontiac Le Mans-Autos an, dessen
Produktionskosten zu 30% auf das südkoreanische Montagewerk,
zu 17,5% auf die japanischen Konstrukteure, Elektroniker und Zulieferer, zu 7,5% auf die deutschen Designer, zu 4% auf die Zulieferer kleiner Komponenten aus Taiwan, Singapur sowie Japan und
zu 3% auf die elektronische Datenverarbeitung und das Marketing
aus Großbritannien, Irland und Barbados entfallen.

3. Das Ende des ökonomischen Nationalismus

Die Firma ist ein transnationales Netzwerk, ihre Koordinations-
und strategische Entscheidungszentrale läßt sich nur scheinbar,
durch ihre Ursprünge, einer Nationalität zuordnen. Ihr Gesell-
schaftssitz kann sich an einem beliebigen Ort befinden. Durch die
geschickte Kalkulation der Transferkosten ist die Firma in der
Lage, dort Gewinne zu verbuchen, wo sie die wenigsten oder überhaupt keine Steuern bezahlt. Sie verhandelt mit den Nationalstaaten als eine diesen ebenbürtige Macht, spielt sie gegeneinander aus
und errichtet ihre Produktionsstätten dort, wo ihr die höchsten
Subventionen gezahlt werden, die besten Abschreibungsmöglich-
keiten bestehen, die bessere Infrastruktur sowie disziplinierte und
billige Arbeitskräfte vorhanden sind. Auf diese Weise sichert sie
sich eine Art von Exterritorialität, die den Nationalstaat in seiner
Souveränität, Steuern festzusetzen und zu erheben, beschneidet.

»Von nun an verfügt nur noch das Kapital über Souveränitätsrechte«, so Marco Revelli, »es ist in der Lage, durch einen Hoheitsakt das Schicksal der Nationen zu entscheiden« und »dem alten Souverän seine Regeln zu diktieren«.[12]

Niemals zuvor hatte sich der Kapitalismus derart vollständig der politischen Kontrolle entziehen können. Man darf jedoch nicht vergessen, daß er diese Niederlage allein den *National*staaten beigebracht hat. Und daß er sie nur durch die Errichtung eines supranationalen, allgegenwärtigen Staates mit eigenen Institutionen, eigenen Bürokratien und eigenen Einflußbereichen beherrscht. Bei diesen Institutionen handelt es sich, wie leicht zu erraten ist, um die Welthandelsorganisation (das ehemalige GATT), den Internationalen Währungsfond, die Weltbank und die OECD. Sie formulieren und setzen die Gesetze und einzuhaltenden Regelungen für die freie Konkurrenz und die freie Zirkulation von Waren und Kapital durch, sie propagieren das neoliberale Credo, nach dem alle Probleme sich auf das Beste lösen lassen, wenn man nur dem freien Spiel der Marktgesetze vertraue.

Mit dem supranationalen Kapitalstaat tritt zum ersten Mal ein Staat ohne Territorium in Erscheinung, dessen Macht zwar von außen in die Territorialstaaten einwirkt, jenseits ihrer Grenzen aber keinen neuen politischen Raum schafft. Er ist ganz im Gegenteil unabhängig und abgetrennt von jeder Gesellschaft, an einem Nicht-Ort angesiedelt, von wo aus er die Macht der Gesellschaften, über ihren eigenen Raum zu verfügen, einschränkt und regelt. Als reine Bürokratie ohne gesellschaftliche Grundlagen und ohne politische Verfassung verkündet er das Recht des globalisierten Kapitals. Als gesellschaftslose Macht schafft er machtlose Gesellschaften, stürzt die Staaten in Krisen, diskreditiert die Politik, verlangt von ihr Mobilität, »Flexibilität«, Privatisierung, Deregulierung, Senkung der öffentlichen Ausgaben, der Sozialausgaben und Löhne, kurz, alle für das freie Spiel der Marktkräfte angeblich unentbehrlichen Maßnahmen.

Die Denationalisierung der Ökonomien ruft natürlich (wirkungslose, da nationale) Widerstände hervor, die zu Polarisierungen innerhalb der politischen Rechten wie Linken führen. Auf der

---

12 Marco Revelli, »Economia e modello sociale nel passaggio tra fordismo e toyotismo«, in: P. Ingrao und R. Rossanda, *op. cit.*, S. 211 ff.

einen Seite die neoliberale, ideologisch (wenn nicht gar politisch) proamerikanische Weltmarktbourgeoisie – Verfechter einer Auflösung der Europäischen Union zugunsten einer Freihandelszone mit Amerika. Auf der anderen Seite die traditionelle Bourgeoisie und Industrie, die vorkapitalistischen Schichten und ein Teil der Gewerkschaften. Gegen das geeinte und offensive Weltkapital ist somit der Widerstand völlig in diverse Schichten und Klassen mit sich widersprechenden Interessen zersplittert und reicht von der äußersten Rechten bis zur extremen Linken. Der Widerstand gegen das globalisierte Kapital besteht meistens aus kaum mehr als wirkungslosen, rein verbalen Aufrufen zur Verteidigung der nationalstaatlichen Souveränität.

Sich *der* Globalisierung zu widersetzen, sie mit national beschränkten Maßnahmen verhindern zu wollen, bedeutet unweigerlich die Kapitulation vor *dieser* Globalisierung. Es kann nicht darum gehen, *die* Globalisierung zu bekämpfen und zu versuchen, sich ihr zu entziehen. Vielmehr gilt es auf globaler Ebene, mit globalen Mitteln für eine andere Globalisierung zu kämpfen. Der Widerstand gegen das transnationale Kapital muß selbst ein transnationaler sein und der gegen die Akteure *dieser* Globalisierung verlangt vor allem Akteure, die für eine *andere* Globalisierung streiten, eine Globalisierung, die von einer den ganzen Erdball einbeziehenden Vision und Solidarität und einem weltumspannenden Zivilisationsentwurf getragen wird. Die Staaten verfügen durchaus über Instrumentarien zur Veränderung von Richtung und Charakter der Globalisierung, auch wenn dies nicht auf jeden einzelnen Staat für sich genommen zutrifft. Aber es fehlt ihnen ein allgemeiner, gemeinsamer politischer Wille, um gegen das globalisierte Kapital eine notwendigerweise gemeinsame Souveränität durchzusetzen. Die uneingeschränkte Macht des globalisierten Kapitals ist vor allem dem Konkurrenzkampf der Staaten um den attraktivsten Standort für das Kapital geschuldet. Sie ließen sich gegeneinander ausspielen, anstatt sich dem gemeinsam zu verweigern. An anderer Stelle werden wir sehen, daß die Nationalstaaten die Ohnmacht nicht nur passiv hinnehmen: Sie dient auch als Vorwand zur Wiederherstellung der vom Fordismus beschnittenen Privilegien und zur Abschaffung von ihm eingeführter Rechte.

4. Der breite Rücken der Globalisierung

Die Globalisierung und die Intensivierung der Konkurrenz auf allen Märkten sämtlicher Länder dienen als Vorwand, schlechthin alles zu rechtfertigen: die Senkung der Reallöhne, den Abbau des Sozialstaates, das explosionsartige Ansteigen der Arbeitslosigkeit, die zunehmende Präkarisierung aller Arbeitsverhältnisse, die Verschlechterung der Arbeitsbedingungen etc. All das, sagt man, sei unvermeidlich und notwendig. Aber warum? Weil, wie Pierre-Noël Giraud mit einer unwiderlegbaren Logik erklärt, die Konkurrenzfähigkeit der Firmen von deren Modernisierungsinvestitionen abhängt. Sie »müssen in etwa die gleichen Investitionsraten haben«, um konkurrenzfähig zu bleiben. »Das bedeutet, daß das Verhältnis von Löhnen und Profiten von nun an nicht mehr [durch wirtschaftspolitische Kriterien bestimmt wird], sondern daß (...) *die Region mit den höchsten Profiten*, also dem potentiell größten Wachstum [der Investitionen], zur verbindlichen Norm wird«.[13]

Anders gesagt: Um in der Konkurrenz zum Beispiel mit amerikanischen oder japanischen Firmen zu bestehen, müssen die europäischen Unternehmen amerikanische oder japanische Profitraten erzielen. Diese formal korrekte Überlegung wäre gleichwohl aber nur dann überzeugend, wenn die Investitionsrate der Firmen der Profitrate entspräche, also wenn die Gesamtheit der Profite reinvestiert würde. Doch die Wirklichkeit sieht ganz anders aus.

In den achtziger Jahren sind die Gewinne der 500 größten amerikanischen Firmen vor Steuern dank des *Reengineering*, der Umstrukturierung, durchschnittlich um 92% gestiegen. Von diesen Gewinnen konnten 1987 die Vorstandsvorsitzenden (die *chief executive officers* oder CEO) der gleichen Firmen einen Anteil von 61% (im Vergleich dazu im Jahr 1953 nur 22%) einstreichen. Darüber hinaus sind in vielen Fällen die an die Aktionäre ausgeschütteten Dividenden vervierfacht worden. Zwei Drittel des amerikanischen Wirtschaftswachstums fließen in die Taschen von 1% der Bevölkerung.[14] 1994 verdiente ein CEO durchschnittlich 187mal mehr als ein Arbeiter oder Angestellter. Im Jahr 1975 verdiente er

---

13 P.-N. Giraud: *L'inégalité du monde*, Paris 1996, S. 222 f. Hervorhebungen durch den Verfasser.
14 Vergleiche J. Rifkin, *op. cit.* Kapitel 11.

»nur« 41 mal mehr als sie und 1992 145 mal mehr als sie.[15] Diese Entwicklungen breiten sich in der ganzen Welt aus. In Frankreich haben die Steuerermäßigungen für Vermögenseinkommen zwischen 1989 und 1991 dem Staat einen Steuerausfall von 80 Milliarden jährlich beschert. Überall erfordere, so verkündete man ernsthaft, der »Konkurrenzimperativ« eine Senkung des Steuersatzes für hohe Einkommen, denn die für die Erhaltung der Konkurrenzfähigkeit der Firmen notwendigen Investitionen setzten (zumindest zum Teil) die finanziellen Anlagen der Reichen voraus.

Nun passiert aber genau das Gegenteil, und nicht nur in Amerika. In Frankreich ist die Investitionsrate der Unternehmen 1995 auf das niedrigste Niveau seit 35 Jahren gefallen: auf 16,2 % gegen 19,4 % 1980 und 21,6 % 1970. Die Investitionen blieben seit 1992 stets hinter den Gewinnen zurück. Im Jahr 1993 überstieg der Gewinn die Investitionen um 71 Milliarden Francs, 1995 um 102 Milliarden Francs, 1997 um 120 Milliarden, die durch Personalabbau, »Umstrukturierungen«, »Flexibilisierung« von Arbeitsverträgen und prekäre Arbeitsplätze zustande gekommen sind und unproduktiv auf den Finanzmärkten plaziert wurden.

In Deutschland machten die Nettolöhne 1978 einen Anteil von 54 % des verfügbaren Nationaleinkommens aus. Die Vermögenseinkommen repräsentierten 22 % und die Sozialleistungen und Renten 23 %. 1994 war der Anteil der Löhne auf 45 % gefallen (was einem Rückgang von 17 % entspricht), der Anteil der entnommenen Unternehmungsgewinne und Vermögenseinkommen stieg auf 33 % (was einer Steigerung um 50 % entspricht). In konstanter Kaufkraft gerechnet, sind die Gewinne zwischen 1979 und 1994 um 90 % gestiegen, die Löhne um 6 %, aber der Anteil der Gewinnsteuern am gesamten Steueraufkommen ist während dieser fünfzehn Jahre um die Hälfte zurückgegangen, von 25 auf 13 %. 1969, in einer Phase starken wirtschaftlichen Wachstums, lag er bei 35 %. Zugleich ist die deutsche Investitionsquote auf das seit Gründung der BRD niedrigste Niveau gefallen.

Dient der Druck der internationalen Konkurrenz nicht einfach als Vorwand für derartige Umverteilungen von unten nach oben, von den Ärmsten zu den Reichsten und für Angriffe gegen den

15 Vergleiche James Petras und Todd Cavaluzzi in: *Le Monde diplomatique*, Juli 1996.

»Sozialstaat« und die »Privilegien« der Arbeitnehmer? Denn wie könnte die Konkurrenz erklären, daß die französischen Verleger ihre Bücher auf Madagaskar, in Tunesien oder auf Mauritius setzen lassen, um ein paar Dutzend Centimes beim Herstellungspreis eines Buches zu gewinnen? Lassen die Luxushemdenhersteller der Konkurrenz wegen Artikel in China nähen, die sie 50 bis 100 mal teurer verkaufen, als es ihrem Herstellungspreis entspricht? Ist es der Druck der internationalen Konkurrenz, der Nike (oder Reebok oder Puma) dazu veranlaßt, ihre Schuhe auf den Philippinen, dann in Indonesien, China und Vietnam zu fertigen, wo die Lohnkosten eines Paares der Serie »Pegasus«, das für 70 Dollar verkauft wird, sich auf 1,66 Dollar beläuft? – Erklärt die internationale Konkurrenz, daß die vierzehn amerikanischen Mitglieder des Verwaltungsrates der Firma ein Jahreseinkommen kassieren, das den Löhnen ihrer 18 000 philippinischen Arbeiter entspricht? Oder daß Ford von heute auf morgen die Beschäftigten von zwei seiner mexikanischen Filialen entließ, die gegen die ihnen aufgezwungene gesetzeswidrige 50-Stunden-Woche protestierten? Warum verlangt die »Konkurrenzfähigkeit«, gemäß der schönen Formel von Alain Lipietz, die niedrigsten Lohnkosten, aber findet sich mit den höchsten Arbeitgebereinkommen ab?[16]

Was haben die transnationalen Firmen mit ihren Gewinnen gemacht? *Ihre Investitionsrate ist gemessen am Niveau der sechziger und siebziger Jahre gesunken.*[17] Dagegen stiegen die Aktionärsdividenden, die Vergütungen des Managements und der CEOs stark an. Zugenommen haben darüber hinaus:

1. Die Unternehmensaufkäufe durch andere Unternehmen (die »Fusionen«), die zu Transaktionen in einer Höhe von 400 bis 800 Milliarden Dollar jährlich führten, gegen 20 bis 40 Milliarden Dollars zu Beginn der achtziger Jahre. 90% der Auslandsinvestitionen der transnationalen Konzerne dienten der Finanzierung dieser Fusionen;[18]

2. Die reinen Kapitalanlagen auf den Geld- und vor allem den Devisenmärkten, durch die zahlreiche Firmen (z. B. Siemens, der

16 A. Lipietz: *La société en sablier*, Paris 1996.
17 Vergleiche vor allem Norbert Reuter, »Export als Droge«, in: *Die Zeit* vom 8. November 1996.
18 Vergleiche François Chesnais: *La mondialisation du capital*, Paris 1995.

größte europäische Konzern) mehr verdienen als durch ihre produktiven Aktivitäten.

»Der Konkurrenzimperativ« hat einen breiten Rücken. Ebenso die Globalisierung. Für ihre Hauptakteure stellt die Globalisierung jedoch keinen Zwang dar, den sie erleiden, sondern eine Reihe von Zwängen, die sie durchsetzen, um ihre Macht zu stärken. Diese weltweite Macht konzentriert sich in immer weniger Händen. 370 der 37000 transnationalen Firmen (also 1%), auf die 40% des Welthandels und ein Drittel der Weltproduktion entfallen, verfügen über 50% der Vermögenswerte. Laut Internationalem Währungsfonds (IWF) kontrollieren nicht mehr als 50 Banken die täglichen Transaktionen auf den Devisenmärkten, die sich (nach der Schätzung von 1998) auf 1800 Milliarden Dollar belaufen. Nicht mehr als sechs Banken kontrollieren 90% der Börsengeschäfte mit Finanzderivaten.[19]

5. Die widerstehliche Diktatur der Finanzmärkte

Die Finanzlogik setzt sich gegen die wirtschaftliche Logik durch, die Renten gegen den Profit. Die Macht des Geldes, schamhaft »die Märkte« genannt, verselbständigt sich gegenüber den Gesellschaften und der realen Wirtschaft und zwingt den Unternehmen und Staaten seine Ansprüche auf hohe Renditen auf. Der damalige Präsident der Bundesbank, Hans Tietmeyer, sprach in Davos Februar 1996 Klartext: »Die Geldmärkte werden zunehmend die Rolle von ›Polizisten‹ spielen (...) Die Politiker müssen begreifen, daß sie in Zukunft der Kontrolle der Finanzmärkte und nicht nur der der nationalen Debatten unterworfen sein werden.«[20]

Auf diesen Finanzmärkten haben die amerikanischen Pensionsfonds, die 8000 Milliarden Dollars verwalten, sowie die Investitionsfonds eine Praxis eingeführt, die üblicherweise als »Erpressung von Geldern« oder auf amerikanisch als »racket« bezeichnet wird. Sie wählen einige erfolgreiche und an der Börse hoch gehandelte Firmen aus, kaufen einen beträchtlichen Anteil ihrer Aktien

19 Bericht der Kommission der Vereinten Nationen über Handel und Entwicklung, 1994, und François Chesnais, *op. cit.*
20 Zitiert nach A. Lipietz, *op. cit.*, S. 313.

auf und stellen die Manager dann vor folgende Alternative: »Entweder sichern Sie eine Dividende von mindestens 10% zu, oder wir lassen den Kurs Ihrer Aktien fallen.« Diese Praxis, die die kurzfristig maximale Rendite zum höchsten Imperativ macht, hat die Dividenden (den *shareholder value*) auf zuvor nie erreichte Höhen klettern lassen.

Angesichts dieser Tatsachen ist es lächerlich zu behaupten, die Erhöhung der öffentlichen Ausgaben schränke »die Spargelder ein, die den Unternehmen zur Verfügung gestellt werden könnten (...) und vermindert folglich ihre Fähigkeit, konkurrenzfähig zu bleiben«.[21] Warum hat Dänemark mit öffentlichen Ausgaben von 62% des Bruttoinlandsproduktes, mit einer Steuer- und Abgabenrate von 52% des Bruttoinlandsproduktes, mit einem Mindeststundenlohn von 24 DM, mit einem Arbeitslosengeld von 80% des Lohnes, das bis zu fünf Jahre lang bezogen werden kann, und einer sehr geringen Jugendarbeitslosigkeit eine der erfolgreichsten und konkurrenzfähigsten Ökonomien der Welt? Warum haben die Vereinigten Staaten mit einer der niedrigsten Steuer- und Abgabenrate der Welt zugleich eine der niedrigsten Sparquoten und eine enorme private Verschuldung von 60 000 Dollar pro Haushalt?

»Es ist nicht einzusehen, warum der Arbeiter in Frankreich auf Dauer viel mehr verdienen sollte als der chinesische Arbeiter, der die gleiche Tätigkeit wie er mit einer vergleichbaren Produktivität ausübt«, bemerkt P.-N. Giraud.[22] Aber es ist auch nicht einzusehen, warum es für die Arbeitnehmer »nur eine einzige Alternative« geben sollte, wie P.-N. Giraud behauptet: »Entweder etwas zu produzieren, was die Billiglohnländer noch nicht produzieren können, also in meiner Terminologie, sich der Gruppe der ›Wettbewerbsfähigen‹ anzuschließen, oder sich letzteren zur Verfügung zu stellen und niedrige Einkommen zu akzeptieren.«[23] Warum sollen die immer zahlreicheren »Wettbewerbsfähigen« oder »Leistungsbereiten«, deren Einkünfte viel höher als die des Durchschnitts liegen, nicht höher besteuert werden? Warum können sich diejenigen, deren Arbeit chinesischen Arbeitern übertragen worden ist, nicht der unzähligen gesellschaftlichen Bedürfnisse annehmen, die

21 P.-N. Giraud, *op. cit.*, S. 224.
22 *Ibd.*, S. 277f.
23 P.-N. Giraud, *ibd.*

wegen Geldmangel der öffentlichen Kassen unerledigt bleiben – anstatt den »Wettbewerbsfähigen« schlecht bezahlte persönliche Dienste zu leisten? Warum sollten die Steuern auf die höheren Einkommen (also auch die der »Wettbewerbsfähigen«), die Steuern auf Kapitaleinkommen und auf nicht reinvestierte Gewinne kontinuierlich gesenkt werden müssen?

Keine ökonomischen Gründe lassen sich hierfür anführen, sondern ausschließlich politische und ideologische. Die Steuerermäßigungen und -befreiungen resultieren nicht aus ökonomisch rationalen Überlegungen. Sie sind schlicht Ausdruck der Bemühung der einzelnen nationalen Regierungen, im gegenseitigen Konkurrenzkampf Finanzkapital ins eigene Land zu locken und dort zu binden. Dieses bewegt sich aber seinerseits täglich mit Lichtgeschwindigkeit tausendfach von einem Markt zum nächsten, von einer Währung zur anderen. So geht es für die einzelnen Staaten nicht mehr darum, produktive Investitionen zu fördern, sondern nur noch darum, den Exodus des territorial ungebundenen Kapitals zu vermeiden oder zu bremsen oder aber durch Steuerdumping, Sozialdumping und Lohndumping die Niederlassungen der transnationalen Konzerne anzulocken, wie es Belgien und die Niederlande mit ihren »Verwaltungszentralen« machen.[24]

Die Tendenz, die sozialen Sicherungssysteme durch private Versicherungen und private Pensionskassen (also durch Kapitalbildung) zu ersetzen, gehorcht der gleichen Logik. An die Stelle der Umverteilung mittels Steuern treten private Versicherungen, und soziale Sicherheit wird nicht mehr von der Politik gestaltet, sondern privat durch die Finanzmacht.[25]

Damit will ich nicht abstreiten, daß die sozialen Sicherungssysteme neu durchdacht und auf eine andere Basis gestellt werden müssen. Das wird im vierten Teil dieses Buches thematisiert werden. Ich möchte nur darauf hinweisen, daß jene »Reformen«, die die sozialen Sicherungssysteme unter dem Vorwand beschneiden, es handele sich um überholte, auf Grund fehlender Mittel nicht mehr finanzierbare »Privilegien«, sowohl gesellschaftlich als auch

24 Diese Verwaltungszentren erlauben es jeder beliebigen Firma, sich der Steuer auf Gewinne aller Art völlig zu entziehen. Das Zentrum selbst erhebt nur eine bescheidene Pauschalsteuer.
25 Vergleiche zu diesem Thema René Passet, »La grande mystification des fonds de pension«, in: *Le monde diplomatique*, März 1997.

politisch und moralisch inakzeptabel sind. Wenn sie nicht mehr zu finanzieren sind, so liegt das weder an fehlendem Geld noch daran, daß sie zugunsten von Investitionen beschnitten werden müßten. Wenn sie es nicht mehr sind, dann weil ein wachsender Anteil des Bruttoinlandsproduktes darauf verwendet wird, das Kapital zu vergüten, und weil der Anteil, der zur Vergütung der Arbeit dient, unaufhörlich sinkt. Die sozialen Sicherungssysteme sind aber gerade auf diesen letzteren Anteil sehr angewiesen. Die Kämpfe zur Verteidigung der »sozialen Errungenschaften« müssen vor allem als die Verteidigung eines Prinzips verstanden werden, nämlich daß die Herrschaft des Kapitals über die Politik eingegrenzt werden muß, also den Ansprüchen der Wirtschaft an die Gesellschaft unüberwindbare Grenzen zu setzen sind. Die Neugestaltung der sozialen Sicherungssysteme kann nur auf der Grundlage der Anerkennung dieses Prinzips erfolgen. Und die Anerkennung dieses Prinzips impliziert und fordert vor allem, daß die Gesellschaften ihre politische Selbstgestaltungsfähigkeit gemeinsam zurückerobern.

Der Nobelpreisträger für Wirtschaft, James Tobin, hat schon 1978 eine entsprechende Maßnahme empfohlen. Um die rein spekulativen Geschäfte auf den Finanzmärkten einzudämmen, schlug er damals eine Steuer von 0,1 % auf Devisengeschäfte vor.[26] Er ging davon aus, daß diese Steuer das Volumen dieser Transaktionen um zwei Drittel verringern würde und den Staaten ungefähr 150 Milliarden Dollar jährlich einbrächte. 1995 unterbreitete er, als Antwort auf die gegen seinen Vorstoß erhobenen Einwände, eine neue Version seines Vorschlags. Dieser sollte die Banken daran hindern, ihre Geschäfte der Besteuerung durch Niederlassungen in »Steuerparadiesen« oder auf Schiffen im offenen Meer zu entziehen – wie diese es angedroht hatten. Dieser neue Vorschlag[27] sah vor, daß die verschiedenen Länder, und insbesondere die Europäische Union, jede

---

26 Vergleiche James Tobin, »A proposal for International Monetary Reform«, in: *Eastern Economic Journal*, 3-4, Juli bis Oktober 1978.
27 J. Eichengreen, J. Tobin, C. Wyplosz, »Two Cases for Sand in the Wheels of International Finance«, *The Economic Journal*, 105, 1995. In *Die Globalisierungsfalle*, Reinbek bei Hamburg 1996, S. 118-123, geben H.P. Martin und H. Schumann einen sehr guten kurzen Überblick der im politisch-finanziellen Milieu durch Tobins Vorschläge ausgelösten Gegenargumente und Debatten.

Kreditvergabe an ausländische Institutionen, einschließlich ausländischer Filialen nationaler Banken, mit einer zusätzlichen Steuer (von 0,04%) belegen sollten. Diese Steuer würde nur geringfügig den Handel und die Investitionen beeinflussen und zugleich die reinen Spekulationsgeschäfte, deren Umfang fünfzig Mal größer ist als der Warenverkehr, unter Kontrolle bringen sowie die Fähigkeit der Finanzmärkte, auf die Politik der Staaten Druck auszuüben, stark reduzieren.

Selbstverständlich bedarf es noch anderer Instrumente, um die Diktatur des Finanzkapitals zu beenden. In erster Linie wäre ein gemeinsamer politischer Wille der Staaten gefragt. Es müßte sich die Einsicht verbreiten, daß »die unwiderstehliche Macht der Märkte« lediglich auf der Kapitulation der Regierungen vor der Macht des Geldes beruht und den Regierungen als Vorwand dient, ihrerseits den Krieg zu führen, »den der Kapitalismus der Arbeiterklasse und über sie hinaus der Gesamtgesellschaft erklärt hat«. Nicht nur Alain Lipietz zeigt, »daß ein alternatives und solidarisches soziales Europa möglich ist«, das der Welt ein anderes Entwicklungs- und Gesellschaftsmodell sowie andere Nord-Süd-Beziehungen böte.[28] Die gleiche Idee gewinnt auch bei den »Meinungsführern« in Asien immer mehr Beachtung (wie wir später sehen werden). Wieder ist es Lester Thurow, der daran erinnert, daß die Regeln des Welthandels stets von der dominierenden Wirtschaftsmacht definiert worden sind und daß diese dominierende Wirtschaftsmacht – schon lange – die Europäische Gemeinschaft ist.[29] Sie ist in der Lage, »eine Alternative zur angelsächsischen monetaristischen Politik« zu entwickeln. Sie kann, wie Patrick Viveret ergänzt, den Euro als Hebel ansetzen, um »dem angelsächsischen Laissez-faire-Modell ein ökologisches und soziales Modell entgegenzusetzen«.[30] Sie kann die Nord-Süd-Beziehungen durch die von Lipietz so genannten »Soziosteuern« und die »Ökosteuern«[31]

28 A. Lipietz, op. cit., S. 318-322.
29 L. Thurow geht in dem zitierten Werk davon aus, daß allein die Europäische Union die Mittel besäße, andere Spielregeln auch in den Beziehungen zu den Schwellenländern durchzusetzen. Vergleiche in diesem Sinne auch H.P. Martin und H. Schumann, op. cit., S. 299-307, 322 f.
30 P. Viveret, »Monnaie et Citoyenneté européenne«, in: Transversales, 42, November-Dezember 1996.
31 A.Lipietz, op. cit., S. 326.

verändern, die sie auf ihre Importe erhebt und deren Ertrag den südlichen Exportländern vollständig zurückerstattet würde, und zwar zum größten Vorteil beider Seiten.[32]

6. Der Traum vom chinesischen Wirtschaftswunder

So verfügen die Staaten, wenn sie sich für dieses Ziel zusammenschließen, kurz- bzw. mittelfristig sehr wohl über die notwendigen Instrumentarien, um den beherrschenden Einfluß des entterritorialisierten Kapitals zu beschränken, wachsende Handlungsspielräume zurückzugewinnen und die grundlegenden ökonomischen, ökologischen und gesellschaftlichen Transformationen zur Überwindung der Lohngesellschaft in Angriff zu nehmen. Es fehlt einzig am politischen Willen. Man wird mir entgegenhalten, daß dieses Bestreben zur Überwindung der Lohngesellschaft zu diesem Zeitpunkt ein typischer Luxus westlicher Intellektueller sei, da China und Indien gerade mit großen Schritten in diese eintreten und die Experten eine neue »lange Welle« ökonomischer Expansion voraussagen, die allein in Asien von »750 Millionen Konsumenten« getragen wird, deren Kaufkraft im Jahre 2010 derjenigen der Arbeitnehmer der reichen Länder entsprechen wird. Vom starken und dynamischen asiatischen Markt würden dann Impulse für die kapitalistische Weltwirtschaft und die westlichen Wirtschaften ausgehen. Das dadurch erneut einsetzende Wachstum brächte überall einen Rückgang der Arbeitslosigkeit.[33]

32 P.-N. Giraud zeigt in: *Inégalité du monde* den für beide Seiten vorteilhaften Charakter einer solchen Politik auf, *op. cit.*, S. 314f.
33 In einem berühmten Artikel, der am 30. Oktober 1993 in: *The Economist Asia Survey* veröffentlicht wurde, prognostizierte John Rohwer, daß es im Jahr 2000 in Asien 400 Millionen Konsumenten geben würde, die über eine Kaufkraft verfügen, »die mindestens der des Durchschnitts der Bewohner der reichen Länder entsprechen werde. (...) Das explosive Wachstum und die absolute Größe der asiatischen Mittelklasse müßte also für die Geschäfts- und Finanzwelt Chancen bieten, die historisch zu den größten zu zählen seien, die es je gegeben habe. Die vorausschauenden westlichen Firmen und ihre Arbeitnehmer können sicher sein, davon in großem Umfang zu profitieren.« Zitiert nach Richard Smith, »China and the Global Environment«, in: *New Left Review*, 222, März/April 1997. Bei einer Bevölkerung von fast 950 Millionen Personen zählte Indien zu Beginn der neunziger Jahre nur 600000 Haushalte, die über ein Einkommen von 10000 Dollar oder mehr pro Jahr verfügten.

Der von einer vernichtenden Ironie geprägte Leitartikel, den *The Asian Wall Street Journal* in seiner Ausgabe vom 26. Oktober 1995 dieser Art von Prognosen widmete, soll ausführlich zitiert werden:

»Die Idee, das 21. Jahrhundert werde ein asiatisches Jahrhundert sein und den westlichen Kapitalismus stärken, ist eine der abwegigsten Ausgeburten westlicher Vorstellungskraft. (...) Allmählich wird für kritische Beobachter immer deutlicher, daß die Produktionskapazitäten in dieser Region erheblich schneller steigen als die Fähigkeit der Region, die Waren aufzunehmen. Ein zu langsamer Anstieg der Kaufkraft ist die Kehrseite niedriger Produktionskosten.«[34]

Kurz, die Bedingungen für ein Wachstum von innen heraus sind nicht erfüllt, was man daran sieht, daß Japan seit 1994 mehr Kapital in den Westen transferiert, als es in Asien investiert.

»Wenn aber (...) selbst das beneidete Vorbild Japan (...) nach Warnungen japanischer Fachleute auf dem ›Weg zur Großmacht der Arbeitslosigkeit ist‹ (...), dann beginnen nachdenkliche Meinungsführer in der Region (...) zu zweifeln, ob *die sozialen und wirtschaftlichen Probleme Westeuropas wirklich die Folge westlicher Dekadenzerscheinungen seien oder vielleicht doch eher grundlegende strukturelle Probleme globaler Art, auf die auch Ostasien in Zukunft zusteuern wird.* (...) Das ist der tiefere Grund für das Interesse, das viele Meinungsführer aus dem fernen Osten Europa entgegenbringen. Wenn Wachstum bei einer sinkenden Zahl von Beschäftigten (*jobless growth*) kein spezifisch europäisches Phänomen sein sollte, dann verfügt Europa über einen leidvollen ›Erfahrungsvorsprung‹. Lösungsvorschläge für diese neuartige Situation werden daher wohl auch aus Europa kommen müssen.«

Deutlicher läßt es sich nicht sagen: Die Rückkehr zur annähernden Vollbeschäftigung, die sich Millionen von neuen verwestlichten Konsumenten verdankt, ist eine Fata Morgana. Die Industrialisierung nach westlichem Vorbild und das fordistische Wachstum werden sich in der gesamten übrigen Welt nicht wiederholen, schon allein weil die von den westlichen »Investoren« selbst betriebene

---

34 Dieses Zitat sowie die folgenden Kommentare sind Auszüge aus einem langen, hochinteressanten Artikel von Rüdiger Machetzki vom Institut für Asienkunde in Hamburg, vgl. *Die Zeit*, 10, 1. März 1996, S. 14. Der Autor bezieht sich auf einen Artikel von George Hicks, »The Myth of the Asian Century«, in: *The Asian Wall Street Jounal*, 26. 10. 1995.

ökonomische Strategie das verhindert. Um das zu begreifen, muß man nur Keinichi Ohmae lesen, einen der wichtigsten Strategen des neuen kapitalistischen Entwicklungsmodells: »der Zebrastrategie«.[35] Das bedeutet nicht mehr die Entwicklung von Ländern oder Territorien, sondern nur die Entwicklung von Zonen, in China ungefähr zwanzig, deren Pro-Kopf-Einkommen, nach Ohmae, zehn- bis zwanzigmal so hoch werden könnte wie das Einkommen der übrigen Landesbewohner. Die »Entwicklung« wird sich dann nicht über die Zonen hinaus ausbreiten, ihr Reichtum soll nicht durch den Nationalstaat umverteilt werden. Der Kapitalismus muß seinen eigenen, von der Nation losgelösten Raum hervorbringen können, er wird sich in »Stadtstaaten« und »Privatstädte« einmauern, wie man sie in den USA schon findet, und seine »Privatkriege« gegen die in Folge des gesellschaftlichen Zerfalls nomadisch und kriegerisch gewordene Bevölkerung führen. Es werden erneut »ständige, formlose, schwer zu unterdrückende Kriege«[36] stattfinden, Kriege im Stil von Mad Max, dem schon die frontlosen Kriege der plündernden Armeen unter anderem in Liberia und Moçambique glichen.

In China, Indien, Malaysia, Mexiko und Brasilien... nimmt das von Ohmae vertretene Modell bereits Gestalt an. Der Kapitalismus betreibt dort in der postindustriellen Ära »wirtschaftliche Sonderzonen«, die er nicht etwa gegen »Einwanderung«, sondern gegen innere Wanderungsbewegungen, also im wesentlichen gegen die Landflucht der landlosen Bauern, verteidigen muß.

Das Industrialisierungsmodell, das die Entwicklung des Westens und Japans ermöglichte, existiert nicht mehr. Es gibt den Industrialisierungstyp nicht mehr, der die Ansiedlung und Entlohnung der Massen der Landbevölkerung in den Städten ermöglichte. Er verschwindet sogar in China, wo die traditionelle Industrie obsolet und nicht mehr konkurrenzfähig geworden ist. Vor dem Aufblühen des »Marktkommunismus« hat sie 110 Millionen auf Lebenszeit angestellte Arbeitnehmer ernährt, ihnen ihre »Blechschüssel

---

35 Kenichi Ohmae: *Der neue Weltmarkt. Das Ende des Nationalstaates und der Aufstieg der regionalen Wirtschaftszonen*, Hamburg 1996. K. Ohmae ist Direktor der japanischen Niederlassung der Konsultingfirma McKinsey & Co.
36 Paul Virilio, »De la géopolitique à la métropolitique«, in: *Transversales*, 41. Es handelt sich um einen Auszug aus: *La ville et la guerre*, erschienen 1996.

voll Reis« garantiert, also das Existenzminimum an Nahrung, Wohnung und Dienstleistungen.

Zu den 100 Millionen chinesischen Migranten, die auf der Suche nach einem Broterwerb von Stadt zu Stadt und von Marktflecken zu Marktflecken ziehen – genau wie die »Vagabunden« und »Straßenräuber« im Europa des 18. Jahrhunderts –, werden sich im ersten Jahrzehnt des 21. Jahrhunderts vorraussichtlich weitere 300 Millionen gesellen. Die aktuelle Arbeitslosenrate der chinesischen Stadtbewohner wird von der IAO auf 17 bis 20%, mit Spitzenwerten von bis zu 34% geschätzt.[37] In den »Sonderwirtschaftszonen«, in denen sich die transnationalen Konzerne ansiedeln, werden insgesamt nur 7 Millionen Personen beschäftigt.[38] Und die extensive Industrialisierung, jene, die verstärkt Arbeitsplätze schafft, hat die ökologisch vertretbare Grenze bereits überschritten.

Denn China verfügt mit einem Fünftel der Weltbevölkerung nur über 85 Quadratmeter kultivierbarer Fläche pro Einwohner. 40% der kultivierbaren Fläche sind schon seit 1955 vernichtet worden, 5% durch Erosion und Versteppung, 35% durch Verstädterung und Industrialisierung. Fünf von den zehn weltweit am stärksten durch Umweltverschmutzung betroffenen Städten liegen in China. Das Land leidet unter einem dramatischen Wassermangel, die Hälfte der Flüsse ist durch industrielle Abwässer so stark verschmutzt, daß sie keinen Fisch mehr liefern, in Flaschen abgefülltes Wasser in Peking kostet mehr als Milch, und »Sauerstoffbars« verkaufen ihren Kunden reine Luft. Zwei Drittel der Bevölkerung, der Landwirtschaft und der Industrie konzentrieren sich in Tälern, die nur durch kontinuierlich erhöhte Deiche vor Überschwemmungen geschützt werden können. Das alles muß man wissen, um sich bewußt zu manchen, in welchem Außmaß »die Rede vom Auto oder vom PC für alle auf Grund der globalen ökologischen Situation absurd ist«.[39]

Hinzu kommt, daß es weltweit zwischen 600 und 800 Millionen Arbeitslose gibt und daß man überdies noch weitere 1200 Millionen

37 Die IAO (Internationale Arbeitsorganisation) definiert Arbeitslose als Personen, die sich ihren Lebensunterhalt nicht durch ihre Arbeit sichern können.
38 Vergleiche den von Richard Smith verfaßten, bereits zitierten Artikel »China and the Global Environment«.
39 Jacques Robin, »Occidentalisation et mondialisation: le prix à payer«, in: *Une terre en renaissance*, Savoirs 2/*Le Monde diplomatique*.

Arbeitsplätze schaffen müßte, damit diejenigen, die bis zum Jahr 2025 auf den Arbeitsmarkt drängen, in die Lohnarbeitsgesellschaft einbezogen werden.[40] Außerdem wird die annähernde Totalität (von 99%) des Bevölkerungswachstums der (potentiell) Erwerbsfähigen unter den Armen oder völlig Verarmten der sogenannten peripheren Länder stattfinden, unter denjenigen also, die über ein Durchschnittseinkommen von weniger als 120 bzw. 40 Dollar im Monat verfügen. Und die Investitionen der transnationalen Firmen in diesen Ländern schaffen dort häufig mehr Arbeitslose als Arbeitsplätze und vermindern keinesfalls die extreme Massenarmut. Ignacy Sachs macht zum Beispiel darauf aufmerksam, daß »im Verwaltungsgebiet von Campinas, einem der technologischen Hauptzentren in Lateinamerika, das für 9% des Bruttoinlandsprodukts von Brasilien verantwortlich ist, 40% der Bewohner von einem Einkommen leben, das nicht erlaubt, den errechneten Warenkorb zu erwerben«.[41] Jeremy Rifkin belegt, daß die Niederlassungen der transnationalen Konzerne in Brasilien ebenso wie die *maquiladoras* – also die Industriebetriebe, die die großen nord-amerikanischen Firmen in den Grenzregionen Mexikos errichten – häufig stärker automatisiert sind als die entsprechenden Niederlassungen in den Vereinigten Staaten. Das von ihnen gezahlte Lohnvolumen reicht nicht aus, um die ökonomische Expansion durch Steigerung der Nachfrage voranzutreiben. Dafür werden die Länder auf Grund der Zollunion mit importierten Massenprodukten überflutet, die den Ruin der lokalen und handwerklichen Kleinbetriebe nach sich ziehen.[42]

Sich nach Alternativen zur Lohngesellschaft umzuschauen ist also keineswegs eine luxuriöse Beschäftigung dekadenter Intellektueller der reichen Länder. Die Lohngesellschaft besitzt weniger Zukunftschancen und Versprechen für die Menschheit und die Welt als das gesellschaftliche Modell von Kerala[43] oder die technisch

40 Nach dem Bericht der Weltbank von 1995 wird die erwerbsfähige Weltbevölkerung von heute 2 500 Millionen Personen auf mehr als 3700 Millionen Personen bis zum Jahr 2025 anwachsen. Der aktuelle Stand der weltweiten Arbeitslosigkeit liegt bereits bei 25%, wenn denn dieser Begriff überhaupt einen Sinn macht.
41 I. Sachs, »L'urbanisation ou la déruralisation?«, in: *Transversales* 41, September/Oktober 1996.
42 Vergleiche J. Rifkin, »Automating the 3rd World«, in: *op. cit.*, Kapitel 13, S. 203.
43 Der Bundesstaat Kerala, katholisch und kommunistisch, an der Süd-West-Küste Indiens ist nach seinem Pro-Kopf-Einkommen einer der ärmsten der Indischen

fortgeschrittenen Selbstversorgunskooperativen in den landwirtschaftlichen Marktflecken Indiens, deren Werdegang Alvin Toffler beschrieb[44], oder auch als das von Frithjof Bergmann in den Vereinigten Staaten propagierte *high-tech self-providing*.

Um diese gesamte Problematik wird es im Folgenden ausführlicher gehen, ohne daß ich den Anspruch erhöbe, ein ausgearbeitetes Modell vorstellen zu können. Dringender ist es, unsere Blickrichtung so zu verändern, daß wir lernen, in der untergehenden und sich verändernden Welt die Keimzellen anderer möglicher Welten zu erkennen.

Bevor wir uns aber diesen anderen Seiten der Veränderung zuwenden, sollten wir unseren Blick schärfen, um den Charakter, die Akteure und die möglichen Subjekte der aktuellen Veränderungen genauer festzustellen.

Föderation. Aber sein »Indikator für menschliche Entwicklung« – an dem das Entwicklungsprogramm der Vereinten Nationen die Lebensqualität der Bevölkerung mißt – ist höher als der der reichsten (Föderations-)Staaten.

44 A. Toffler: *Die dritte Welle – Zukunftschance: The Third Wave. Perspektiven für die Gesellschaft des 21. Jahrhunderts*, München 1987. In diesem monumentalen Werk, das von den Marxisten mit einer erstaunlichen sektiererischen Verachtung abgelehnt wurde, sollte man vor allem das 23. Kapitel, »Gandhi mit Satelliten«, lesen oder erneut lesen. Es handelt sich um eine radikale Kritik an dem, was Serge Latouche »die Verwestlichung der Welt« in: ders.: *Die Verwestlichung der Welt. Essay über die Bedeutung, den Fortgang und die Grenzen der Zivilisation*, Frankfurt am Main 1993, nennt, und verweist auf die Möglichkeit zur Integration der Technologien der dritten Generation (also der Mikroelektronik) in die Kultur vorindustrieller Gesellschaften. Vergleiche hierzu auch das 20. Kapitel »Der Aufstieg des Prosomenten«, in dem Toffler zeigt, daß »das, was ineffizient zu sein scheint, wenn man traditionell in den Kategorien der (Produktion für den Markt) denkt, außerordentlich effizient sein kann, wenn man die Wirtschaft in ihrer Gesamtheit betrachtet, anstatt nur einen Teilbereich zu berücksichtigen.«

II. Letzte Wandlungen der Arbeit

1. Post-Fordismus

Das Ende des »fordistischen« Wachstums ließ dem Versuch der Unternehmen, der mit ihm einhergehenden Stagnation zu entgehen, zwei Auswege: erstens die Eroberung zusätzlicher Marktanteile und zweitens die Beschleunigung der Erneuerung ihrer Produktpalette bzw. des Veraltens ihrer Produkte. Die Anstrengungen zur Eroberung neuer zusätzlicher Marktanteile versprachen sich um so mehr zu lohnen, als die Märkte noch relativ »unerschlossen« waren. Die Firmen mußten folglich versuchen, in den »Schwellen«-Ländern Fuß zu fassen. Das beschleunigte Veralten der Produkte hingegen erforderte nicht nur intensive und kontinuierliche Anstrengungen im Bereich der Innovation, sondern auch die Kapazität zu immer kürzerer Serienproduktion zu immer niedrigeren Stückkosten.

Beide Auswege zwangen zum Bruch mit der fordistischen Produktionsweise. Die Wettbewerbsfähigkeit durfte nicht mehr wie in der Vergangenheit von der durch Massenproduktion erreichten Kostendegression abhängen. Sie mußte im Gegenteil über die Kapazität erreicht werden, zu immer kürzeren Fristen eine zunehmende Vielfalt von Produkten in kleinen Mengen und zu niedrigen Preisen zu produzieren. Das Wachstum mußte vom quantitativen und materiellen zum »qualitativen« und »immateriellen« übergehen. Die Produkte mußten sich auf Grund ihres »Images«, ihrer Neuheit und ihres symbolischen Werts durchsetzen. Die Konkurrenzfähigkeit erforderte die größtmögliche Mobilität, Anpassungsfähigkeit und Geschwindigkeit beim Entwerfen und Produzieren von Neuheiten. Die Unternehmen mußten zur beständigen Improvisation fähig sein, mußten kurzlebige Trends und unvorhersehbare, flüchtige Moden kreieren und voll und ganz ausschöpfen können. Auf den virtuell gesättigten Märkten war die Zunahme der Verschiedenheit von Geschmacksrichtungen und Moden und der Geschwindigkeit, mit der diese aufeinander folgten, der einzig mögliche Wachstumsmodus. Für die Unternehmen handelte es sich nicht mehr einfach darum, auf die – ohnehin immer flüchtiger werdende – »Nachfrage« der Kunden nahezu umgehend zu »antworten«, sondern es galt vielmehr, die Flüchtigkeit, Unbeständigkeit und Kurzlebigkeit der Moden und Wünsche zu verstärken, sie zu antizipieren und zu kreieren und sich jeder Normalisierung und jedem Normalitätssinn entgegenzustellen. Normalität war zu einem Moment von Erstarrung geworden, das die Nachfrage beschränkte. Nur das unvorhergesehene Angebot, die Überraschung konnten sie stimulieren. Jede Art von Erstarrung wurde zu einem Hemmnis, das eliminiert werden mußte.

Nun gehörte aber gerade eine gewisse Starrheit zur fordistischen Produktionsweise, basierte diese doch auf: Massenproduktion standardisierter Produkte, auf langen Fließbändern, an denen die Fertigungsarbeit in Hunderte von repetitiven Arbeitsschritten zersplittert war, auf beträchtlichen Vorbereitungsphasen, die der starren Produktionsorganisation und der je engen Spezialisierung der Arbeitskräfte wegen zur Planung und Entwicklung neuer Produkte benötigt wurden; auf strenger, fast militärischer Hierarchie und übermäßiger Gängelung der voneinander isolierten Arbeiter, deren Synchronisierung und Koordinierung von der Führungsebene organisiert und durchgesetzt werden mußte; auf unflexiblen, jeder Teilaufgabe vorgegebenen Leistungs- und Zeitformen (die bis auf eine Hundertstelsekunde festgelegt waren[45]), wobei jede Verzögerung an einem Arbeitsplatz sich auf das gesamte Montageband auswirkte; auf hohen Lagerbeständen und Lagerungskosten; auf einer großen Anzahl nicht direkt produktiver Arbeitskräfte, – sie machten ungefähr ein Viertel der manuellen Arbeiter aus.

»Die Direktion wird dermaßen mit der Kontrolle der Arbeiter befaßt, daß sie das eigentliche Ziel der Organisation aus dem Blick verliert. Ein unvoreingenommener Besucher wäre sicher erstaunt zu erfahren, daß dieses Ziel darin bestünde, den *glatten Ablauf des Fertigungsprozesses zu gewährleisten*. Wenn es möglich gewesen wäre, bestimmte vorgesehene Regeln wirklich durchzusetzen, wäre die Produktion paralysiert worden«, schrieb ein amerikanischer Soziologe schon 1950.[46]

45 Die MTM-Methode (*Motion and Time measuring*) maß bis auf die Hundertstelsekunde genau jede der Bewegungen, aus denen sich die Arbeitsschritte zusammensetzten, von denen jeder einzelne an den Fließbändern ausgeführte zwischen 50 Sekunden und 3 Minuten beanspruchte.
46 William F. Whyte: *Money and Motivation*, New York 1955.

Dieser Kontrollwahn entsprang nicht den technischen Erfordernissen der Massenproduktion. Sein Ursprung lag im Gegenteil, wie F. W. Taylor ausdrücklich darlegte, in dem grundlegenden Mißtrauen des Managements gegenüber den Arbeitskräften, die für »von Natur aus« arbeitsscheu und dumm gehalten wurden. Die »wissenschaftliche« Organisation der Arbeit war dazu bestimmt, dem Arbeiter die höchstmögliche Leistung durch ein System von Zwängen abzuringen, in das sie ihn sperrte und das ihm jeden Spielraum für Initiativen nahm. So spiegelten die Organisation und die eingesetzten Techniken den Willen des Kapitals wider, eine totale Herrschaft über die Arbeit auszuüben, um dadurch »Drückebergerei«, Faulheit, mangelnde Disziplin und Tendenzen zu Aufmüpfigkeit zu bekämpfen. Die Fabrik war zum Schauplatz permanenter Kleinkriege geworden, in deren Verlauf die angelernten Arbeiter ungeahnte Fähigkeiten entwickelten, wichtige Produktivitätsreserven (häufig bis zu 20%) der Aufmerksamkeit der Führungsebene zu entziehen. Die ganze Kreativität der Arbeiter galt der Schaffung geheimer Zeitreserven.

Solange sich die Automatisierung der Fabriken zum Ziel setzte, die immer rebellischer werdenden Arbeitskräfte durch Roboter zu ersetzen, ist sie eine Quelle kostspieliger Enttäuschungen geblieben. Das berühmteste Automatisierungsfiasko in Europa war die vom Fiatkonzern zu Beginn der achtziger Jahre in Cassino in Betrieb genommene Anlage. Sie hätte die »fortschrittlichste«, die am umfassendsten automatisierte Anlage der Welt sein sollen. Als typisches Produkt von durch den Taylorismus geprägten Ingenieuren sollte diese Anlage Automatisierung mit zentralisierter Kontrolle und strikter Programmierung von Arbeitssequenzen und -zeiten kombinieren.

Zur gleichen Zeit aber haben die Japaner in den Vereinigten Staaten, in übernommenen oder auf *Joint venture*-Basis betriebenen Werken Methoden eingeführt, die unter dem Namen der *lean production* »die Welt verändern«[47] sollten. Matsushita z. B., die von Motorola ein Werk zur Fernsehempfängerproduktion in Chicago übernommen hatte, entließ die gesamte Führungsebene und beschäftigte nur noch die direkt produktiven Arbeiter weiter. »Für

47 Vergleiche W. Womack (ed.): *The Machine that Changed the World*, New York 1990.

43

die Amerikaner«, erklärte damals ein japanischer Manager, gibt es die, die denken, und die, die arbeiten. Bei uns sind die, die arbeiten, selbst diejenigen, die denken, und so benötigen wir nur den halben Personalbestand.« Nach zwei Jahren hatte Matsushita die Fernsehempfängerproduktion in Chicago tatsächlich verdoppelt und die Zahl der notwendigen Nachbesserungsarbeiten um 98% reduziert.

Kosuke Ikebuchi, der Produktionsleiter des Werks, das Toyota und General Motors als *Joint venture* in Fremont, Kalifornien[48], betreiben, faßt die »Philosophie« von Toyota folgendermaßen zusammen: »Unsere 2100 Arbeiter arbeiten täglich acht Stunden in den Produktionsstätten, unsere dreißig Ingenieure dort aber nur zwei Stunden täglich. Die wichtigste Aufgabe der Ingenieure ist demnach, die Ideen der Arbeiter zu unterstützen, und nicht, ihnen zu sagen, was sie zu tun haben. Jede andere Haltung führt zur Verschwendung von ungeheuren Ressourcen.«[49]

Tatsächlich bot das »Toyota-System« oder der »Ohnismus« (nach dem Namen seines Erfinders Ohno benannt) die ideale Lösung für das die westlichen Industrien erschütternde Problem, auf das die japanischen Industriellen schon lange gestoßen waren. Dieses Problem lautete in den Worten von Ohno: »Was kann man, wenn die zu erzeugenden Mengen nicht steigen dürfen, tun, um die Produktivität zu erhöhen?«[50] Die Antwort von Ohno hatte aber für die westlichen Gesellschaften eine kulturrevolutionäre Dimension, da für diese die Geschichte der Industrialisierung mit der Geschichte des Klassenkampfes identisch ist. Tatsächlich nämlich besteht eines der wesentlichen Prinzipien von Ohno darin, daß ein hohes Maß an Selbstverwaltung des Produktionsablaufs durch die Arbeiter unverzichtbar ist, um in der technischen Entwicklung wie in der Anpassung der Produktion an die Nachfrage ein Maximum an Flexibilität, Produktivität und Schnelligkeit zu erreichen. Während diese Selbstorganisierung für den Taylorismus als Quelle aller Gefahren von Rebellion und Unordnung zu bekämpfen war, stellte sie zusammen mit Erfindungsgabe und Kreativität für den Toyotis-

---

48 Es handelt sich um die *New United Motor and Manufacturing Inc. (NUMMI)*.
49 Entsprechend einer von F. Krafcik vom MIT überlieferten Äußerung, in: *Technology Review*, Januar 1992.
50 Zitiert nach Benjamin Coriat: *Penser à l'envers*, Paris 1991, S. 20.

mus eine zu fördernde und auszubeutende Ressource dar. Die totale, vollkommen repressive Herrschaft über die Arbeiterpersönlichkeit sollte durch deren totale Mobilisierung ersetzt werden. Die starren, den Ausführenden von oben diktierten Arbeitsabläufe sollten zugunsten des »kaizen« abgeschafft werden. »Kaizen« bedeutet fortlaufende Gestaltung und Optimierung der Abläufe durch die Arbeiter selbst. Nur eine entsprechende Abschaffung von Formalisierung erlaubt diese spontane und flexible »produktive Kooperation«, aus der die Flexibilität des Fertigungsprozesses, die optimale Zeitausnutzung sowie die Harmonisierung jeder Arbeitseinheit mit der ihr vorausgehenden und der ihr folgenden resultiert, mit einem Wort das »Kan-ban«.[51]

Die Arbeiter müssen verstehen, was sie tun. Besser, der gesamte Produktionsablauf und das ganze Fertigungssystem müssen ein für sie (im Prinzip) durchschaubares Ganzes werden, für das sie die Verantwortung übernehmen, zu dessen Herr sie sich machen und als dessen Herr sie sich fühlen. Sie sollen über Mittel und Wege nachdenken, die Konzeption des Produktes zu verbessern und zu rationalisieren, sie sollen sich mit möglichen Verbesserungen der Abläufe und der Organisation des Systems beschäftigen. Dafür müssen sie miteinander diskutieren, sich abstimmen, sich ausdrücken und zuhören können und bereit sein, sich selbst in Frage zu stellen, zu lernen und sich fortwährend weiterzuentwickeln.

Der Arbeiter, schreibt Benjamin Coriat, muß alles zugleich sein, »Hersteller, Techniker und Verwalter«. Dabei ist er vielseitig einsetzbar, mit einem Konglomerat von Arbeitsvorgängen betraut

51 Wie Benjamin Coriat in seiner Analyse insbesondere der Arbeiten von Ohno zeigt, besteht das »kan-ban« wesentlich darin, den Fabrikationsprozeß »umgekehrt« zu denken. Anstatt zunächst im Lager eines großen Werks enorme Bestände von Materialien und Teilen bereitzuhalten, aus denen die Montagewerkstätten sich dann versorgen, bedeutet das Kan-ban-Prinzip, von den im Werk eingehenden Bestellungen fertiger Produkte auszugehen und dann »umgekehrt« – vom Ende flußaufwärts – die für die Endmontage benötigten Teile und Materialien zu bestellen. Auf diese Weise »wird nur die genaue Menge der notwendigen Teile produziert, die man zur Ausführung des bestellten Endproduktes braucht. So wird das für das Kan-Ban charakteristische Prinzip des »Null-Lagers« verwirklicht.« B. Coriat: *L'Atelier et le robot*, Paris 1990, S. 90-91.
Die Bearbeitung der Bestellungen vom Ende zum Anfang, von Posten zu Posten, muß extrem schnell und störungsfrei erfolgen, ebenso wie die Aufnahme der Produktion und die Bereitstellung der bestellten Teile. Die gesamte Produktion erfolgt *just-in-time*. Zwischen der Bestellung eines Teils und seiner Bereitstellung vergeht oft weniger als eine Stunde.

und Herr über eine multifunktionale modulare Einheit von Arbeitsmitteln. Er muß sich mit den Mitgliedern seiner Gruppe und den oberhalb und unterhalb liegenden Produktionsgruppen »kommunikativ« absprechen, um zum kollektiven Chef seiner kollektiven Arbeit zu werden.

Die unmittelbare Produktionsarbeit ist dann nur noch eine Aufgabe der Arbeiter unter vielen anderen. Sie ist nicht einmal mehr die wichtigste, sondern nur das Ergebnis oder die Fortsetzung, die materielle Anwendung einer immateriellen und intellektuellen Arbeit. Einer Arbeit der Reflexion, der Abstimmung und des Informationsaustausches, einer Arbeit der Zusammensetzung von Beobachtungen und Wissen, die sich genauso in der Produktion oberhalb wie im Rahmen der unmittelbaren Fertigungsarbeit selbst vollzieht. Kurz, die produktive Arbeit erfordert bei den Arbeitern ein »allgemeines Wissen, *knowledge*«, das, zur Grundlage ihrer Produktivität geworden, als »unmittelbare Produktivkraft« in den Produktionsprozeß einfließt. Auf diesen *general intellect*, der für die meisten Marxisten dazu tendiert, zur herrschenden Form von Arbeitskraft in einer selbst durch immaterielle Aktivitäten dominierten Wirtschaft zu werden, wird später noch einzugehen sein.[52]

So zumindest sieht das Idealmodell des postfordistischen Unternehmens aus. Das Paradigma der hierarchischen *Organisation* wird darin durch das der *Netzwerkstrukturen* ersetzt, die an ihren Knotenpunkten selbstorganisierte Kollektive in loser Koppelung koordinieren, von denen keines das Zentrum bildet. Anstelle eines zentral von außen gesteuerten Systems (wie beim fordistischen Modell) haben wir es hier mit einem azentrischen, selbstorganisier-

---

52 Der Begriff *general intellect* ist zum Losungswort einer bedeutenden marxistischen Strömung geworden. Und das, obwohl dieser Ausdruck von Marx nur ein einziges Mal unscharf und beiläufig verwandt wird, nämlich in jenen ungefähr zehn glänzenden Seiten der *Grundrisse*, die von der Automatisierung handeln, von der aus ihr folgenden Hegemonie der immateriellen Arbeit und der Unmöglichkeit, die Arbeitszeit weiterhin zum Maß der Arbeit und die Arbeit zum Maß des produzierten Reichtums zu erklären. In der besagten Passage heißt es: »Die Entwicklung des capital fixe zeigt an, bis zu welchem Grade das allgemeine gesellschaftliche Wissen, *knowledge*, zur unmittelbaren Produktivkraft geworden ist, und daher die Bedingungen des gesellschaftlichen Lebensprozesses selbst unter die Kontrolle des general intellect gekommen (...) sind.« Karl Marx: *Grundrisse*, Moskauer Ausgabe 1939 und 1941, Nachdruck EVA, Frankfurt am Main, S. 594.

ten System zu tun, einem Nervensystem vergleichbar, was denn auch die Netzwerkstrukturen zu imitieren versuchen. Eröffnet diese Konzeption der Arbeitermacht nie zuvor erreichte Freiräume? Kündigt sie eine mögliche Befreiung *in* der Arbeit und zugleich *von* der Arbeit an? Oder treibt sie die Unterwerfung der Arbeiter durch den Zwang auf die Spitze, selbst die Leiterfunktion und den »Imperativ der Konkurrenzfähigkeit« zu übernehmen, ja sogar das Interesse des Unternehmens über alles, also auch über ihre Gesundheit und ihr Leben, zu stellen?[53] Ist diese Konzeption Ausdruck einer Refeudalisierung der sozialen Produktionsverhältnisse, in deren Verlauf der Arbeiter zum »treuen Vasallen« einer Firma wird, die ihn auffordert, sich gänzlich mit ihren Interessen zu identifizieren[54]? Oder trägt sie im Keim bereits die totale Machtergreifung der Arbeiter in sich, denen der kapitalistische Besitz des Unternehmens schließlich als eine obsolete parasitäre Struktur erscheint?

Die Antwort auf diese Fragen hängt weitgehend vom historischen, politischen und ökonomischen Kontext ab, in dem postfordistische Prinzipien insgesamt oder zum Teil umgesetzt werden. Nach Benjamin Coriat »besteht das Drama darin, daß der Übergang von einem Zeitalter ins nächste, den wir erleben, unter den schlechtesten Bedingungen erfolgt. Auch heute noch finden Krise und Bruch mit dem Fordismus und seinen spezifischen Kompromissen in einem für die Arbeitnehmerschaft verheerenden Kräfte-

---

53 Aus offiziellen japanischen Erhebungen geht hervor, daß zwei Drittel bis drei Viertel der Endmontagearbeiter der Autoindustrie über chronische Müdigkeit und Erschöpfungszustände am Tagesende klagen. Die großen Firmen versetzen sie bereits im Alter von 30 Jahren an weniger anspruchsvolle Arbeitsplätze. Der Tod durch Überarbeitung (*karoshi*) ist keine Ausnahme.

54 Dafür ist eine öffentliche Diskussionsveranstaltung zwischen dem nationalen Sekretär der FIOM (Gewerkschaft der italienischen Metallarbeiter), Claudio Sabattini, und dem Personaldirektor der Autoabteilung des Fiatkonzerns, Maurizio Magnabosco, bezeichnend. Nachdem Sabattini die gewerkschaftliche Linie der »ausgehandelten Kooperation« (*cooperazione contrattata*) verteidigt hatte, die anerkennt, daß es ein Konfliktpotential zwischen Kapital und Arbeit gibt, antwortete Magnabosco mit dem Verweis auf die Härte einer Konkurrenz, bei der es um das Schicksal aller ginge: »In diesem Krieg sind das Produkt und die Produzenten Spielsteine einer Partie, die alle übersteigt. Sie sind sekundär in bezug auf das Endziel, also die Rentabilität, das Verhältnis zwischen Umsatz und Profit. In diesem Krieg verlangt Fiat von seinen Arbeitern eine totale Zustimmung, denn ohne sie läuft das Unternehmen Gefahr unterzugehen und mit ihm die Arbeit.« Zitiert von Paolo Griseri in: *Il Manifesto* vom 28. November 1995, S. 31.

verhältnis statt. Das stellt für die Unternehmen nur einen recht schwachen Anreiz dar, sich auf den Erneuerungsprozeß einzulassen. Viel leichter ist es, die bereits vorhandene Herrschaft zu ›verstärken‹. Das verhindert jedoch nicht ...«[55]

Das verhindert jedoch nicht, daß überall dort, wo das Modell des Fordismus-Taylorismus mehr oder weniger vollständig überholt wurde, der Postfordismus *zugleich* die Ankündigung einer *möglichen* Wiederaneignung der Arbeit durch die Arbeiter und den Rückfall in eine totale Unterwerfung, in eine Quasi-Vasallität der eigenen Person des Arbeiters mit sich bringt. Der eine und der andere Aspekt sind immer gleichzeitig vorhanden. Der emanzipatorische Zug des Postfordismus hat nur in jenen Einzelfällen vorübergehend den Sieg davongetragen, in denen die persönliche »Hingabe«, die er den Arbeitern abverlangt, von einer noch nicht durch eine »historische Niederlage« geschwächten Gewerkschaft ausgehandelt werden konnte.[56]

---

55 B. Coriat: *L'atelier et le robot, op. cit.*, S. 230. Diese Bemerkung gilt ganz besonders für die Formen von *lean production*, die im Westen nach Erscheinen des Werks von Womack (Hg.) eingeführt wurden. Es handelte sich dabei weder um eine Verlängerung des Toyota-Systems noch um die von Volvo in Kalmar und dann in Uddevalla eingeführte Arbeitsweise in eigenständigen Gruppen. Vielmehr handelt es sich um eine Mischung aus *team work* und autoritärer Befehlsgewalt, die zunächst von GM in Kalifornien (NUMMI), dann von CAMI (GM-Suzuki joint venture) in Kanada und von Nissan in England angewandt wurde und schließlich in Eisenach: Das Management von CAMI wurde anschließend von Opel (der deutschen Filiale von GM) beauftragt, dort ein ganz neues Werk aufzubauen. In keinem der Werke, in denen die *lean production* eingeführt worden ist, kann man von einer Aufhebung des Taylorismus, der Standardisierung, der Fließbandarbeit und der Diktatur der Zeitmesser sprechen. Nach den von Thomas Murakami zusammengetragenen Untersuchungen und Monographien ist die Intensivierung der Arbeit überall auf den Widerstand der Arbeiter gestoßen. Dieser hat sich vor allem in der Ablehnung des *Kaizen* gezeigt, das heißt in der Weigerung, Vorschläge zur Verbesserung der Produktqualität und der Produktivität zu unterbreiten. Vorschläge sind nur von den Vorarbeitern eingereicht oder (wie in Eisenach) unter Androhung der Prämienstreichung zur Pflicht gemacht worden.

56 B. Coriat unterscheidet drei Modelle von Hingabe: »erzwungene«, »auf Anreiz beruhende« und »ausgehandelte«. Meines Wissens ist Volvo in Uddevalla das einzige Beispiel für eine wirklich ausgehandelte Hingabe gewesen. Bei den deutschen Beispielen handelt es sich eher um die auf Anreizen beruhende. Vor allem bei Opel in Eisenach verlieren die Arbeiter ihre Prämie, wenn sie nicht drei Verbesserungsvorschläge pro Monat einbringen.

2. Uddevalla

Der interessanteste dieser Fälle ist das Werk von Volvo in Uddevalla. Bei seiner Planung und Realisierung war eine Gewerkschaft beteiligt, deren Ziel es war, die Industrie vom Taylorismus zu befreien und die Arbeiter zu wirklichen Subjekten der Arbeitsorganisation, einschließlich Aufgabenverteilung und Arbeitszeitgestaltung, zu machen. Der universitären Forschungsgruppe aus Göteborg, die damit beauftragt war, eine Montageeinheit mit möglichst attraktiven Arbeitsbedingungen zu konzipieren, hatte diese Gewerkschaft, namens »Metall«, vier Forderungen vorgelegt:

1. Die Arbeit sollte an »festen Stationen« verrichtet werden und

2. ohne »Taktzeiten«, das heißt, die Arbeiter sollten in ihrem eigenen Rhythmus arbeiten und sich bewegen können und nicht im Rhythmus eines in zentral programmierten, regelmäßigen Zeittakten automatisch vorrückenden Bandes (wie es noch in Kalmar der Fall war).

3. Die Arbeitszyklen sollten mindestens 20 Minuten betragen (im Gegensatz zu vier Minuten in Kalmar und weniger als zwei Minuten in den deutschen Werken). Das bedeutete, daß jeder Arbeiter bei jedem Fahrzeug für eine vielfältige und komplexe Einheit von Arbeitsgängen verantwortlich war. Die Arbeit sollte dadurch wesentlich weniger monoton werden.

4. Die »indirekte Arbeit«, die normalerweise einem Vorarbeiter oder Techniker anvertraut war, sollte in die Tätigkeit der Arbeiter miteinbezogen werden. Diese indirekte Arbeit umfaßte besonders die Logistik, die Arbeitsvorbereitung, die Qualitätskontrolle, die Nachbesserungen, die Ausbildung der neuen Arbeitnehmer, die Leitung einer Arbeitsgruppe etc.

Das Ziel dieser Forderungen bestand darin, »*die Arbeiter zum Nachdenken über ihre eigene Arbeit zu bewegen*« und dazu, »*die Produkte und Anlagen ihrer Kritik zu unterwerfen*«.[57] Dieses Ziel war für eine Gewerkschaft von ganz entscheidender Bedeutung,

---

57 Jean-Pierre Durand, »L'innovation brimée«, in J.-P. Durand (Ed.): *La fin du modèle suédois, op. cit.*, 1994, S. 122. Durand unterstreicht, daß das Modell von Uddevalla, das Modell der »holistischen Montage «, »in allen Punkten gegensätzlich zur *lean production* von Toyota steht«, die kurz darauf von allen Automobilherstellern übernommen wurde.

die beabsichtigte, auf die Produktionsentscheidungen Einfluß zu nehmen und diese schließlich den eigenen Vorstellungen über die ökonomischen Prioritäten und das Konsummodell zu unterwerfen.[58]

Die Belegschaft in Uddevalla war in Arbeitsgruppen von je neun Mitarbeitern eingeteilt, acht männliche oder weibliche Monteure und eine Verbindungsperson zum Lager. Eine Gruppe konnte je nach Wünschen und Fähigkeiten ihrer Mitglieder ein Viertel, die Hälfte, drei Viertel oder (in zehn Stunden) ein ganzes Fahrzeug montieren. Ein Prämiensystem motivierte die Arbeiter, die Montage eines ganzen Fahrzeugs zu erlernen. Jedes der acht Gruppenmitglieder mußte zumindest ein Viertel (also zwei Achtel) der gesamten Arbeitsvorgänge beherrschen, um mit einem weiteren Mitglied im Team arbeiten zu können, es vertreten oder ablösen zu können und sich selbst von ihm vertreten oder ablösen zu lassen. So wurden die Tätigkeiten eines jeden variationsreicher. Außerdem mußte das Team auch funktionieren können, wenn ein oder zwei Mitglieder aus dem einen oder anderen Grund fehlten.

Die Organisation der Betriebsanlage richtete ausdrücklich Spielräume für eine »selbstbestimmte Flexibilität der Arbeitszeit« ein, das heißt die Möglichkeit für jedes Mitglied, in Absprache mit seiner Gruppe, einen Tag frei zu nehmen. Sie sah auch die Möglichkeit vor, das Arbeitstempo im Laufe eines Tages, einer Woche oder von Woche zu Woche zu variieren, da das vorgegebene Arbeitssoll erst am Ende jedes Monats erfüllt werden mußte. Jede Gruppe besaß darüber hinaus ihren *Ombudsmann*, eine Funktion, welche im Wechsel von all den Mitgliedern eingenommen wurde, die an der entsprechenden Zusatzausbildung hatten teilnehmen wollen. Ebenso wurde abwechselnd von einem Mitglied jeder Gruppe eine Woche lang die Arbeitskleidung seiner Kollegen in der dafür eigens im Umkleideraum aufgestellten Waschmaschine gewaschen.

So fand sich das Verhältnis zur Arbeit und zum hergestellten Produkt grundlegend verändert, und die drei Bedingungen[59], die notwendig zu erfüllen sind, um die Entfremdung der Arbeit zu

---

58 Das war, wie zuvor bereits erwähnt, der Anspruch des »Meidner-Plans«.
59 Diese drei Bedingungen sind von mir in der *Kritik der ökonomischen Vernunft*, *op. cit.*, S. 116 f. definiert worden.

überwinden, waren auf gutem Wege, *teilweise* erfüllt zu werden.[60] Diese drei Bedingungen lauten:

a) Die eigenständige Organisierung der Arbeit durch die Arbeiter selbst, die so zu Subjekten ihrer produktiven Zusammenarbeit werden;

b) eine Arbeit und eine Kooperationsweise, die von jedem Einzelnen als positiv erfahren werden und die Fähigkeiten und Kompetenzen erschließen, die jeder in seiner Freizeit auch für sich einsetzen kann;

c) die Objektivierung der Arbeit in einem Produkt, das von den Arbeitern als Sinn und Ziel der eigenen Tätigkeit anerkannt werden kann.

Besonders in diesem letzten Punkt besteht weiterhin eine unüberwindbare Grenze, denn sowohl die Produktionsentscheidungen als auch die genauere Bestimmung des Produkts blieben allein in der Zuständigkeit der Repräsentanten des Kapitals. Die Qualität dieses Produktes hing in einem nie zuvor erreichten Maße vom Engagement des Arbeiterkollektivs ab, aber dieses Engagement, wiewohl unhintergehbar und ausgehandelt, blieb im Dienste einer Produktionsentscheidung, auf die weder die Arbeiter selbst noch die Verbraucher Einfluß nehmen konnten. Den Arbeitern war das Ziel ihrer Arbeit aufgezwungen, und deren Sinn war ihnen entzogen. Dieses Ziel und dieser Sinn lagen nämlich letzten Endes immer noch in der optimalen Verwertung eines Kapitals. Zudem ist es, milde gesagt, etwas überspannt, wie Philippe Zariffian zu behaupten, daß die Arbeit der postfordistischen Arbeiter ihren ganzen

60 Ich hebe »teilweise« hervor, da J.P. Durand, dessen Arbeiten ich einen wesentlichen Teil der obigen Informationen verdanke, ausdrücklich vor einer Idealisierung der Arbeitsbedingungen in Uddevalla warnt. Mochte dieses Werk auch das Maximum im Bereich der Selbstverwaltung des unmittelbaren Produktionsprozesses herausholen und den Arbeitsbedingungen des Modells von Toyota weit überlegen sein, so darf »der holistische Ansatz« dennoch nicht als ein »neues Allheilmittel« angesehen werden. Durand schreibt: »Auch in langen Zyklen behält die Montagearbeit ihren repetitiven Charakter, und der Kreativitätsanteil, der der Arbeit einen Sinn verleihen könnte, bleibt gering. Der Grad der Arbeitsverweigerung ist in den holistisch ausgerichteten Produktionsstätten bestimmt geringer als in denen von Toyota, aber die Zufriedenheit mit ihrer Arbeit und durch ihre Arbeit scheint bei den Monteuren in Uddevalla oder Kalmar nicht den Erwartungen der Initiatoren der organischen oder holistischen Methode zu entsprechen. Anders gesagt, wenn die Arbeit dort auch nicht so attraktiv ist wie vorgesehen, ist sie dennoch deutlich weniger abstoßend.« *loc. cit.*, S. 128.

Sinn daraus zieht, daß jeder einzelne Arbeiter »den Verlauf seiner Handlungen produktionsaufwärts erfassen kann und so in den Diensten, die er den Verbrauchern oder Kunden leistet, die ›raison d'être‹ des ›Produktsystems‹ zu erkennen vermag«.[61] In Wirklichkeit steht dieses Produktionssystem bestenfalls im Dienst *individueller, kaufkräftiger* Verbraucher von Waren zum individuellen Nutzen. Es schloß hingegen in diesem Fall die Entwicklung eines öffentlichen Transportwesens aus und im allgemeinen jede nicht marktkonforme Befriedigung kollektiver Bedürfnisse durch kollektive Mittel.

Der politische Inhalt des Konflikts zwischen Kapital und lebendiger Arbeit liegt gerade auf der Ebene von Produktionsentscheidungen, also der inhaltlichen Bestimmung von Bedürfnissen und der Art und Weise ihrer Befriedigung. Letztlich geht es um *die Macht*, über den Zweck und die gesellschaftliche Verwendung der Produktion zu entscheiden, das heißt, über die Art und Weise des Konsums, zu welchem sie bestimmt ist, und über die sozialen Beziehungen, die diese Art des Konsums festlegt.[62]

Das Uddevalla-Werk wurde zwischen 1984 und 1988 geplant und errichtet und 1989, zu einer Zeit der Vollbeschäftigung, in Betrieb genommen. Damals sorgte sich Volvo besonders um die Produktivität seiner Betriebe und die Qualität seiner Erzeugnisse. Es benötigte zu deren Sicherung eine junge, gut ausgebildete, motivierte und stabile Arbeiterschaft. 1993 wurde das Werk endgültig geschlossen. Dafür lassen sich viele triftige Gründe anführen. Die

61 P. Zariffian, »Le travail: de l'opération à l'action«, in: *La crise du travail*, Paris 1994, S. 205.

62 Bei Jacques Bidet findet sich eine außerordentlich geglückte Formulierung für diesen in der marxistischen Tradition selten thematisierten Antagonismus. »Die Arbeit«, schreibt er, »wird zu den eigenen Zwecken desjenigen mobilisiert, der die ökonomische Macht ausübt. Sie polarisiert sich durch die Bedingungen genau dieses Machterhaltes. Diese Frage (...) betrifft nicht nur die Verteilung des Produktes, sondern auch seine Natur, seine mögliche Verwendung und den Sinn des Produzierten und also auch die erzwungenen oder sinnhaften Bedingungen, in denen produziert wird.« »Die Arbeit ist sinnhaft durch den Bezug auf das Verhältnis von erforderlicher Anstrengung oder *Verausgabung* und gesellschaftlichem Sinn der Produktion: ›Die Realabstraktion‹ wird aufgehoben, wenn es denjenigen, deren Arbeit man für ihnen fremde Zwecke ausnützen wollte, gelingt, die Produktion von gesellschaftlich wirklich Nützlichem und authentisch kultureller Bedeutung durchzusetzen.« J. Bidet, »Le travail fait Époque«, in: *»La crise du travail«, op. cit.*, S. 251, 254. Vergleiche auch J. Bidet: *Theorie de la Modernité*, Paris 1990, S. 196-209.

Konjunktur war zwischenzeitlich gekippt, das soziale Kräfteverhältnis hatte sich umgekehrt: Die Arbeitslosenquote in Schweden war von 1,8% im Jahr 1990 auf 7% im Jahr 1992 und auf mehr als 10% 1994 gestiegen. Der *turnover* war von mehr als 30% in den sechziger Jahren, auf 11,5% 1990 und ungefähr 5% im Jahr 1993 gesunken. Es war also nicht mehr nötig, der Belegschaft attraktive Arbeitsbedingungen zu bieten, um sie zu stabilisieren und ihr Engagement zu motivieren. Für die Schließung gerade dieses Werks mit Modell- und Avantgarde-Charakter fiel gar nicht ins Gewicht, daß die Produktivität in Uddevalla höher war als die in Kalmar (Kalmar wurde übrigens im folgenden Jahr auch stillgelegt) und signifikant höher als die der traditionellen Volvowerke. Dafür bietet Jean-Pierre Durand eine zweifache Erklärung[63].

»– Da in Uddevalla die repetitive Arbeit abgeschafft worden war, konnte sich das Werk nicht mehr auf eine umfassendere Automatisierung hin entwickeln. Im Werk von Gent dagegen, wie in all den anderen Werken (in Deutschland, in Großbritannien und in Frankreich), die nach japanisch-amerikanischen Prinzipien der ›lean production‹ organisiert waren, bestand die repetitive Arbeit (in Basiszyklen von 1,8 bis 1,9 Minuten) fort und ermöglichte so weitere Fortschritte hin zu einer quasi vollständigen Automatisierung.

– Weil das Werk in Uddevalla die Fließbandmontage im zentral programmierten, automatischen Zeittakt abgeschafft hatte, hing sein reibungsloses Funktionieren viel stärker als bei jedem anderen Werk von dem Engagement und der Treue seines Personals ab. Dieses war keiner Kontrolle oder hierarchischen Macht mehr unterworfen und ebensowenig den Zwängen, die in den anderen Fabriken den Arbeitern durch ein System von vorprogrammierten Taktzeiten und Arbeitsrhythmen auferlegt wurden. Kurzum, der Gruppendirektion erschien die Macht der Arbeiter auf gefährliche Weise und unnötig ausgedehnt. Globalisierung und Arbeitslosigkeit gestatteten es dem Kapital, seine Macht von neuem uneingeschränkt auszuüben. Das genau sollte auch deren Funktion sein.«

63 *Loc. cit.*, S. 127, 131.

3. Die Unterwerfung

Das Befreiungspotential des Post-Taylorismus läßt sich ausschließlich in der Überwindung der kapitalistischen Produktionsverhältnisse verwirklichen. Darin besteht, wie Coriat sagt, das Drama. Das Kapital wendet bestimmte Prinzipien desselben nur unter der Bedingung an, daß es sich gegen den eigenständigen Gebrauch der den Arbeitern zugestandenen Machtanteile hat absichern können. So stellen sowohl in Japan als auch in den Vereinigten Staaten und Europa die Unternehmen, die nach (den) Grundsätzen der *lean production* arbeiten, nur junge, sorgfältig ausgewählte Arbeiter ein, denen in der Vergangenheit keine gewerkschaftlichen Aktivitäten nachzuweisen sind. Sie zwingen sie, besonders in Großbritannien, in ihrem Arbeitsvertrag ausdrücklich auf ihr Streikrecht zu verzichten und keiner anderen als der hausinternen Gewerkschaft beizutreten. Im Grunde stellen sie Arbeiter nur als *ihrer Klassenidentität* beraubte ein, *ohne* Platz in der Gesamtgesellschaft und ohne Teilhabe an ihr.

Dafür bieten sie ihnen eine »Unternehmensidentität« (eine *corporate identity*), die der »Unternehmenskultur« entspringt. Jede Firma arbeitet auf verschiedenen Ebenen eine Symbolik heraus, etwa durch eine betriebseigene Ausbildung, eine »haus«interne Verhaltensweise, ein eigenes Vokabular und, nicht zuletzt, durch einen betriebseigenen Kleidungsstil, der mehr oder weniger den in Japan üblichen Unternehmensuniformen entspricht.

In einer zerfallenden Gesellschaft, in der Identitätssuche und Wunsch nach sozialer Integration permanent enttäuscht werden, mögen die »Unternehmenskultur« und der »Unternehmenspatriotismus« dem jungen Arbeiter einen gewissen Ersatz für die Zugehörigkeit zur Gesellschaft oder einen Schutz gegen sein Unsicherheitsgefühl gewähren. So bietet ihm die Firma die Art von Sicherheit an, die sich sonst in Klosterorden, Sekten und Arbeitsgemeinschaften finden läßt: Sie verlangt von ihm den totalen Verzicht, den Verzicht auf jede andere Form von Zugehörigkeit, den Verzicht auf eigene Interessen und sogar auf sein persönliches Leben, auf seine Persönlichkeit, um sich mit Leib und Seele dem Unternehmen *zu verschreiben*. Dafür schenkt die Firma ihm eine Identität, eine Zugehörigkeit, eine Persönlichkeit und eine Arbeit, auf die er stolz sein kann. Er wird Mitglied einer »großen Familie«. Die Bindung an das Unternehmen und das Arbeitskollektiv wird zum einzigen Band. Es absorbiert die gesamte Energie, mobilisiert die ganze Person des Arbeiters und birgt für ihn die Gefahr des *totalen Selbstverlustes*, falls seine Leistungen den sich ständig steigernden Erwartungen der Firma und der Arbeitskollegen nicht länger entsprechen.

So geht die *potentielle* Emanzipation der postfordistischen Arbeiter *innerhalb* ihrer Arbeit mit einer verstärkten sozialen Kontrolle einher. Diese Kontrolle, wie Coriat richtig beobachtet, geschieht oft in Form von »Ostrakismus«, als Unterwerfung des Einzelnen unter den totalitären Konformitätsdruck der Gruppe. Die Konzeption der »integrierten Fabrik«, des integrierenden Unternehmens trägt deutliche Züge ihrer japanischen Herkunft, und zwar in der fast feudalistischen Art, das Unternehmen als eine Gemeinschaft von Arbeit und Zugehörigkeit darzustellen, in der es soziale Antagonismen und Interessenkonflikte weder geben kann noch darf. Das Unternehmen gilt als eine Gemeinschaft, die dem allgemeinen Interesse und dem Wohle aller seiner Mitglieder entspricht. Es kann darin keine »Verhandlungen« geben, alle Probleme müssen sich mit Hilfe einer aufmerksamen Analyse durch alle Beteiligten einvernehmlich lösen.

Der Rückschritt im Verhältnis zum Fordismus ist offensichtlich: Der Toyotismus ersetzt moderne soziale Beziehungen durch vormoderne. Tatsächlich war der Fordismus insofern modern, als er den Antagonismus der spezifischen Interessen von lebendiger Arbeit und Kapital anerkannte. Das Verhältnis von Unternehmen und Arbeitern war naturgemäß konfliktgeladen und erforderte zwischen den Parteien *Kompromisse*, die fortwährend neu *ausgehandelt* werden mußten. Die Arbeiter *gehörten* dem Unternehmen nicht *an* und schuldeten ihm nur eine im Arbeitsvertrag wohldefinierte Leistung zu festgelegten Stunden, Bedingungen und Modalitäten. Die Arbeitnehmer mußten dem Unternehmen zu bestimmten Aufgaben *zur Verfügung stehen*, brauchten sich aber das Ziel dieser Aufgaben nicht zu eigen machen, um sie erfüllen zu können. Die Verwirklichung des Ziels war durch vorbestimmte operative Abläufe garantiert, deren Beachtung das Arbeitsergebnis weitgehend unabhängig machte von den Absichten, der Persönlichkeit und dem guten Willen der Arbeitenden. Das Arbeitsergebnis konnte folglich nicht dem persönlichen Engagement der Arbeiter zugeschrieben werden, es bedurfte ihres subjektiven Engagements nicht oder nur nebenbei. Insofern, als sie Subjekte waren, überwog bei ihnen die Zugehörigkeit zu sich selbst, ihrer Gewerkschaft, ihrer Klasse und zur Gesellschaft die Zugehörigkeit zum Unternehmen. Ihre sozialen und politischen Bürgerrechte überwogen die Rechte des Arbeitgebers, über ihre Arbeit, ihre Fähigkeiten und ihre Person zu verfügen. Sie behielten einen beträchtlichen Anteil ihrer Kräfte für sich und entzogen ihn der produktiven Instrumentalisierung – der Ausbeutung. Sie akzeptierten ihre Entfremdung in einem durch kollektive Aktionen und Verhandlungen und durch das Arbeitsrecht abgegrenzten Bereich unter Vorbehalt. Die konfliktträchtige Dynamik des fordistischen Produktionsverhältnisses entwickelte sich in Richtung einer immer stärkeren Begrenzung des Raumes und der Zeit, über die das Kapital zur Ausbeutung der Arbeit verfügen konnte. Gerade diese Dynamik wird im Postfordismus zunächst blockiert und dann umgekehrt.

Er erobert im Namen der »Wettbewerbsfähigkeit« den Bereich zurück, den das Unternehmen während der fordistischen Phase hat aufgeben müssen. Er schlägt immer größere Breschen in das Arbeitsrecht und die Tarifabkommen und erhebt es zum Prinzip, daß die Zugehörigkeit des Arbeitnehmers zum Unternehmen seine Zugehörigkeit zur Gesellschaft und seiner Klasse überwiegt. Das Recht des Unternehmens über »seine« Arbeiter muß danach prinzipiell die Rechte übersteigen, die diese als gesellschaftliche und ökonomische Bürger innehaben. Er verlangt von den Einzelnen bedingungslose persönliche *Hingabe* an die Ziele des Unternehmens. Er instrumentalisiert für seine Dienste die ganze Person – ihre Ausdrucks-, Lern-, Plan- und Analysefähigkeit. Dazu erwirbt das Unternehmen »zunächst die Person und ihre Hingabe« und entwickelt dann erst deren »Fähigkeit zu abstrakter Arbeit«.[64] So formt und konditioniert es diese Person und »reduziert ihren Horizont auf den des Betriebs. Die Subjektivität, die sich in diesem Rahmen entwickelt, ist das Gegenteil einer freien Subjektivität, die sich der ›Welt der Dinge‹ gegenüberstellt, denn (…) ihre eigene

64 Marco Bascetta, in: *Nuove Servitú*, Rom 1994, S. 10.

Welt ist von den Zwecken und Werten des Unternehmens eingegrenzt. (...) Es bleibt ihr hier kein physischer oder psychischer Raum, der nicht durch die Unternehmenslogik besetzt wäre (...).«[65]

Man hat damit in gewisser Hinsicht die Ebene der abstrakten Arbeit verlassen, die nach Marx die vorkapitalistischen Beziehungen persönlicher Unterwerfung aufhob. Denn abstrakte Arbeit war unpersönliche, ihrem Inhalt gegenüber gleichgültige »Leistung«, also unabhängig von der Persönlichkeit des Arbeitgebers. Der Postfordismus hingegen kehrt zurück zur personalisierten, nicht formalisierbaren und schwer vorausbestimmbaren Leistung. Sie stellt, wie Paolo Virno schreibt, die Beziehung zwischen dem Arbeiter und dem Arbeitgeber auf Basis der »universellen persönlichen Abhängigkeit wieder her und zwar in einem doppelten Sinne: Man ist von dieser oder jener Person, nicht von anonymen Regeln und Zwängen abhängig, und die ganze Person, die Denk- und Handlungsfähigkeit jedes Einzelnen, im Grunde ›das Gattungswesen‹ werden unterworfen.« Daraus resultiert »eine Personalisierung der Abhängigkeit«, die »universelle Dienstbotenarbeit«, »der Höhepunkt der Knechtschaft. Denn niemand ist so arm wie derjenige, der seine Beziehung zum anderen oder seine Sprachfähigkeit zu Lohnarbeit reduziert sieht.«[66]

Derartige Analysen müssen zu der Frage führen, ob diese totale Unterwerfung der ganzen Person nicht im explosiven Gegensatz zu Initiative, Kreativität und Autonomie steht, welche vom Kapital als unverzichtbares Moment der produktiven Zusammenarbeit anerkannt und gefördert sind. Das Kapital verlangt von den Arbeitern, daß sie sich beraten, nachdenken, planen und diskutieren, daß sie zu autonomen Subjekten der Produktion werden, aber zugleich ihre Autonomie auf vorgegebene Bereiche im Dienst von vorbestimmten Zwecken begrenzen. Maurizio Lazzarato faßt diesen Widerspruch treffend in folgender Formulierung zusammen: »Seid Subjekte, lautet der neue Befehl, der in den westlichen Gesellschaften allenthalben ertönt. (...) Man muß sich ausdrücken, muß reden, sich verständigen, kooperieren ... Das Kommunikationsverhältnis ist (aber) inhaltlich wie formal vollständig determiniert«,

65 Marco Revelli, in: P. Ingrao, R. Rossanda, *op. cit.*, S. 191.
66 Paolo Virno: *Mondanità*, Rom 1995, S. 80, 94, 97.

ja, es wird sogar funktionalisiert und instrumentalisiert, um einem technischen System zu dienen, das auf eine bestimmte Umlaufgeschwindigkeit von kodifizierten Informationen angewiesen ist. »Das Subjekt«, hält Lazzarato fest, »ist ein einfaches Kodifizierungs- und Dekodifizierungsrelais. (...) Das Kommunikationsverhältnis muß genau das ausschalten, was eigentlich sein spezifisches Wesen ist.«[67]

4. Autonomie und Selbstvermarktung

Man stößt hier auf genau den Widerspruch, den ich als »Autonomie innerhalb der Heteronomie« charakterisiert habe[68]: Bei den Arbeitskämpfen ging es den Arbeitnehmern immer darum, die Grenzen zu verschieben oder zu beseitigen, die das Kapital der Autonomie der lebendigen Arbeit aufzwingt. Theoretisch müßte sich bei wachsender Autonomie der Widerstand gegen die Heteronomie radikalisieren. Die Autonomie, die das Unternehmen vom Arbeiter verlangt, müßte sich *unabhängig von den Bedürfnissen des Unternehmens* zu behaupten und sich in jeder Hinsicht durchzusetzen suchen. Der in und durch seine Arbeit autonome Arbeiter müßte sich früher oder später weigern, auf eine produktive Funktion reduziert zu werden. Er müßte schließlich alles in Frage stellen, was die Umstände, Gründe und Ziele seiner Arbeit, was die politischen und ökonomischen Entscheidungen, die sie bedingen, seiner Macht entzieht. Die Anhänger der »Arbeiterselbstverwaltung« gingen von der für sie evidenten Annahme aus, daß es nicht möglich sein würde, die Forderungen nach Selbstbestimmung zu begrenzen, sobald diese sich am Arbeitsplatz durchgesetzt hätten.

Ich selbst habe zu Beginn der sechziger Jahre diese These verteidigt.[69] Heute finde ich sie in radikalisierter und sehr schematischer

67 Maurizio Lazzarato, »Le concept de travail immatériel: la grande entreprise«, in: *Futur Antérieur*, 10, 1992, S. 59-60.
68 Vergleiche *Kritik der ökonomischen Vernunft, op. cit.*, S. 117, 136, 140.
69 »Die Arbeiter sind bereits heute nicht mehr die Verkörperung austauschbarer physischer Energie, deren Arbeitskraft nur dann etwas gilt, wenn sie von jemandem gebraucht und *entfremdet* wird, der sie ihnen abkauft und mit anderen undifferenzierten Kräften kombiniert. Die Arbeit ist nicht länger eine Quantität von Zeit und Energie, sondern eine ihrer Autonomie bewußte Praxis und trägt ihre eigenen souveränen Forderungen in sich. [Die Arbeitskraft der Arbeiter] der

Form bei den meisten Theoretikern der »Massenintellektualität« wieder. Allerdings mit dem Unterschied, daß für sie totale Autonomie und Emanzipation keine tendenzielle Forderung mehr darstellen, sondern eine aktuelle Tatsache. Nach ihrer Auffassung »tritt die Arbeit unmittelbar als frei und konstruktiv auf«.[70] »Das Kapital wird zu einem leeren Zwangsapparat, einem Phantasma, einem Fetisch.«[71] »Die Massenintellektualität«, die all diejenigen einschließt, die als Arbeiter, Arbeitslose und in prekären Beschäftigungsverhältnissen Arbeitende jenen Komplex von Kompetenzen und allgemeinsten Fähigkeiten besitzen (nämlich zu interpretieren, zu kommunizieren, sich etwas vorzustellen oder vorwegzunehmen…), den der postfordistische Produktionsprozeß einsetzt, diese Massenintellektualität wäre im Begriff, sich selbst als alternative Macht zu konstituieren. Denn »der Produktionsprozeß von Subjektivität, das heißt der Produktionsprozeß schlechthin[!] konstituiert sich ›außerhalb‹ des Bezugs zum Kapital, im Innersten der konstitutiven Prozesse der Massenintellektualität, das heißt in der Subjektivierung von Arbeit.«[72] Der gesellschaftliche Produktionsprozeß brächte das kollektive Subjekt der alternativen Macht (anders gesagt, das Subjekt der proletarischen kommunistischen Revolution) dadurch hervor, daß, nach P. Zariffian, »jedes Indivi-

fortgeschrittenen Industrien (…) bezieht ihren Wert von vorneherein nur durch *die eigene* Fähigkeit, ihre Beziehungen mit den Kräften der anderen zu organisieren.

Es ist geradezu unmöglich, den Arbeiter herumzukommandieren (…) [Seine] Arbeit läßt sich unmittelbar nicht einfach als Herstellung eines vorbestimmten Dings, sondern vorrangig als Herstellung einer Beziehung der Arbeiter zu einander auffassen. Die Entfremdung bei der Arbeit läßt tendenziell nach, aber die Entfremdung der Arbeit dauert fort und wird tendenziell unerträglich infolge der Begrenzungen und der Endausrichtung, die der Verwertungsimperativ der souveränen Praxis aufzwingt.

Die Forderung nach Selbstverwaltung, die aus der produktiven Praxis selbst erwächst, kann nicht an den Toren der Fabriken, der Laboratorien, der Forschungsstätten haltmachen. (…) Menschen, die man in ihrem Arbeitsleben nicht herumkommandieren kann, werden sich auch als Staatsbürger nichts mehr vorschreiben lassen, noch werden sie sich den starren Entscheidungen zentraler Verwaltungen unterwerfen.« A. Gorz: *Zur Strategie der Arbeiterbewegung im Neokapitalismus*, Frankfurt am Main 1967, Kap. 5, aus dem Französischen von Rainer Zoll und Jürgen Schaltenbrand.

70 M. Lazzarato, Antonio Negri: *Futur Antérieur*, 6, S. 95-96.
71 Michael Hardt, A. Negri: *Die Arbeit des Dionysos. Materialistische Staatskritik in der Postmoderne*, Berlin 1996.
72 M. Lazzarato, A. Negri: *loc. cit.*, S. 95; M. Hardt, A. Negri, *op. cit.*

duum [dank des Kan-ban] die gesamte Bewegung des Produktionssystems als Ganzes ebenso erkennen kann wie den Zweck dieser Produktion (…) und das Netzwerk von Interaktionen, in dem jede Handlung sich wiederum als für diese Interaktionen grundlegend setzt.« »Das arbeitende Individuum befreit sich«, es »ist frei«, da es »sich nicht dem Zwang eines äußeren Befehls unterwirft, sondern einer inneren Bestimmung folgt, die die Möglichkeiten und Gründe der produktiven Handlung definiert«.[73]

Dieses theoretisierende Delirium – dessen Einfluß in marxistischen Kreisen nicht unbedeutend ist – basiert immer auf dem impliziten Postulat, daß die Autonomie *in* der Arbeit selbst die Forderung und die Fähigkeit der Arbeiter hervorbringt, alles zu beseitigen, was die Ausübung ihrer Autonomie begrenzt oder behindert. Das aber ist offensichtlich gerade nicht der Fall: *Die Autonomie in der Arbeit bewirkt wenig ohne eine sie fortsetzende kulturelle, moralische und politische Autonomie. Auch erwächst letztere nicht aus der produktiven Zusammenarbeit selbst,* sondern aus militanten Aktionen und einer Kultur des Widerstands, der Rebellion, der Solidarität, der offenen Debatten sowie der radikalen Infragestellung und der Dissidenz.

In ihrem Verlangen, schnell zu einem an sich revolutionären, direkt im Produktionsprozeß erzeugten Subjekt zu kommen, greifen die Autoren zu einer Art von systemischen Spinozismus, der die schwierigste Aufgabe ausklammert, nämlich die Aufgabe der kulturellen und politischen Vermittlungen, aus denen die Infragestellung der Produktionsweise und -ziele hervorgehen muß. Dadurch lassen sie aber die Fragen, die sie ausklammern, nur um so deutlicher hervortreten. Zum Beispiel: Ist das Produktionssystem so konzipiert, geführt und organisiert, daß es die größtmögliche Autonomie der Arbeiter in ihrer Arbeit und ihrem sonstigen Leben gewährleistet? Wozu dienen die Endergebnisse ihrer Arbeit und wem? Woher kommen die Bedürfnisse, die die Produkte befriedigen sollen? Wer bestimmt, wie diese Bedürfnisse und Wünsche befriedigt werden, wer also definiert das Konsum- und Zivilisationsmodell? Und vor allem: In welchem Verhältnis stehen die *unmittelbaren* Teilnehmer am Produktionsprozeß zu den *poten-*

---

73 P. Zariffian, *loc.cit.*, S. 204-205 und S. 199-201.

tiellen oder peripheren Teilnehmern, also den Arbeitslosen, den Zeit- und Leiharbeitern, den prekär Beschäftigten, den Selbständigen und den Arbeitern der Zulieferbetriebe?

Auf alle diese Fragen hat das Kapital *seine* Antworten und kann, wie wir sehen werden, sich die Autonomie der Arbeiter gerade dadurch dienstbar machen, daß es seine Antworten der Diskussion und Auseinandersetzung entzieht und ihnen den Anschein von »Natur«gesetzen verleiht. Anders gesagt, die *lean production stellt selbst die sozialen und kulturellen Bedingungen her, die die Herrschaft des Kapitals über die Autonomie der lebendigen Arbeit erlauben.*

Einen unter anderen Aspekten dieser Situation verdeutlicht Paolo Virno, wenn er schreibt: »Die Wissenschaft, die Information, das Wissen im allgemeinen und die sprachliche Kommunikation bilden die ›zentrale Säule‹ der Produktion und des Reichtums und nicht mehr die Arbeitszeit. (…) Im Zeitalter des *general intellect* befinden sich die gesamten lohnabhängigen Arbeitskräfte ständig in der Lage einer ›Reservearmee‹. Und das selbst, wenn sie mörderische Schichtarbeitszeiten ertragen.«[74] Denn die bei der Arbeit eingesetzten Fähigkeiten und Fertigkeiten sind »allen gemein«, sind »Massenintellektualität«. Derart sind alle *gleichzeitig potentielle Arbeiter und mögliche Arbeitslose.* Unter »Massenintellektualität« hat man nach Virno »eine Qualität und ein Kennzeichen der gesamten gesellschaftlichen Arbeitskraft des postfordistischen Zeitalters« zu verstehen. »In diesem spielen Information und Kommunikation in jedem Winkel des Produktionsprozesses eine wesentliche Rolle; *kurzum, die Sprache selbst ist jetzt zu Arbeit gemacht worden, sie ist Lohnarbeit.*«[75]

Wenn nun die kommunikativen, beziehungsintensiven, kooperativen und erfinderischen Fähigkeiten zu einem Bestandteil der Arbeitskraft werden, können sie, insofern sie die Autonomie des

---

74 P. Virno, »Quelques notes à propos du general intellect«, in: *Futur antérieur*, 10, 1992, S. 48 f.

75 P. Virno, *op. cit.*, S. 52, »So daß ›Sprachfreiheit‹ heute ›Abschaffung der Lohnarbeit‹ bedeutet«, ergänzt Virno. Er läßt die Tatsache außer acht, daß umgekehrt die Lohnarbeit auf dem Weg der Abschaffung zugunsten von sogenannter selbständiger Arbeit ist, die für die Dienstleister darin besteht, sich ohne die Vermittlung eines Arbeitgebers »zu vermarkten«. Ich werde später auf dieses Problem noch zurückkommen.

Subjekts voraussetzen, naturgemäß nicht mehr *befehligt* werden. Denn sie entfalten sich nicht *auf Befehl*, sondern auf Grund der Initiative des Subjekts oder eben überhaupt nicht. Die Herrschaft des Kapitals läßt sich dann nicht mehr *direkt* durch hierarchischen Druck auf die lebendige Arbeit ausüben, sondern nur noch auf indirekte Weise. Sie muß sich auf Gebiete außer- und oberhalb des Betriebs verlagern und das Subjekt so konditionieren, daß es genau das akzeptiert oder wählt, was man ihm aufzuzwingen beabsichtigt. In diesem Fall hören der Betrieb und der Arbeitsplatz auf, der maßgebliche Ort des Hauptkonflikts zu sein. Die Front wird dann überall dort verlaufen, wo Information, Sprache, Lebensweise, Geschmack und Moden durch Kapital, Handel, Staat oder Medien erzeugt und gestaltet werden. Anders gesagt, überall dort, wo die Subjektivität oder die »Identität« der Individuen, ihre Wertvorstellungen, ihre Selbstbilder oder die der Welt fortwährend strukturiert, fabriziert und geformt werden. Darauf werde ich anläßlich einer Besprechung der von Alain Touraine so genannten »programmierten Gesellschaft« am Ende des Buches noch einmal zurückkommen. *In dieser Gesellschaft verläuft die Front des Konfliktes überall. Seine Radikalisierung im kulturellen Bereich (dem der Bildung, Ausbildung, Stadtentwicklung, Freizeit und Lebensweise) ist die Bedingung für seine Radikalisierung auf dem Gebiet der Arbeit.* Demnach kann es keine effektive Gewerkschaftsbewegung mehr geben, die sich ausschließlich auf die Arbeitsplätze und die Verteidigung von Arbeitskräften in festen Arbeitsverhältnissen richtet.

Durch die Instabilität, die Flexibilität, die Unbeständigkeit und Inkonsistenz, die der Postfordismus in allen Bereichen, den materiellen wie den immateriellen, bewirkt, erzeugt er die ideologischen und kulturellen Bedingungen seiner Herrschaft über die Arbeiter. Tatsächlich hat es diese Unterwerfung, also die Unterwerfung der Arbeiter durch das Kapital, das dennoch zugleich von ihnen verlangt, autonome, in ihrer Arbeit kreative Subjekte zu sein, schon immer gegeben. Immer schon gab es Tätigkeiten oder Berufe, bei denen die Arbeiter autonom und vollkommen ihrer Aufgabe hingegeben sein mußten und zugleich bereit, sich die Natur, das Ziel und den Sinn dieser Aufgabe vorschreiben zu lassen. Der Befehl, »seid Subjekte, aber im Dienste eines Anderen, dem Ihr niemals die

Rechte über Euch in Abrede stellt!«, dieser Befehl wird in der Tat von all jenen Kreativen erfahren und befolgt, die *mit wirklicher, aber begrenzter und untergeordneter Souveränität* Ideen, Phantasie, Parolen, Propagandabotschaften gegen Bezahlung für ihre Auftraggeber erschaffen: Journalisten also, Werbeleute, Redakteure und Zeichner in der Werbebranche, Spezialisten für »public relations«, Forscher der Kriegsindustrien etc. Kurz all jene, die *sich selbst* ganz Aktivitäten *hingeben*, die *an sich* befriedigend sind, durch die sie *sich* aber zum käuflichen, dienstbeflissenen Instrument eines fremden Willens machen: in denen sie sich *selbst verkaufen.* Denn was sie leisten, ist kein objektiviertes, von ihrer Person trennbares Erzeugnis, sondern ein Ins-Werk-Setzen ihrer persönlichen Ressourcen, sprich, ihrer »Talente«. Sie sind auf souveräne Weise frei in den ihnen von anderen gesteckten Grenzen. Sie sind frei zur Verwirklichung der Ziele eines Herrn, aber eben nur dazu. Nun ist Selbstvermarktung, besonders die Selbstvermarktung »der ganzen Person«, in ihrem Gemeinsten, im Grunde ihrer gattungsspezifischen Existenz also, nicht einfach ein »Dienstbotenverhalten«, wie Virno glaubt. Es ist das eigentliche Wesen der Prostitution, die sich nicht auf den »Verkauf des Körpers« beschränkt. Denn der Körper, die Sexualtität sind von der ganzen Person nicht trennbar. Sie zum Verkauf anzubieten ist immer *Selbstvermarktung.* Lazzaratos Argument, daß »die Hingabe des auf Befehl handelnden Subjekts nicht die tieferen Schichten seiner Persönlichkeit und seines sozialen Seins berühre«, ist das klassische Alibi derjenigen, die sich vermarkten und prostituieren, während das angeblich die Integrität ihrer Person gar nicht berühre. Letztere ist aber immer im Spiel, ganz gleich, ob man seinen Körper prostituiert oder seine Feder, seine Intelligenz, seine Begabung oder jedwede andere Quelle, die nicht vom sie einsetzenden Subjekt *trennbar* ist.[76]

76 Für jene, die im Gefolge von Bernard Perret, J.-L. Laville und B. Eme behaupten, daß ich alle persönlichen Dienstleistungen als servile Tätigkeiten ansehe, in denen man sich selbst verkauft, möchte ich hier klarstellen, daß bezahlte Selbsthingabe nur insofern servil ist, als sie Bezahlung zum primären Ziel hat und *sich dem Willen eines anderen unterwirft.* Bei den *im Interesse eines anderen* erbrachten beruflichen Dienstleistungen – besonders im Hilfs- und Pflegebereich – ist das offensichtlich nicht der Fall. Denn auch wenn der Therapeut, der Pfleger, der Unterrichtende wohl im Interesse der ihnen anvertrauten Person handeln, so handeln sie doch keineswegs nach deren Willen und Belieben. Man erwartet im

Den Höhepunkt der Selbstvermarktung erreichen die selbständigen Dienstleister. Sie sehen sich selbst zugleich als fixes Kapital, als dessen Verwertung durch Arbeit, als auf dem Markt verkaufte Ware und als Verkäufer, die für diese Ware eine hohen Preis durch eine sorgfältig ausgearbeitete Strategie zu erhandeln wissen. Sie betrachten sich als eine »arbeitende Ware« und verkörpern somit die Ideologie »der postfordistischen japanischen Industriellen, die davon überzeugt sind, das Monopol auf Menschlichkeit innezuhaben, da die ›arbeitende Ware‹ für sie die einzig mögliche Weise des ›Menschseins‹ darstellt. Eine Auffassung, die unvermeidlich zum Konformismus führen muß.«[77] Die Ideologie, die das Sich-verkaufen-Können zur höchsten Tugend erklärt, spielt hier eine entscheidende Rolle und trägt zur Entwicklung jenes »Persönlichkeitsmarktes« bei, der von C. Wright Mills schon Anfang der fünfziger Jahre beschrieben wurde.[78] Tatsächlich ist die Persönlichkeit mittlerweile zum wesentlichen Bestandteil der Arbeitskraft geworden. Früher war das nur der Fall bei persönlichen Bedienern und Dienstpersonal, das direkten Kontakt mit den Kunden aufzuneh-

Gegenteil von ihnen, besser als ihr Patient, Klient oder Schüler zu wissen, was zu dessen Nutzen ist und – darin besteht ja gerade ihre Professionalität – nach ihrem Berufsethos und bestimmten Verfahren zu handeln, die ihnen die Beherrschung ihrer Handlungen sichern. Im Rahmen einer durch professionelle Verfahren festgelegten und objektivierten Beziehung dient der Therapeut, der Unterrichtende etc. den Interessen und Bedürfnissen anderer. Er ist nicht da, um ihnen zu gefallen, und spricht ihnen das Recht und die Kompetenz ab, zu bestimmen, was er zu tun hat. Er ist in der überlegenen Position. Seine Professionalität und die von ihm angewandten Verfahrensregeln schützen ihn vor der Personalisierung seiner Beziehungen zu seinen Patienten oder Schülern und ebenfalls gegen Komplizenschaft, Mitleid und affektive Beziehungen zu ihnen. Die Bezahlung seiner Dienstleistungen trägt zur Aufrechterhaltung der Distanz zwischen ihm und seinen Patienten oder Schülern bei und dazu, seinen Beziehungen zu ihnen einen relativ unpersönlichen Charakter zu verleihen – oder zumindest die persönliche Dimension dieser Beziehungen zu relativieren und einzuschränken.
Darin bestehen Vorteil und Nachteil professioneller Beziehungen. Die Professionalität und die dem Dienstleistenden garantierte überlegene Position schützen diesen gegen die Wünsche seiner Klienten und gegen den Dienstbotenstatus. Die Bezahlung macht die Beziehungen unpersönlich und begrenzt die Dankesschuld der gepflegten und unterstützten Person. Aber diese – und da zeigt sich die Kehrseite der Medaille – kann ihrerseits vom professionellen Dienstleister weder Anteilnahme noch Zärtlichkeit oder Spontaneität in der Fürsorge, kurz, bedingungslose Hingabe verlangen oder erwarten. Vgl. *Kritik der ökonomischen Vernunft, op. cit.*, S. 200f., 209f., 220-225.

77 Marco Revelli, *op. cit.* S. 192.
78 C. Wright Mills: *Menschen im Büro. Ein Beitrag zur Soziologie der Angestellten*, Köln 1951, S. 181-188.

men hatte. Heute hingegen gelten im postfordistischen Unternehmen die technischen Kenntnisse und das professionelle Know-how nur in Verbindung mit einer bestimmten *Geisteshaltung*, nämlich einer uneingeschränkten Bereitschaft, sich unvorhergesehenen Umständen anzupassen und in Veränderungen zu fügen, kurz: nur in Verbindung mit jener charakterlichen Disposition, die die Angelsachsen *eagerness* nennen: Arbeitseifer, Dienstfertigkeit und Einsatzfreude. Die Persönlichkeit des Bewerbers und seine Arbeitshaltung sind für seine Einstellung in erster Linie entscheidend.

5. Arbeit, die Arbeit abbaut

Die Ideologie der Selbstvermarktung könnte sich natürlich nicht durchsetzen, wenn der Postfordismus nicht selbst die gesamtgesellschaftlichen Umstände schaffen würde, die das Befreiungspotential der technischen Veränderungen verdecken und es erlauben, aus diesen Instrumente verschärfter Herrschaft zu machen. Diese Umstände, insbesondere was die Struktur und den Umfang der Beschäftigung betrifft, wurden mit einer seltenen Offenheit in einem Interview mit Peter Haase, dem Geschäftsführer der Coaching-Gesellschaft der Volkswagen AG, formuliert.[79]

Haase erklärte zunächst , daß »unternehmerische Kompetenzen an die Basis verlagert werden [müssen]«, wodurch sich »der Gegensatz zwischen Kapital und Arbeit ein Stück aufhebt (…). Wenn die Gruppen weitgehend selbständig Abläufe, Material, Personal, Qualifikation planen, ausführen und kontrollieren, (…) dann hat man den selbständigen Kleinunternehmer in einem Großbetrieb, und das ist eine Kulturrevolution.«

Aber diese völlig auf der Linie von Toyota liegende »Revolution« setzt natürlich bei den Arbeitern die Fähigkeit zur Analyse, zur Planung, zur Kommunikation und zum Ausdruck voraus, Fähigkeiten, die die Theoretiker der »Massenintellektualität« zum *general intellect* rechnen. Der ideale Lehrling, führt Haase aus, »muß seine Muttersprache in Wort und Schrift beherrschen, und er sollte

---

79 Vergleiche *Die Zeit* vom 20. Oktober 1995, S. 27.

über eine Fremdsprache in eine andere Kultur eintauchen können.«

»Und diejenigen, die keine Sprachbegabung haben, die keinen Realschulabschluß schaffen?

Die werden an den Rand des Arbeitsmarktes gedrängt. Das wird ein Riesenproblem.«

»Dieses Problem«, fährt Haase fort, »hängt unter anderem damit zusammen, daß die Halbwertzeit des Wissens immer geringer [wird]. In *Hardware-* und *Software*elektronik veraltet das Wissen zum Beispiel schon nach 12 bis 24 Monaten. Die Antwort darauf ist meistens Spezialisierung und damit Atomisierung des Wissens. (...) Und das so atomisierte Wissen muß wieder zusammengefügt werden.«

»Bleibt für Jugendliche mit Hauptschulabschluß also nur die Ausbildung im Handwerk?

Im Prinzip werden dort auch nur die Besten genommen. Nachdem die Industrie vorher die Spitze eines Jahrgangs abgeschöpft hat, macht das Handwerk den zweiten Schnitt. Was dann übrigbleibt, fällt durch den Rost. (...) Aber was tun, wenn nicht genug Arbeit da ist? Eigentlich müßten die jungen Leute am Anfang ihres Beruflebens vierzig oder fünfzig Stunden arbeiten dürfen. Wenn sie nur zwanzig Stunden arbeiten dürfen, bekommen sie eine ganz falsche Einstellung zur Arbeit.«

Deutlicher kann man nicht aussprechen, daß die von den großen Unternehmen angestellten Arbeiter eine kleine »Elite« darstellen. Und zwar nicht deshalb, weil sie größere Kompetenzen mitbrächten, sondern weil sie unter ebenso fähigen Individuen dazu ausgewählt worden sind, in einem ökonomischen Kontext, in dem die Arbeit objektiv ihre »zentrale Rolle« verliert, die Arbeitsethik zu erhalten. Die Arbeitswut, die totale Hingabe an die Arbeit und die Identifizierung mit ihr liefen Gefahr abzunehmen, wenn alle immer weniger arbeiten dürften. Wirtschaftlich gesehen ist es vorteilhafter, das wenige an notwendiger Arbeit auf wenige Leute zu konzentrieren, denen man dann das Gefühl vermittelt, sie seien eine privilegierte Elite, die ihre Privilegien dem Eifer verdanken, der sie von den »Verlierern« unterscheidet. Nichts hinderte, technisch gesehen, die Firma daran, die Arbeit auf eine viel größere Anzahl von Menschen mit je nur zwanzig Wochenarbeitsstunden zu verteilen. Aber diese Menschen hätten dann nicht mehr die »richtige« Einstellung zur Arbeit: Sie würden sich nicht mehr als kleine Unternehmer verstehen, die ihr Wissenskapital verwerten.

So verdeckt die Firma für den stabilen Kern ihrer Elitearbeiter »zu einem großen Teil den Gegensatz zwischen Kapital und Arbeit« und verlagert ihn aus ihrem Wahrnehmungsbereich weg auf die Randarbeitnehmer, die in prekären Beschäftigungsverhältnissen oder ganz ohne Arbeit sind. Der Postfordismus erzeugt seine Elite, indem er Arbeitslosigkeit produziert, diese ist die Bedingung zur Bildung jener. Die »gesellschaftliche Nützlichkeit« dieser Elite kann darum auch nicht allein unter dem Gesichtspunkt des Gebrauchswerts ihrer Produktion oder der geleisteten Dienste beurteilt werden. Die Angehörigen der Arbeitselite können sich nicht mehr allgemein für gesellschaftlich nützlich halten. *Denn sie erzeugen Reichtum und Arbeitslosigkeit in ein und demselben Akt.* Je größer ihre Produktivität und ihr Arbeitseifer, desto stärker wachsen die Arbeitslosigkeit, die Armut, die Ungleichheit, die soziale Ausgrenzung und die Profitrate. Je tiefer sie sich mit der Arbeit und den Erfolgen ihrer Firma identifizieren, um so mehr tragen sie dazu bei, die Bedingungen ihrer eigenen Unterwerfung herzustellen und aufrechtzuerhalten sowie die Konkurrenz zwischen den Firmen zu intensivieren und also den Leistungsdruck immer mörderischer zu machen, die Beschäftigungsverhältnisse – einschließlich der eigenen – immer prekärer und die Herrschaft des Kapitals über die Arbeiter und über die Gesellschaft immer unwiderstehlicher.

Ich erinnere alle jene an diese Tatsachen, die die Autonomie, den Einsatz, die Identifizierung der postfordistischen Arbeiter mit ihrer Arbeit verherrlichen, ohne davor zu warnen, daß diese Arbeit dazu bestimmt ist, das Arbeitsvolumen und die Lohnsumme drastisch zu reduzieren und zugleich die Profitrate in nie erreichte Höhen zu treiben. Die postfordistische Industrie ist die Speerspitze eines tiefgreifenden Umwälzungsprozesses, der die Arbeit und das Lohnverhältnis abschafft und den Anteil der Erwerbsbevölkerung, der die gesamte materielle Produktion sichert, auf 2 % zu reduzieren tendiert. Es ist unsinnig, eine Arbeit, die zu immer weniger Arbeit und Lohn für *alle* führt, als wesentliche Quelle von Autonomie, Identität und Entfaltung aller darzustellen.

Damit sei jedoch nicht gesagt, daß sich der postfordistische Arbeiter nicht mit dem identifizieren könne oder solle, was er tut. Ich sage nur, daß das, was er tut, nicht auf einen unmittelbar produktiven Arbeitsakt reduziert werden darf. Er kann und darf nicht von den Konsequenzen und mittelbaren Auswirkungen absehen, die dieser Arbeitsakt im sozialen Umfeld nach sich zieht. Ich meine also, daß er sich mit allem, was er tut, identifizieren muß, daß er sich seine Arbeit aneignen und ihr Subjekt werden soll, und zwar bis hin zu den Konsequenzen, die diese Arbeit im sozialen Umfeld zeitigt. Der Arbeiter soll sich zum Subjekt und Akteur der Abschaffung von Lohnarbeit und Arbeitsplätzen machen, anstatt alle diese makroökonomischen und makrosozialen Dimensionen seiner produktiven Tätigkeit dem Markt und dem Kapital zu überlassen. Er muß die Umverteilung der vorhandenen Arbeit, die Reduzierung ihrer Dauer und ihrer Intensität, die Erlangung von Zeitsouveränität und sozialer Absicherung als Forderungen begreifen, die zum Sinn seiner Arbeit gehören, und zwar nicht nur auf der Ebene des Unternehmens und der Branche, sondern auch auf gesamtgesellschaftlicher Ebene und der des ökonomischen Raumes, dem diese angehört. Die Aneignung der Arbeit bis in ihre indirekten Konsequenzen und Auswirkungen hinein erfordert eine gewerkschaftliche Politik und eine politische Gewerkschaft.

6. Zum Wandel des Lohnsystems

Der Postfordismus führte den Paradigmenwechsel von der zentralen, hierarchischen Organisation zur azentrischen, selbst-organisierten Netzwerkstruktur herbei. Damit begann er wesentlich mehr noch die Natur der Lohnbeziehung umzuwandeln als die der Arbeit. Die Bemühung des Toyota-Systems, das »spezifisch Menschliche« in Arbeit zu verkehren, hat sehr oft davon abgelenkt, daß selbst im Innersten des japanischen Systems und seiner westlichen Adaptationen die massive Wiederkehr des Taylorismus zu verzeichnen ist. Außerdem bleiben meist auch die Veränderungen unbeachtet, die das postfordistische Unternehmen in der sozialen Umwelt und in der Gesamtgesellschaft hervorruft.

Man muß sich vor Augen halten, daß selbst bei Toyota allein das

Endmontagewerk nach den Prinzipien von Ohno organisiert ist. Es beschäftigt nur ungefähr 10 bis 15% der Arbeitskräfte, die an der Herstellung des fertigen Produktes mitwirken. So bildet es die Spitze einer Pyramide (*keiretsu*, d.h. Überkreuzverflechtungen von verschiedenen Unternehmen), die auf einer Basis von insgesamt 45 000 Zulieferbetrieben ruht. Je weiter diese sich von der Spitze entfernen, um so stärker arbeiten sie nach dem tayloristischen Modell: 171 Zulieferer sogenannten »ersten Ranges« stellen vollständige Teilstücke bereit, die in Zusammenarbeit mit der Mutterfirma entwickelt wurden; 5000 Zulieferer zweiten Ranges versorgen die Zulieferer ersten Ranges mit Komponenten; und 40 000 Zulieferer dritten Ranges liefern die Teile für letztere. Je weiter man sich von der Spitze der Pyramide entfernt, desto geringer werden das technische Niveau der Unternehmen, die Ausbildung des Personals und die Löhne. Bei den computergesteuerten und roboterisierten Zulieferungsbetrieben ersten Ranges, die zwischen 100 und 500 Personen beschäftigen, liegen die Löhne 25% unter denen der Mutterfirma. Bei den Zulieferern mit weniger als 100 Arbeitnehmern liegen sie 45% niedriger und für prekäre, unregelmäßige und im Stücklohn bezahlte Arbeit häufig noch tiefer.

Denn die Mutterfirma lagert alle spezialisierten Aufgaben aus, die andere genausogut und preisgünstiger bestreiten können. Die Abhängigkeit, in der sie die Zulieferer hält, erlaubt es ihr, regelmäßig Preisnachlässe durchzusetzen und die Nachfrageschwankungen auf diese abzuwälzen. Diese Schwankungen wirken sich auf die Arbeitskräfte der Zulieferer als »Flexibilisierung« der Arbeitszeiten und des beschäftigten Personalstands aus. Diese Situation faßt Alain Lebaube treffend zusammen: »Während das Unternehmen sich wieder auf seine Sparte konzentriert und versucht, die Beschäftigung seines Personals möglichst wertsteigernd zu gestalten, übt es auf ein Netzwerk von Zulieferern die härtesten Zwänge aus, die sich wiederum häufig in tayloristischen Arbeitsbedingungen niederschlagen (...) Das ›aufgesplitterte‹ Unternehmen verschließt die Augen verlogen vor den sozialen Konsequenzen seiner Aufsplitterung oder denen, die es seinen Lieferanten durch das Lastenheft aufzwingt.«[80]

80 A. Lebaube, »Taylor n'est pas mort«, in: *Le Monde Initiatives*, 4. Dezember 1991.

Die Arbeiterschaft ist so in zwei große Kategorien geteilt: einen Kern, der sich aus fest angestellten Vollzeitkräften zusammensetzt, die zu beruflicher Vielseitigkeit und Mobilität fähig sind. Und – um diesen Kern herum – eine große Menge von peripheren Arbeitern, die größtenteils prekär beschäftigt und befristet sind, mit variabler Arbeitszeit und variablem Lohn. Zu diesen Randarbeitern gesellt sich noch ein stetig wachsender Anteil von »Externen«, das heißt von vorgeblich »selbständigen« Dienstleistern, die dem Zeitaufwand oder ihrer Aufgabe entsprechend bezahlt werden und deren Arbeitsbelastung je nach Nachfrage variiert. Diese »Selbständigen« schützt kein Arbeitsrecht, sie haben keine soziale Sicherheit und sind allen konjunkturellen und geschäftsinternen Zufällen ausgesetzt. Die Firma wälzt diese auf sie ab.

Bereits 1986 hat Wolfgang Lecher vorausgesagt, daß der Anteil an festen Vollzeitstellen in den kommenden zehn Jahren auf 50% sinken würde.[81] 1994 sahen neue Schätzungen für Deutschland einen Anteil von 30 bis 40% fester Vollzeitarbeitsplätze voraus. Großbritannien liegt bereits unter diesem Niveau. Dort sind 95% der neuen Arbeitsplätze prekär. In Frankreich dagegen, wo insgesamt 40% der Beschäftigungsverhältnisse befristet und/oder Teilzeitarbeitsplätze darstellen, sind es nur 75 bis 80%.

Die westliche Adaptation des Toyota-Systems sollte nach Womack und dessen Kollegen erlauben, den gleichen Produktumfang mit halbsoviel Belegschaft, halbsoviel Kapital, halbsoviel bebauter Fläche und in der Hälfte der Zeit herzustellen. Der zur Konzeption und Entwicklung neuer Produkte notwendige Zeitraum sollte auch auf die Hälfte reduziert werden genauso wie die Stundenzahl in den Entwicklungsabteilungen.

Drei Jahre später ist die Tendenz zur Ersetzung der zentralen Organisationsstruktur durch die azentrische Verkoppelung der Produktionsströme unter dem Namen *reengineering* von einem ehemaligen Professor des MIT[82] radikalisiert worden. Nun geht es darum, das *Just-in-time*-Prinzip auf die Personalverwaltung aus-

---

81 Vergleiche *WSI-Mitteilungen* 3, 1986, Düsseldorf. Ich habe den Artikel von W. Lecher in der *Kritik der ökonomischen Vernunft, op. cit.*, S. 101 f. zusammengefaßt. Das WSI ist ein Forschungsinstitut des Deutschen Gewerkschaftsbundes – DGB.

82 Michael Hammer, James Chapy, *Reengineering the Corporation. A Manifesto for Business Revolution*, New York 1993.

zudehnen. Dabei wird die Kernbelegschaft um mindestens 40% – und in großen Netzwerken sogar um 80% – reduziert.

Der Reorganisationsplan der BankAmerica of California (mit 28 000 Angestellten 1993) gibt eine gute Vorstellung dieser Politik. Er sieht vor, nur noch 19% der fest Angestellten zu behalten; die übrigen 81% sollen ausgelagert werden (teilweise mit Fernarbeit) und entsprechend der jeweiligen Dienstleistungen oder der Arbeitszeit entlohnt werden, die das Unternehmen augenblicklich benötigt. In den meisten Fällen wird ihre durchschnittliche Arbeitszeit weniger als 20 Wochenstunden betragen.

Das *reengineering* hat sich mit traumatisierender Geschwindigkeit auf alle Tätigkeitsfelder ausgedehnt. Seit 1993 beschäftigten die 500 größten amerikanischen Firmen nur noch 10% der Belegschaft dauerhaft und auf volle Zeit. In Europa, besonders in Großbritannien und Frankreich, entwickelte sich eine eigene Form von prekärem Arbeitsverhältnis, der Werkvertrag, in dem die Arbeitnehmer, unter anderem im öffentlichen Dienst, zwar die gleiche Arbeit leisten wie das fest angestellte Personal, aber weder den gleichen Status noch die gleichen sozialen Rechte, noch die gleiche Entlohnung erhalten. Sie stehen einem Arbeitgeber zur Verfügung, der ihnen (beispielsweise im Erziehungswesen oder im französischen Postdienst) ein oft lächerliches Minimum an monatlichen oder jährlichen Stunden zusichert, ohne im voraus Datum und Zeit der beanspruchten Dienstleistung festzulegen. Es ist eine »Arbeit auf Abruf«, sie werden erst am Vorabend oder am gleichen Tag benachrichtigt.

Beratungsbüros haben die Anzahl der Arbeitsplätze berechnet, die durch eine Reorganisierung, verbunden mit der vollen Ausnutzung von Informationstechnologien, in den verschiedenen Branchen eingespart (also wegrationalisiert) werden können. Für die Vereinigten Staaten sind sie zu dem Ergebnis gekommen, daß von den 90 Millionen Arbeitsplätzen im privaten Sektor 25 Millionen wegfallen werden.[83] Für Deutschland lauten die Prognosen ähnlich: Von den 33 Millionen vorhandenen Arbeitsplätzen könnten durch die Anwendung der zur Zeit effektivsten Methoden 9 Millionen entfallen.[84] Der Personalüberhang der Industrie beliefe sich

83 Nach *The Wall Street Journal*, 19.-20. März 1993.
84 Nach Heinrich Henzler, Direktor von McKinsey, Deutschland, und Lothar

nach Auffassung der Boston Consulting Group auf 30 bis 40% und derjenige des tertiären Sektors auf 30 bis 50%. Faktisch hat die deutsche Industrie seit der Veröffentlichung dieser Prognosen im Jahr 1993 die Anzahl ihrer Roboter um 60% erhöht und den Personalstand massiv reduziert. Nicht zuletzt dadurch zählen inzwischen nahezu eine Million qualifizierter oder hochqualifizierter Arbeiter und 60 000 Ingenieure oder Wissenschaftler zu den Arbeitslosen. Die Schätzung des Personalüberhangs im tertiären Sektor rechnete noch nicht mit der künftigen Ausweitung von Telearbeit, Teleshopping und Videokonferenzen, die einen stärkeren Aktivitätsrückgang im Handel, bei den Immobilien- und Reisebüros zur Folge haben werden.

Die Auslagerung von Arbeitskräften läßt den Kapitalismus für einen wachsenden Anteil der Erwerbstätigen die sozialen Bedingungen wiedereinführen, die zu Beginn des 19. Jahrhunderts vorherrschten. So bieten die Unternehmen den »Werkvertragshilfen«, den Zeitarbeitern, den Tagelöhnern, den scheinselbständigen Dienstleistern, den Stückarbeitern und geringfügig Beschäftigten weder Sozialversicherung noch bezahlten Urlaub, noch Abfindungszahlungen bei Entlassung, noch eine Ausbildung. Die Logik der Auslagerung eröffnet in ihrer Konsequenz die Perspektive der Abschaffung des Lohnsystems selbst. Die »Flexibilisierung« wird nach dieser Logik dadurch vollkommen, daß sie die Entlohnung der Arbeit zum Gegenstand freier Verhandlungen zwischen dem Unternehmen und jedem ihrer individuellen Dienstleister macht. Vertraglich ausgehandelte Tariflöhne und gesetzlich festgelegte Mindestlöhne verlieren ihre Bedeutung, das Gesetz des Marktes und das Kräfteverhältnis zwischen dem Unternehmen und der für »unabhängig« gehaltenen Person zählen allein. Ihre Dienstleistung wird Kraft einer Handelsbeziehung eingekauft. »Es verschwindet nicht nur eine bestimmte Anzahl von Arbeitsplätzen«, verkündet William Bridges, »sondern vor allem die Lohnarbeit selbst. (...) Arbeitsplätze werden durch zeitlich befristete oder Teilzeitarbeitsverhältnisse ersetzt. Der Arbeitnehmer (wird) für ein Projekt oder für einen zeitlich befristeten Auftrag« angestellt, und seine Freizeit

Spaeth, Generaldirektor von Jenoptik (früher Zeiss Jena), in: *Sind die Deutschen noch zu retten?*, München 1993. Tatsächlich ging die absolute Zahl der Arbeitsplätze in Deutschland zwischen 1991 und 1996 um 2,6 Millionen zurück.

»findet im Zeitraum zwischen zwei Aufträgen oder Projekten statt.«[85] Das Unternehmen ist kein Arbeitskollektiv mehr noch eine Arbeitsstätte, sondern es wendet sich an Dienstleister so, wie man sich bei Bedarf an einen Zahnarzt oder einen Installateur wendet – jedoch mit einem entscheidenden Unterschied: Es behält sich das Recht vor, den Preis für jede Leistung zu verhandeln und, wie Bridges sagt,« je nach dem Wert, den der Dienstleister zu beweisen imstande ist, neu festzusetzen«.

Auf den Lohnempfänger des fordistischen Zeitalters (in Gestalt des »Massenarbeiters«) folgen zwei andere Gestalten. Die erste, um die es im folgenden Kapitel gehen wird, ist die des *Jobbers*, der die Unsicherheit in eine Lebensweise verwandelt. Sie erinnert an die der »wahrhaft Erhabenen«, von denen Poulot Mitte des 19. Jahrhunderts sprach[86]: Sie verweigerten es, sich an einen Arbeitgeber zu verkaufen oder dem Kapital zu dienen, nahmen nur vorübergehende Anstellungen an und sicherten sich ein Maximum an freiverfügbarer Zeit, da sie nur soviel und solange arbeiteten, wie sie mußten, um ihren Lebensunterhalt zu verdienen. Außer für diese »Dissidenten« des Kapitalismus interessieren sich Ideologen der marktgerechten Beseitigung der Lohnarbeit nur für die Gestalt des »Selbständigen«, der sein individuelles Unternehmen – sein »*one-man-business*« – betreibt, in dem er *self-employed* ist, wie die Engländer sagen, und für das er ein »Portfolio« von gelegentlichen oder regelmäßigen Kunden aufbaut.

Das Image des Selbständigen, der »auf eigene Rechnung« arbeitet und »sein eigener Chef« ist, reizt 40% der jungen Engländer. Sie möchten erklärtermaßen nach ihren Fähigkeiten und Verdiensten bezahlt werden und nicht auf Grund eines vorher festgesetzten Tarifs. Die meisten verlieren ihre Illusion schnell. Denn nur diejenigen der Selbständigen, die der »Wissenselite« (*elite of knowledge workers*), von der Rifkin spricht, angehören, schaffen rechtzeitig den Absprung. Sie stellen weniger als ein Prozent der Erwerbstätigen, namentlich die Consulting-Spezialisten, Wirtschaftsanwälte, Informatiker und die hochspezialisierten Fach-

85 S. William Bridges: *How to Prosper in a World Without Jobs*, London 1995, S. VIII, 160.
86 Denis Poulot: *La question sociale. Le sublime ou le travailleur comme il est en 1870 et ce qu'il peut être*, Paris 1870. Neuauflage, Paris 1980.

kräfte. Für diejenigen, die keine von den Unternehmen gesuchten außerordentlichen Kompetenzen aufweisen, also für Selbständige, Arbeitslose und prekär Beschäftigte, stellt die selbständige Arbeit nur in dem Maße eine Quelle größerer Freiheit dar, wie sie es schaffen, sich in einem Pool zusammenzuschließen, um die Preise für ihre Dienstleistungen gemeinsam durchzusetzen und untereinander alle Aufgaben und Aufträge optimal aufzuteilen. Ohne diese Selbstorganisierung, die zur Zeit noch in den Kinderschuhen steckt, steht es den Unternehmen frei, aus einem unerschöpflichen Reservoir von individuellen Dienstleistern aller Art diejenigen herauszufischen, die die beste Dienstleistung zum niedrigsten Preis anbieten.

So arbeiten die Selbständigen letztlich zu Preisen und unter Bedingungen, die Angestellte für unzumutbar halten würden. Nach einer für die Europäische Kommission durchgeführten Umfrage arbeiten in der gesamten Europäischen Gemeinschaft mehr als die Hälfte der selbständigen Männer und ein Drittel der Frauen 48 Stunden die Woche oder mehr. In Frankreich belaufen sich die Zahlen auf 70% beziehungsweise 50%. Der Bericht stellt fest, daß sich die Selbständigen »ein leidliches Einkommensniveau« nur sichern können, »wenn sie viele Stunden arbeiten, wobei sie häufiger als die Lohnempfänger Gefahr laufen, unter die Armutsgrenze zu sinken«.[87]

Je weniger Arbeit es für alle gibt, um so mehr tendiert die individuelle Arbeitszeit dazu, länger zu werden. Diese paradoxe Folge der Arbeitslosigkeit analysiert Juliet Schor für die Vereinigten Staaten.[88] Danach läßt nämlich die Arbeitslosigkeit das Lohnniveau sinken, was die Erwerbstätigen dazu veranlaßt, länger zu arbeiten, um den Einkommensverlust zu kompensieren. Daraus folgt wiederum die verstärkte Absenkung der Löhne.

Die Entwicklung der angeblich selbständigen, in allen ihren Parametern unendlich »flexiben« Arbeit ist nur die sichtbarste Form, die die Tendenz zur Abschaffung des Lohnsystems annimmt. Sie beherrscht aber ebenso die Beziehungen des Unternehmens zu seiner festen Belegschaft. Hier nimmt sie die Form der Individualisierung

---

87 S. Sergio Bologna, »Durée du travail et post-fordisme« in: *Futur antérieur*, 35-36, 1996/2.
88 Vergleiche Juliet Schor: *The Overworked American*, New York 1992.

und der Flexibilisierung der Löhne an sowie der Aufsplitterung der großen Unternehmen in »Profitzentren«, für deren Rentabilität die Arbeitnehmer als »Unternehmer« aufzukommen haben.

So sucht das Kapital mit der Lohnarbeit auch die umfassenden Grenzen abzuschaffen, die die Arbeiterbewegung in zwei Jahrhunderte währenden Kämpfen der Ausbeutung setzten konnte. Es ersetzt die kollektiven Tarifverhandlungen durch individuelle Abmachungen sowie die festgesetzten Löhne durch individualisierte, veränderliche Entlohnung und die Lohnbeziehung durch die Handelsbeziehung. Dadurch setzt das Kapital an die Stelle der Befehlsgewalt und der durch die Maschinen auf die Menschen ausgeübten Zwänge jene Zwänge, die die anonymen »Gesetze« des Marktes auf verstreute, miteinander konkurrierende Individuen unwiderstehbar, da unpersönlich ausüben.

Die Individualisierung der Bezahlung, die Umwandlung der Lohnarbeiter in freie Mitarbeiter oder in unabhängige Dienstleister hat die Tendenz, mit den Lohnarbeitern die abstrakte Arbeit selbst abzuschaffen. Die Dienstleister werden nicht länger als durch ihren öffentlichen Status definierte Mitglieder eines Kollektivs oder Berufsstandes angesehen, sondern als individuelle Zulieferer individueller Dienstleistungen zu individuellen Bedingungen. Sie liefern nicht länger *eine abstrakte Arbeit, eine Arbeit im Allgemeinen, eine von ihrer Person trennbare Arbeit*, eine Arbeit, die sie zu sozialen, allgemein nützlichen Individuen macht. Ihr Status ist nicht mehr durch das Arbeitsrecht geregelt, das der Zugehörigkeit des Arbeiters zur Gesellschaft Vorrang gegenüber seiner Zugehörigkeit zum Unternehmen gibt. Die Kunden oder die Unternehmen, denen sie ihre Dienste bieten, können sie ungleich behandeln und sie nach subjektiven Kriterien auswählen, je nachdem, ob ihr Auftreten oder ihre Persönlichkeit gefällt oder nicht.

So verliert das Lohnverhältnis die emanzipatorische Funktion, die sie im Vergleich zu der persönlichen Abhängigkeit der Leibeigenen oder der Dienstboten der vormodernen Gesellschaft auszeichnete. »Die Leistungen [der Leibeigenen und Dienstboten] waren nicht als eine zu verrichtende Arbeit, sondern als dem Herren geschuldete ›Dienste‹ (*servicium, obsequium*) gefordert«, während in »der modernen Gesellschaft, die wir dann als ›Arbeitsgesellschaft‹ definieren (...), die Tauschhandlungen sich wesentlich auf der Basis von gesellschaftlichen Beziehungen vollziehen, die grundsätzlich egalitärer und unpersönlicher Natur sind.«[89]

7. Die Prekarisierung betrifft alle

Wir verlassen die Arbeitsgesellschaft, ohne die Umrisse einer anderen zu suchen. Jeder Einzelne von uns weiß, fühlt, begreift sich als potentiell arbeitslos, potentiell prekär beschäftigt, potentiell auf Teilzeit-, Termin- oder Gelegenheitsjobs angewiesen. Aber was jeder und jede Einzelne weiß, wird noch lange nicht zum *allgemeinen* Wissen über unsere *gemeinsame* Lage. Vielmehr setzt der herrschende öffentliche Diskurs alles ein, um uns unsere gemeinsame Lage zu verschleiern, um zu verhindern, daß wir die Prekarisierung unserer Erwerbsverläufe als ein gesellschaftlich verursachtes Risiko erkennen, das *uns alle als Angehörige dieser Gesellschaft* betrifft: Als »soziale Individuen«, wie sie Marx nannte, und nicht als Einzel- oder gar Privatpersonen.

Einen bedeutenden Beitrag zur Verschleierung unserer wirklichen gemeinsamen Lage liefern der »ideologisch korrekte« Journalismus, die »ideologisch korrekte« Soziologie und Ökonomie. Bis vor kurzem konnte man nirgends – weder in Deutschland noch anderswo – statistische Angaben finden, die auf folgende, grundlegenden soziologischen und ökonomischen Fragen Auskunft gäben: Für welchen Anteil der Erwerbsbevölkerung ist das vorgebliche »Normalarbeitsverhältnis« noch normal? Welcher Anteil war in den letzten Jahren für kurze oder längere Zeit einmalig oder öfters arbeitslos? Wieviele wissen aus Erfahrung um die Prekarität ihrer Einbindung in die Erwerbsgesellschaft, und wie verkraften sie dieses Wissen?

Auf genau diese Fragen bietet nun seit kurzem eine Forschung der Münchner Projektgruppe für Sozialforschung Aufschluß. Sie untersuchte, welcher Anteil der deutschen Erwerbsbevölkerung im Laufe der Jahre 1984-1995 arbeitslos wurde, wie lange und wie häufig die Arbeitslosigkeitsphasen waren. Ich entnehme die folgenden

89 Manfred Bischoff, »*L'humanité a-t-elle toujours ›travaillé‹*«?, in: »Crise du travail, crise de civilisation«, *Théologiques*, 2 (3), Montréal, Oktober 1995.

Angaben einem zusammenfassenden Artikel von Gerd Mutz in *Berliner Debatte/Initial*[90]:

– 97% der *west*deutschen Erwerbspersonen haben im Verlauf der zwölf letzten Jahre Arbeitslosigkeitsphasen durchlebt. Es handelt sich bei

– 21% um einmalige lange oder kurze Arbeitslosigkeit, bei

– 39% um häufige kurze Arbeitslosigkeit, bei

– 25% um häufige kurze *und* lange Arbeitslosigkeit, und bei

– 12% um lang andauernde Arbeitslosigkeit und Austritt aus dem Arbeitsmarkt.

Bloß 32% der Erwerbsverläufe sind stabil geblieben. Aber ca. die Hälfte der Erwerbspersonen sehen die Diskontinuität der Erwerbsverläufe als »normal« an und sind bestrebt, die Unterbrechungen ihres Erwerbslebens durch Aktivitäten außerhalb der Erwerbsarbeit auszunützen, Aktivitäten, in denen sie neues Selbstvertrauen, neue Kompetenzen und neue Selbstentfaltungsmöglichkeiten entwickeln können.

Neue potentielle Freiheiten, eine neue Alltagskultur schlummern in den Unterbrechungen und Brüchen der immer diskontinuierlicher werdenden Erwerbsverläufe. Diese potentiellen Freiheiten können aber nur zu wirklichen Möglichkeiten werden, wenn die Gesellschaft aufhört, sich weiter mit der vorgeblichen Aussicht auf eine Wiederherstellung der vollzeitigen Vollbeschäftigung anzulügen. Die Tatsache muß allgemein bewußt, öffentlich anerkannt und akzeptiert werden, daß weder die Lohnarbeit noch die gesicherten Vollzeitarbeitsplätze die gesellschaftliche Normalität darstellen. Vielmehr sind die bezeichnenden Gestalten einer neuen Normalität all die prekär Beschäftigten, die manchmal arbeiten und manchmal nicht; die zwischen mehreren Berufen wechseln, von denen keiner ein anerkannter und noch weniger eine Berufung ist; deren Beruf es eigentlich ist, keinen zu haben; die sich folglich mit ihrer Arbeit weder identifizieren können noch wollen und die alle ihre Kräfte in die »eigentliche« Tätigkeit einbringen, die sie während der Unterbrechungen ihrer Erwerbstätigkeit ausüben.

Gerade diese zentrale Gestalt der prekär Beschäftigten gilt es anzuerkennen und zu *zivilisieren*. Statt als minderwertig, unsicher,

---

90 S. Gerd Mutz, »Dynamische Arbeitslosigkeit und diskontinuierliche Erwerbsverläufe«, in *Berliner Debatte/Initial* 8 (1997), S. 23-36.

uns aufgezwungen zu gelten, muß diskontinuierliches Arbeiten zu einem wünschenswerten, sozial abgesicherten Recht werden, zu einer gesellschaftlich geachteten Form menschlicher Vielseitigkeit, zu einer Quelle selbständiger Alltagskultur und neuer Gesellschaftlichkeit.

Alle etablierten Mächte widersetzen sich dieser Perspektive. Denn um die uneingeschränkte Herrschaft aufrechtzuerhalten, die das Kapital über die Arbeit, über die Gesellschaft und über die Lebensweise aller ausübt, muß entlohnte, fremdbestimmte »Arbeit« im Lebenszusammenhang und im Bewußtsein der Einzelnen ihren zentralen Stellenwert behalten. Jede Massenkundgebung, jedes Plakat, die proklamieren »Wir wollen Arbeit«, verkünden zugleich den Sieg des Kapitals über eine Menschheit von unterworfenen Arbeitnehmern, die keine mehr sind, jedoch auch nichts anderes zu sein vermögen.

Der Kern des Problems und der Kern des Konflikts ist also folgender: Es gilt, das Recht, Rechte zu besitzen, von der »Arbeit« abzukoppeln, und insbesondere das Recht auf alles, was ohne oder mit immer geringerem Arbeitsaufwand produziert oder produzierbar wird. Es gilt zur Kenntnis zu nehmen, daß weder das Recht auf ein Einkommen noch die Fülle der Bürgerrechte, noch die Entfaltung und Identität der Einzelnen länger von der Ausübung einer entlohnten Beschäftigung abhängen oder auf sie zentriert sein können. Es gilt, die Gesellschaft entsprechend zu verändern.

Aber diese Veränderung läßt sich nur einleiten, wenn die fremdbestimmte, entlohnte »Arbeit« ihre zentrale Rolle im Bewußtsein, im Denken und in der Vorstellung aller verliert. Nur dann wird dieser Konflikt ausgetragen. Und genau das versuchen alle herrschenden und etablierten Mächte zu verhindern, unterstützt von all den Experten und Ideologen, die leugnen, daß die »Arbeit« immer schneller auf ihre Abschaffung zusteuert. Der Stellenwert, den die Arbeit in der Vorstellung aller, im Selbstbild der Einzelnen und in den Visionen ihrer möglichen Zukunft einnimmt, ist der Gegenstand eines grundsätzlich politischen Konflikts: eines Machtkampfes. Jede Veränderung der Gesellschaft, wie reif sie tatsächlich auch sein mag, setzt die Fähigkeit voraus, anders zu denken oder ganz einfach das zu formulieren, was ohnehin jeder fühlt.

Und genau darum soll es zunächst in den folgenden Kapiteln gehen.

III. Die entzauberte Arbeit

1. Der Mythos des sozialen Bandes

Wir erleben das Verschwinden einer spezifischen Weise, der Gesellschaft anzugehören und einer spezifischen Gesellschaftsformation: Michel Aglietta nannte sie »Lohngesellschaft« und Hannah Arendt »Arbeitsgesellschaft*«. Die »Arbeit«, durch die man dieser Gesellschaft angehörte, ist natürlich keine Arbeit im anthropologischen oder philosophischen Sinne. Weder ist sie die Arbeit des Bauern, der sein Feld bestellt, noch die des Handwerkers, der sein Werk herstellt, noch die des Schriftstellers, der an seinem Text arbeitet, oder des Virtuosen, der täglich vier Stunden Klavier übt. Die Arbeit, die verschwindet, ist die abstrakte Arbeit, die Arbeit an sich, meßbar, quantifizierbar und von der sie »ausführenden« Persönlichkeit trennbar, sie läßt sich auf dem »Arbeitsmarkt« kaufen und verkaufen wie jede andere Ware auch. Es ist die Arbeit, die Ende des 18. Jahrhunderts vom Manufakturkapitalismus erfunden und mit großer Mühe und Gewalt den Arbeitenden aufgezwungen wurde.[91]

Diese Arbeitsform war, selbst in den Zeiten annähernder Vollbeschäftigung, entgegen ihrer heute weitverbreiteten Idealisierung nie Quelle »gesellschaftlichen Zusammenhalts« oder sozialer Integration. Das »soziale Band«, das die Erwerbsgesellschaft zwischen den Individuen herstellte, war abstrakt und schwach. Sie *fügte* die Individuen, als eng verkoppelte und funktional spezialisierte Bestandteile einer großen Maschinerie, in den gesellschaftlichen Arbeitsprozeß und die gesellschaftlichen Produktionsbeziehungen bloß *ein.*

Diese gesellschaftlich bestimmte, gesetzlich anerkannte, auf Grund erworbener, beglaubigter und tariflich festgelegter Fähigkeiten definierte Arbeit entsprach den objektiven und funktionalen Anforderungen der ökonomischen Maschinerie, sprich der Gesellschaft als materiellem System. Sie vermittelte dem Einzelnen das Gefühl, nützlich zu sein, ohne dies beabsichtigen zu müssen: Auf

---

91 Für eine genauere Analyse siehe A. Gorz, *Kritik der ökonomischen Vernunft,* *op. cit.*, S. 27-41.

objektive, unpersönliche und anonyme Weise nützlich und als nützlich anerkannt durch den ausgezahlten Lohn und die damit verknüpften sozialen Rechte. Diese Rechte hafteten nicht an der *Person* des Arbeitnehmers, sondern an der an sich gleichgültigen Funktion, die seine Arbeit im Produktionsprozeß einnahm. *»Egal welche Arbeit, Hauptsache du hast eine. Was zählt ist nicht, was du arbeitest, sondern daß du arbeitest«*, lautete die wesentliche ideologische Botschaft der Lohngesellschaft: Was kümmert euch, was immer ihr *tut*, Hauptsache ihr habt eine Lohntüte am Monatsende. Genau gegen diese Ideologie der Arbeit als Ware, die, an sich uninteressant, gleichgültig, sinn- und würdelos, allein dazu dienen soll, den Arbeitenden den Zugang zu immer üppiger werdendem Konsum zu verschaffen, haben die Arbeitnehmer in den Fabriken, den Büros und den Dienstleistungsbetrieben des taylorisierten Fordismus mit steigender Vehemenz rebelliert.

Was die soziale Integration und den sozialen Zusammenhalt betrifft, so war die Lohngesellschaft selbst auf ihrem Höhepunkt in sich bekämpfende Klassen gespalten. Die Arbeitnehmer waren nicht in die Lohngesellschaft, sondern in ihre Klasse, in ihre Gewerkschaft oder ihr Arbeitskollektiv integriert, und sie gewannen ihre »Identität«, Würde und Kultur, ihren Zusammenhalt aus ihren Kämpfen, die zugleich der Veränderung ihrer Arbeit, ihres Lebens und der Gesellschaft galten. Gegen genau diesen Zusammenhalt, diese »Identität« und diese Klassenorganisation haben die sogenannten »Unternehmen« die absolute, unbesiegbare Waffe gefunden: Nämlich die alle betreffende Verunsicherung, Individualisierung, Diskontinuität und Auflösung der Arbeit, ihren massiven Abbau.

»Fürchtet euch und zittert!« Die ideologische Botschaft hat sich geändert. Aus der Losung: »Egal welche Arbeit, Hauptsache eine Lohntüte« wurde: »Egal wieviel Lohn, Hauptsache ein Arbeitsplatz.« Anders gesagt: Seid zu allen Zugeständnissen und Demütigungen, zu jeder Art von Unterwürfigkeit und Niederträchtigkeit im Konkurrenzkampf bereit, wenn ihr einen Arbeitsplatz wollt oder er auf dem Spiel steht; denn, »wer seinen Arbeitsplatz verliert, verliert alles«, so lautet, wenn schon nicht die allgemeine Gefühlslage, so doch zumindest die Botschaft des herrschenden Diskurses. Er preist die Zentralität der Arbeit, stellt sie als ein »Gut« dar, anders gesagt, als eine knappe Ware, als etwas, das man *hat* oder nicht *hat*, und nicht als etwas, das man *tut* und bei dem man seine Kräfte verausgabt und seine Zeit investiert; es erscheint als ein »Gut«, für dessen »Besitz« man zu Opfern bereit sein muß und für welches all diejenigen, die es »erschaffen« haben – also die Investoren, die ihr Geld anlegen, die Konsumenten, die es ausgeben, und natürlich die Arbeitgeber –, die Anerkennung und Unterstützung der Nation, Subventionen und Steuererleichterungen des Staates verdienen. Denn nicht mehr ist es die Arbeit, die Reichtümer schafft, es ist der Reichtum, der das wichtigste aller »Güter«, die Arbeit, schafft und beschafft. So wird der Arbeitgeber ein Wohltäter, die Arbeit ein Gut und der Arbeitsplatz ein Privileg – ein immer seltener werdendes Privileg, denn »an Arbeit wird es fehlen«, und bald schon werdet ihr Gefahr laufen, darum gebracht zu werden, was immer auch eure Kompetenzen sein mögen.

Ein maßloser Betrug: Es gibt nicht und wird nie wieder »genug Arbeit« (entlohnte, feste Vollzeitarbeit) für alle geben, allein die Gesellschaft – in Wirklichkeit das Kapital –, die die Arbeit aller nicht mehr braucht und immer weniger brauchen wird, erklärt jetzt unentwegt, daß nicht sie, nein, daß ihr ein Bedürfnis nach Arbeit habt. Und sie versichert, daß sie sich Mühe geben werde, große Mühe sogar, um für euch Arbeit zu finden, sie euch zu verschaffen, ja, zu erfinden, *Arbeit, die sie leicht entbehren könne, die aber für euch unentbehrlich sei.*

Eine wundersame Umkehrung: Nicht etwa der Arbeitende »macht sich mehr nützlich« für die anderen, sondern die Gesellschaft macht sich nützlich, indem sie euch Arbeit »beschafft«, indem sie euch dieses »wertvolle Gut«, die Arbeit, schenkt, das euch sonst fehlen würde, und sie erstaunt und entrüstet sich, wenn sich diejenigen, die »das Privileg« eines Arbeitsplatzes besitzen, undankbar gegen die immer zwingenderen Arbeitsbedingungen, die man ihnen für ein stets sinkendes Entgelt auferlegt, aufzulehnen, sie gar abzulehnen wagen.

Niemals zuvor ist die Ideologie der Arbeit als Wert so dreist verkündet und betont worden, und niemals war die Herrschaft des Kapitals und des Unternehmens über Arbeitsbedingungen und Preis so unangefochten. Niemals wurde sich auf die »unersetzbare«, »unerläßliche« Funktion der Arbeit als Quelle »sozialer

Bindung«, »sozialen Zusammenhalts«, von »Integration«, »Sozialisierung«, »persönlicher Identität« und des Lebenssinns so zwanghaft berufen, wie seitdem sie *keine* dieser Funktionen mehr erfüllen kann, genausowenig wie eine der fünf strukturierenden Funktionen, die Marie Jahoda zu Beginn der dreißiger Jahre in ihrer berühmten Studie über die Arbeitslosen von Marienthal festgehalten hat. Denn die sich ausbreitenden Formen der prekären, temporären, flexiblen, diskontinuierlichen Arbeit, von Leih-, Zeit-, Termin- und Telearbeit, von Arbeit auf Abruf und »geringfügiger Beschäftigung« integrieren die Erwerbstätigen nicht mehr in ein Kollektiv, strukturieren die täglichen, wöchentlichen und jährlichen Zeitabläufe nicht mehr und können auch nicht mehr die Basis sein, auf der jede und jeder ihr Lebensprojekt aufbauen.

Die Gesellschaft, in der jeder sich einen Platz, eine vorhersehbare Zukunft, Sicherheit und Nützlichkeit erhoffen konnte, diese Gesellschaft – »die Arbeitsgesellschaft« – ist tot. Die Gesellschaft leidet unter dem Mangel an Arbeit wie ein Amputierter unter Phantomschmerzen. Sie bewahrt die Arbeit in der Art eines Phantoms als ihr Zentrum. Die Arbeit ist ihre Phantomzentralität. Wir leben in einer Phantomgesellschaft, die ihr eigenes Verschwinden dank der obsessiven, reaktiven Beschwörungen all derjenigen phantomatisch leidend überlebt, die weiterhin in der Erwerbsgesellschaft die einzig mögliche Gesellschaftsform sehen und sich keine andere Zukunft als die Rückkehr der Vergangenheit vorstellen können. Sie erweisen uns allen den denkbar schlechtesten Dienst: Sie reden uns ein, daß es keine Zukunft, keine Gesellschaftlichkeit, kein sinnvolles Leben, keine Selbstverwirklichung des Einzelnen geben könne, außer in der Erwerbsarbeit; daß allein der gesicherte Arbeitsplatz uns davor retten könne, ins Nichts, in die Ausgrenzung, die Selbstverachtung, die Hoffnungslosigkeit abzustürzen. Sie reden uns ein, es sei gut, normal, ja unerläßlich, daß *alle* gerade das »*am dringendsten verlangen*«, was in Wirklichkeit nie mehr allen zugänglich sein wird: und zwar »eine entlohnte Arbeit an einem festen Arbeitsplatz«. Er allein könne allen »Zugang zur gesellschaftlichen wie persönlichen Identität geben«, er allein eröffne uns »die Möglichkeit, uns selbst und den Sinn unseres eigenen Lebens zu bestimmen.«[92]

---

92 Renaud Sainsaulieu, »Quel avenir pour le travail?«, *Esprit*, Dezember 1995.

Diese obsessiven Beschwörungen bewirken, daß längst nicht mehr gültige Normen ihre Geltung bewahren und in der Bevölkerung Erwartungen erzeugen, die sich als unerfüllbar erweisen. Die psychische und materielle Abhängigkeit von der schon längst außer Kraft gesetzten Norm des vollzeitigen, sicheren Arbeitsplatzes wird auf diese Weise verstärkt. Die Unmöglichkeit, diesen Erwartungen gerecht zu werden, wird vom herrschenden Diskurs individuellen Mängeln zugeschrieben, die durch eine strengere Ausbildung und Erziehung zu beheben und durch geringere Ansprüche der Erwerbsperson auszugleichen seien.

Der herrschende, »politisch und soziologisch korrekte« Diskurs, der den festen Arbeitsplatz als dringendes Bedürfnis und heiliges Recht darstellt, nutzt schließlich vor allem der Herrschaftsstrategie des Kapitals: Er treibt alle dazu an, sich mit allen anderen im Konkurrenzkampf um immer knapper werdende Arbeitsplätze dem Diktat der Arbeitgeber und des Marktes zu unterwerfen. Menschen werden im Wettbewerb um einen dieser Arbeitsplätze gegeneinander ausgespielt, und die Überzähligen gelten als Verlierer und als minderwertig. Wohin führt aber ein politischer Diskurs und eine Politik, die den Menschen einredet, das als für alle unentbehrlich anzusehen, was nur noch immer wenigeren zugänglich ist? Was bewirkt eine Politik, die Erwerbsarbeitsfähigkeit auf Kosten von Mußefähigkeit und Ausbildung auf Kosten von Bildung fördert, obwohl die Ökonomie immer weniger Arbeit braucht und immer mehr Zeit freisetzt? Die Antwort ist überall sichtbar: Eine derartige Politik erzeugt Abkehr vom Politischen, Ressentiment, Suche nach Sündenböcken, protofaschistische Ideologien und Gewalttätigkeit.

Natürlich wird man mir entgegenhalten, daß »die Mentalitäten noch nicht reif dafür« seien, einen anderen Diskurs zu akzeptieren; daß das mehrheitliche Streben nach einem Leben, in dem sich nicht alles um die Erwerbsarbeit drehe, noch nicht »unbestreitbar bewiesen« sei; kurz, daß die Ideologie des »unentbehrlichen Arbeitsplatzes« der Ansicht der meisten entspräche und ein anderer Diskurs höchstens Aussteiger oder Utopisten begeistern könne.

Diese Einwände sind nicht nur falsch (wie wir im Folgenden sehen werden). Sie ignorieren auch die Tatsache, daß ein politischer Diskurs, der der Meinung der großen Mehrheit zu entsprechen vorgibt, diese angebliche Meinung nicht einfach widerspiegelt, sondern legitimiert, festigt, ja geradezu erzeugt, indem er sie widerzuspiegeln behauptet. Darin liegt die repressive Funktion von Meinungsumfragen. Sie festigen die angeblich allgemeine Meinung, die feste Erwerbsarbeitsplätze für alle als unentbehrlich ansieht, unterdrücken und entlegitimieren hingegen die Meinung und Haltung der Andersdenkenden: Sie sprechen ihnen jede gesellschaftspolitische Relevanz ab. Sie verhindern oder verbieten es, dem sich vollziehenden gesellschaftlichen Wandel auf den Grund gehen zu wollen, ihn nicht defensiv und rückwärtsgewandt, sondern positiv anzugehen: Sich nicht ständig zu fragen, *ob* die Einzelnen dazu fähig, bereit, willig wären, eine Gesellschaft und Lebensweise zu akzeptieren, die nicht erwerbsarbeitszeitzentriert wäre; sondern sich im Gegenteil zu fragen, *wie* diese andere Lebensweise und Gesellschaft bereits jetzt effektiv und attraktiv veranschaulicht und vorweggenommen werden könnte, u. a. durch Experimente mit alternativen Formen von Kooperation, Produktion, Wohnungsbau, von selbstorganisierten gemeinschaftlichen und kommunalen Dienstleistungen; *wie* die Angst, in die Gesellschaftslosigkeit abzustürzen, durch die neuen Alltagssolidaritäten gemeinschaftlichen Handelns behoben werden kann; *wie* wir den technologischen Wandel, die Einsparung von Arbeitszeit, die Prekarisierung, Flexibilisierung und Diskontinuität der Erwerbsarbeit uns aneignen und in neue individuelle und kollektive Freiheitsrechte umfunktionieren könnten; und schließlich *wie* sich allen für ihre immer diskontinuierlichere Arbeit ein regelmäßiges, ununterbrochenes Einkommen sichern läßt.

2. Die Generation X oder die ungehörte Revolution

Die Unfähigkeit, ein Jenseits der zusammenbrechenden Arbeitsgesellschaft zu sehen und zu wollen, bringt die absolute Gesellschaftslosigkeit. Das Problem findet am Rande des Kulturellen und des Politischen statt. So müssen sich die Denkweisen wandeln, damit sich die Ökonomie und die Gesellschaft verändern können. Umgekehrt jedoch müssen der Wandel der Denkweisen und die kulturelle Veränderung von politischen Praktiken abgelöst und in einen politischen Entwurf übersetzt werden, um allgemeine Bedeutung zu erlangen und einen kollektiven Ausdruck zu finden, der sich im öffentlichen Raum Gehör verschaffen kann. Solange der Wandel der Denkweisen nicht seinen öffentlichen und kollektiven Ausdruck gefunden hat, kann er von den Machthabern ignoriert, für marginal, abweichend und unbedeutend gehalten werden.

Auf dieser Ebene liegen das Problem und die dringlichste Aufgabe. Denn entgegen der Behauptung der Machthaber hat der Wechsel der Denkweisen bereits stattgefunden. Was bitter fehlt, ist aber, daß sein Sinn und seine latente Radikalität öffentlich zum Ausdruck kommen. Dies kann kein spontanes Werk einer kollektiven Intelligenz sein. Es setzt »Techniker des praktischen Wissens« (wie Sartre die »organischen Intellektuellen« einer entstehenden Bewegung nannte) voraus, die in der Lage sind, den Sinn eines kulturellen Wechsels zu entziffern und die Themen derart einzukreisen, daß die Subjekte ihre gemeinsamen Bestrebungen erkennen können. Um mit dieser Deutungsarbeit Erfolg zu haben, muß der deutende Beobachter fähig sein, mit den geläufigen Deutungsmustern und kulturellen Stereotypen zu brechen und sich auf einen Bewußtseinsstand zu bringen, der *mindestens dem der bewußtesten Subjekte entspricht*, deren Erfahrung er übersetzt.

Meinungsumfragen sind demnach gänzlich wertlos, solange nicht eine erste Übersetzungs- und Thematisierungsarbeit die Fragestellungen (Themen) herausgearbeitet hat, die der Öffentlichkeit vorzulegen sind. Denn hier haben wir es mit dem altbekannten Problem des *hermeneutischen Zirkels* zu tun, daß wir nämlich nur das verstehen, was wir wissen, und nur wissen, was wir verstehen können. Wenn wir das Neue nach den Deutungsmustern* und kulturellen Stereotypen des Alten wahrnehmen und interpretieren, bleiben wir blind für das, was dessen Neuheit ausmacht. Wenn wir das Streben nach Autonomie gemäß den Normen sozialer Konformität deuten, sehen wir nur Abweichung, Rückzug und Egoismus. *Nur ein Subjekt, das sich selbst als solches versteht, kann die Emanzipationsarbeit anderer Subjekte, deren Anstrengung, sich selbst hervorzubringen, erkennen, verstehen und übersetzen.*

In einer Zeit, in der die vertrauten Werte ihre Gültigkeit verlieren und die sozialen und beruflichen »Rollen«, ihrer Widerrufbarkeit,

Labilität und Inkonsistenz wegen, den Individuen keine festen »Identitäten« mehr gewähren können, erlaubt es der Soziologie nur eine *Hermeneutik des Subjekts, die endlose Suche nach Selbstbestimmung und existentiellem Sinn zu entziffern,* zu der jene verurteilt sind.[93] Die (im etymologischen Sinn des Wortes) Protagonisten sind demnach diejenigen, die, anstatt von der Gesellschaft vergeblich die »soziale Rolle« zu verlangen, in die sie ihre identitäre Nostalgie einfließen lassen könnten, die Hervorbringung von Gesellschaftlichkeit selbst auf sich nehmen, ihre Alltagssolidaritäten selbst erfinden, sich in der beständigen Suche nach Gemeinsinn und Gemeinsamkeit sozialisieren.[94] Es sind diejenigen, die, anstatt die immer provisorische Situation, die ihnen vorgegeben ist, zu erdulden, versuchen, aus ihr das Mittel zur Selbstbehauptung und zu einem reicheren, freieren und solidarischeren Leben zu machen. »Die namenlosen Helden des Prekären«[95], »die Pioniere der Wiederaneignung von Zeit«[96], lassen » in ihrem täglichen Widerstand gegen die ökonomische Vernunft Fragen und Antworten, Intentionen und Projekte entstehen und entwickeln faktisch eine Politik des täglichen Lebens, die auf Handlungsfreiheit und der Möglichkeit gründet, für sich und die anderen eine Organisation zu schaffen, die Autonomie begünstigt.«[97]

Offene Interviews, Lebensgeschichten (*case histories*) zeigen die aktuellen kulturellen Veränderungen zunächst besser an, als es Umfragen könnten. Sie liefern deren Themen und das Interpretationsraster. Es war die in den USA von Yankelovich[98] durchgeführte Erschließungsarbeit, welche die von Rainer Zoll[99] in Gang

---

93 Vergleiche Rainer Zoll, *Alltagssolidarität und Individualismus. Zum soziokulturellen Wandel*, Frankfurt am Main 1993.

94 Ich werde darauf noch ausführlicher im Zusammenhang mit der »soziologischen Intervention« von Alain Touraine zurückkommen.

95 Vergleiche Paul Grell, Anne Wéry, *Héros obscurs de la précarité*, Paris 1993.

96 Vergleiche Karl H. Hörnig, Annette Gerhard, Mathis Michailow, *Zeitpioniere. Flexible Arbeitszeiten, neuer Lebensstil*, Frankfurt am Main 1990. Siehe auch Rainer Zoll (Hg.), *Enteignung und Wiederaneignung von Zeit*, Frankfurt am Main 1988.

97 P. Grell, A. Wéry, *op. cit.*, S. 164.

98 Daniel Yankelovich: *New Rules – Searching for Selffulfillment in a World Turned Upside Down*, New York 1990. Eine große Umfrage von 1990 durch Yankelovich zeigte, daß 58% der Jugendlichen zwischen 18 und 29 der Meinung sind, daß »es sich nicht lohnt, länger einen Job auszuüben, der dich nicht ganz ausfüllt«.

99 Rainer Zoll, *Nicht so wie unsere Eltern*, Opladen 1989.

gebrachte internationale Forschung möglich gemacht und inspiriert hat. Es war der kanadische Schriftsteller Douglas Coupland, der in einer zum internationalen Bestseller gewordenen Veröffentlichung, die zwischen Untersuchung, Reportage, Roman und Dokumentation changiert, die Jugendlichen ans Licht gebracht und *Generation X* getauft hat, die » verweigern, mit 30 gestorben und mit 70 begraben zu sein«.[100] Ganz wie die von Zoll untersuchten Jugendlichen in Deutschland verweigern sie, sich auf eine wie immer geartete berufliche Tätigkeit festzulegen, da keine von ihnen »genug Konsistenz« hat, keine es wert ist, sich ihr zu widmen. Sie ziehen es vor, disponibel zu bleiben, von einem »McJob« zum nächsten überzuwechseln und dabei immer ein Maximum an Zeit zu behalten, um der Lieblingsbeschäftigung ihrer Clique nachgehen zu können.

Eine internationale Untersuchung über die Einstellung junger Universitätsabsolventen in Nordamerika, Großbritannien und den Niederlanden ergänzte einige Jahre später die Beschreibungen von Coupland. Nach dieser Untersuchung »widerstrebt vielen die Perspektive einer Karriere in einer Vollzeitbeschäftigung. Sie sehen die Prekarität des Arbeitsplatzes voraus und nehmen sie zugleich vorweg (…) Sie suchen nach einer abwechslungsreichen Arbeit, die ein Projekt beinhaltet, das ihre Kompetenz und ihre Professionalität erweitert. Indem die Generation X es ablehnt, sich durch eine Vollzeitstelle und langfristig an eine Firma zu binden, definiert sie sich nicht mehr über ihren Arbeitsplatz. Ihre Vertreter haben einen persönlichen Entwurf, der mehr zählt als die Ziele der Organisation, für die sie arbeiten; und sie sind mehr durch die Sorge um ethische Werte oder soziale Nützlichkeit motiviert als durch Arbeitsethik. Sie hängen an ihrer Autonomie, nennen ›eine größere Freiheit ihrer Zeiteinteilung‹ als eine der drei wichtigsten Prioritäten – nach dem Geld und der Möglichkeit, ihre intellektuellen Fähigkeiten zu entfalten – und wünschen sich eine größere Ausgewogenheit zwischen ihrer Arbeit und anderen Interessensgebieten – unter anderem ihren Steckenpferden, Freizeitaktivitäten und der der Familie gewidmeten Zeit.

[Sie sind] zunehmend bereit, die Ziele und den Nutzen der Ar-

---

100 David Coupland, *Generation X, Geschichten für eine immer schneller werdende Kultur*, Berlin und Weimar 1994, S. 41.

beit in Frage zu stellen, gleichfalls eine Gesellschaft, die auf Arbeit basiert – und all das im Namen der Fähigkeiten, Interessen, Werte und Wünsche von Individuen, die ein Leben außerhalb der Arbeit haben und sich sogar oft im Widerspruch zu ihr fühlen.«[101]

Zwei in Frankreich durchgeführte Erhebungen unter jungen Absolventen der *Grandes Écoles* bestätigen bis ins Detail die Ergebnisse der von Cannon analysierten internationalen Umfrage. Die erste, Ende 1990 im Auftrag von *Le Monde* durchgeführte, zeigt, daß »die jungen Absolventen, so brillant sie auch sein mögen, sich einem vollständigen und ungeteilten Einsatz verweigern, obwohl sie doch *a priori* dazu ausersehen wurden, für Effizienz und Motivation (...) einzutreten. Sie bieten ihre professionellen Fähigkeiten, aber mit dem Rückhalt, den Hochbegabte haben, die so tun können, als ob, bewahren sie ihre Seele (...). Verführt von einer schnellen Karriere, um ihrer authentischen Bedürfnisse willen bereit, ›alles sausen‹ zu lassen, immer von dem Wunsch beseelt, möglichst früh in den Ruhestand zu gehen, also ›Rentiers‹ zu werden, ist es ihr Ziel, ›sich nicht von der Maschinerie aufreiben zu lassen‹.«[102]

»Sie sehnen sich danach, sich aus dem Betrieb zurückzuziehen, und betrachten ihr Diplom als Mittel zur Verwirklichung der Ansprüche ihres persönlichen Lebens und nicht speziell dazu, um in der Wirtschaft eine Rolle zu spielen. (...) Wenn man sie nach ihrer Definition des beruflichen Erfolgs befragt, steht die Möglichkeit, sich die Arbeitszeit frei einteilen zu können, um mehr Zeit für die persönlichen Aktivitäten zu haben, klar an der Spitze.«[103]

Drei Jahre später bestätigt eine in *La Rouge et Verte* (der Zeitschrift der Vereinigung ehemaliger Absolventen der *École polytechnique*) veröffentlichte Umfrage unter Studenten und jungen Absolventen der Hochschule die Lustlosigkeit der Karriere gegenüber und die Beliebtheit, die Multiaktivität und Teilzeitarbeit genießen: »Der Bezug zur Arbeit wird lockerer, weil sich das Leben anderswo abspielt«, vor allem in »den unbezahlten Aktivitäten, die

101 David Cannon, *Generation X and the New York Ethic*, London, Demos 1994, S. 13; Ich zitiere nach Finn Bowrings Zusammenfassung in seiner Doktorarbeit, University of Lancaster, 1996, S. 314.
102 Alain Lebaube, »Premier travail«, in: *Le Monde Initiatives*, 22. Januar 1992.
103 Alain Lebaube, »L'elite des Grandes Écoles est fatiguée«, in: *Le Monde Initiatives*, 23. Januar 1991.

für sozial nützlich gehalten werden«. »Das Unternehmen erscheint nur noch sehr selten wie eine große Familie. Die jungen Leute wechseln den Arbeitgeber vollkommen unsentimental«, da ja »die Unternehmen selbst verstärkt Zeitverträge oder Praktika anbieten, anstatt tatsächliche Einstellungen vorzunehmen«. Daher rührt eine instrumentelle Wahrnehmung des »Jobs« als Mittel, seinen Lebensunterhalt zu verdienen: »Das Unternehmen ist einem einfachen Dienstleister gleichgesetzt, der den Lohnservice anbietet. (…) [Es] versteckt seine wahre Natur, die darin besteht, Profit zu erwirtschaften und dafür Menschen nur als menschliche Ressourcen zu verwenden (…).«[104]

So bringt, entgegen der herrschenden Meinung, die Intellektualisierung der Arbeit und der Berufe *von selbst* keine wachsende Einbindung und Identifizierung der ganzen Person mit ihrer Arbeitsstelle. Im Gegenteil: »Der Arbeitsplatz wird abstrakt und anonym, man sieht das Ergebnis nicht mehr, und die Angestellten ziehen keinen Stolz mehr daraus«, liest man in einer Umfrage unter jungen Polytechnikern.[105] Die Identifikation mit dem Beruf wird unvereinbar mit der Identifikation mit dem Unternehmen.[106] Das völlige Engagement für eine Arbeit wird unvereinbar mit der vollzeitigen Arbeitspflicht. Zwischen dem Leben und der Arbeit am Arbeitsplatz, zwischen der Person und ihrer produktiven Tätigkeit wird die Kluft immer größer.

Der Anspruch des Unternehmens, für seinen Gewinn die ganze Person einzuspannen, mündet ins Gegenteil: Er wird als eine totalitäre Unterdrückung empfunden, auf die die Person mit Rückzug und subjektiver Distanz zu reagieren versucht, nämlich mit dem Wunsch, die fremdbestimmte Arbeit durch selbstbestimmte Aktivitäten auszugleichen, dem Wunsch, Herr seiner Zeit, seines Lebens, der Wahl und Verwirklichung seiner Ziele zu sein. Die Möglichkeit, diskontinuierlich zu arbeiten, die fremdbestimmte Arbeit mit unterschiedlichen Aktivitäten zu kombinieren, ist von den

104 Alain Lebaube, »La mutation du travail«, in: *Le Monde Initiatives*, 11. Mai 1994.
105 *Ibd.*
106 J.-L. Patané, selbstständiger Informatiker, erklärt bezeichnender Weise: »Wenn ich eines Tages meine eigene Bude aufziehe, dann setze ich, sobald das Geld zurückzuströmen beginnt, einen Geschäftsführer ein und mich selbst auf die Straße. Ich werde dann dort keinen Finger mehr rühren.«

neuen »Wissenseliten« ebenso begehrt, wie sie es bei den Facharbeitern des 19. Jahrhunderts war; sie ist es aber nicht nur von diesen.

Die Lustlosigkeit der »*Arbeit*« gegenüber nimmt in allen Ländern und in der gesamten Erwerbsbevölkerung zu, so quälend andererseits die Sorge um einen *Broterwerb* oder die Furcht, *die Stelle*, die man hat, zu verlieren, auch werden. In Deutschland räumen nur 10% der Erwerbsbevölkerung ihrer Arbeit den höchsten Stellenwert in ihrem Leben ein. In den Vereinigten Staaten beträgt ihr Anteil 18%, gegenüber 38% im Jahre 1955.[107] Bei den 16- bis 34jährigen Westeuropäern rangiert in der Liste der »Dinge, die für Sie persönlich wirklich wichtig sind«, die »Arbeit« oder der »Beruf« erst weit hinter fünf anderen Prioritäten, die da sind: 1. Freunde zu haben (95%); 2. genug frei verfügbare Zeit zu haben (80%); 3. in guter gesundheitlicher Verfassung zu sein (77%) 4. und 5. Zeit mit der Familie zu verbringen und aktiv am Sozialleben teilzunehmen (74%).[108] Nur 9% der befragten Personen (bei den 13- bis 25jährigen waren es sogar nur 7%) führen die Arbeit als »Hauptfaktor eines gelungenen Lebens«[109] an. Die Kluft zwischen »Arbeit« und »Leben« scheint tiefer denn je: 57% der Briten zum Beispiel »lehnen es ab, ihre Arbeit mit ihrem Leben interferieren zu lassen«, bei den 45- bis 54jährigen sind es dagegen nur 37%.[110] Und Juliet Schor findet bei einer Stichprobe von Vollzeitangestellten der amerikanischen oberen Mittelklasse 73% der Personen vor, die schätzen, daß sie besser lebten, wenn sie weniger arbeiteten, weniger ausgäben und mehr Zeit für sich hätten. Eine das ganze Land umfassende Umfrage ergab, daß 28% der befragten Personen tatsächlich die Wahl getroffen haben, ihre beruflichen Aktivitäten und ihr Konsumniveau einzuschränken, um ein »sinnvolleres Leben« zu führen.[111]

---

107 *The Gallup Monthly*, September 1991.
108 Yankelovich, »Young Adult Europe« (1994), *The Yankelovich Monitor*, 1971-1975.
109 Zitiert nach Roger Sue: *Temps et ordre social*, Paris 1994.
110 Nach einer Umfrage des *British Social Attitudes Survey*, von 1993 zitiert von Roy Pahl, »Finding Time to Live«, in: *Demos*, 5, 1995.
111 Juliet Schor, »The New American Dream«, in: *Demos*, 5, 1995.

3. Wandel der Werte – Rückstand des Politischen

Kurzum, ein kultureller Wechsel hat bereits stattgefunden. *Das Problem liegt also nicht da, wo man es häufig vermutet.* Es liegt nicht in der Schwierigkeit, eine Lebensweise akzeptabel zu machen, in der fremdbestimmter Arbeit im Leben *aller* viel weniger Gewicht zukommt. Es liegt nicht in der Identifikation jedes Einzelnen mit seinem Arbeitsplatz. Es liegt nicht in dem »dringlichsten Verlangen aller«, eine feste Vollzeitbeschäftigung anzunehmen. Und es liegt auch nicht im Rückstand der Denkweisen gegenüber den Möglichkeiten eines entspannteren und multiaktiven Lebens. Im Gegenteil, es besteht gerade *im Rückstand des Politischen gegenüber der Entwicklung der Denkweisen.* Es besteht in der Tatsache, daß sämtliche ökonomischen Rechte (Anspruch auf ein volles Einkommen), sozialen Rechte (Anspruch auf soziale Absicherung) und politischen Rechte (Recht auf kollektive Handlung, Repräsentation und Organisation) einzig an die immer seltener werdenden Stellen mit regelmäßiger Vollzeitarbeit gebunden bleiben. Es besteht in der Gefahr, mit dem festen Arbeitsplatz jegliches Einkommen, jegliche Möglichkeit, sinnvollen Aktivitäten nachgehen zu können, jeglichen Kontakt zu anderen etc. zu verlieren. Es besteht folglich darin, daß *der Arbeitsplatz ein Wert an sich ist*: Und zwar nicht grundsätzlich durch die Befriedigung, die *die Arbeit* verschafft, sondern durch die Rechte und Möglichkeiten, die an den Besitz des Arbeitsplatzes und allein daran gebunden sind.

Nun erscheint aber der Arbeitsplatz, sobald er zur Quelle von Rechten und also von Staatsbürgerlichkeit gemacht wird, als sei er selbst ein Recht, das auf Grund des Egalitätsprinzips der Rechte allen Bürgern zugänglich sein muß. Die soziale Nützlichkeit (oder Nutzlosigkeit) von Arbeit selbst wird von der juridischen Normativität des Lohnarbeitsverhältnisses transzendiert. Das »Recht auf Arbeit« (gleichbedeutend mit dem Recht auf den Arbeitsplatz) wird vor allem als ein *politisches Recht* beansprucht, Zugang zu den sozialen und ökonomischen Aspekten der Staatsbürgerlichkeit zu erlangen. Solange dem so ist, werden Aktivitäten, die von der Norm regelmäßiger Vollzeitarbeit abweichen, als *minderwertig* wahrgenommen, als etwas, das dazu führt, die Rechte des Bürgers zu *beschneiden*, ihm die Rechte und Vorteile zu *verweigern*, die

»normal« Beschäftigte genießen. So wünschenswert diskontinuierliche Teilzeitarbeit und die damit verbundene Zeitsouveränität *als solche* für die große Mehrheit individuell gesehen auch sein mag, so sehr wird sie doch von vielen gefürchtet und abgelehnt, weil sie »weniger wert ist« und ein berufliches Handicap darstellt.[112]

Aus all diesen Gründen besteht das Problem und seine Lösung vornehmlich als politisches[113], nämlich in der Definition neuer Rechte und Freiheiten, neuer kollektiver Sicherheiten, neuer Gestaltungen des urbanen Raums und neuer gesellschaftlicher Normen, durch welche Zeitsouveränität und selbstbestimmte Tätigkeiten nicht mehr länger in den Rand der Gesellschaft eingeschrieben, sondern Angelegenheit und Ausdruck eines gesellschaftlichen Konzepts wären: einer »Multiaktivitätsgesellschaft«, »einer Gesellschaft der wiederangeeigneten Zeit«. Einer Gesellschaft, die die Hervorbringung des sozialen Bandes auf Kooperationsverhältnisse verschiebt, die sich nicht mehr durch den Markt und das Geld, sondern durch Gegenseitigkeit regeln. Einer Gesellschaft, in der sich durch eine Vielfalt von im öffentlichen Raum entfalteten Aktivitäten, die anders als über Geldmittel öffentlich anerkannt und geschätzt werden, jeder mit den anderen messen kann, deren Achtung gewinnen und seinen Wert beweisen und all dies nicht mehr grundsätzlich durch seine berufliche Arbeit und durch das verdiente Geld tun muß.

Dieses gesellschaftliche Konzept (auf das ich später noch genauer eingehen werde) entspricht den Ausrichtungen der technischen und kulturellen Veränderungen wesentlich mehr als die vergeblichen Versuche, die Lohngesellschaft durch Ausdehnung des Lohnverhältnisses auf bisher unentgeltliche Tätigkeiten zurechtzuschustern. Sie entspricht einer Situation, in der der Kapitalismus eine ständig wachsende Masse von Menschen, für die es keinen Arbeitsplatz mehr gibt, zu gesellschaftlicher Nutzlosigkeit verurteilt

---

112 Daher der eklatante Widerspruch der in den Umfragen gegebenen Antworten: Einerseits antwortet eine deutliche Mehrheit der Franzosen (Ende 1996), daß es »schlecht« wäre, wenn »die Arbeit« einen geringeren Stellenwert im Leben jedes einzelnen einnehmen würde. Andererseits spricht sich eine deutliche Mehrheit auch für die Vier-Tage-Woche und (61%) für den Altersruhestand mit 55 Jahren aus.

113 Dieser Aspekt wurde bereits in »Échange et Projets« herausgestellt in: *La révolution du temps choisi*, Paris 1980.

und in der die Gesellschaft nicht mehr genügend Substanz besitzt, um *Individuen hervorzubringen, die sich in ihren Dienst stellen, oder sich der Individuen, die sie hervorbringt, zu bedienen. Die Gesellschaft, als deren Diener sich die Menschen definieren könnten, gibt es nicht mehr. Statt der Gesellschaft zu dienen, gilt es heute, sie neu zu erfinden.*

Die Revolution ist umfassend: Das Individuum ist plötzlich all seiner Masken entledigt, all seiner Rollen, Orte, Identitäten und Funktionen, die es nicht aus sich selbst schöpfen kann und die es ihm ersparten, sich selbst als Subjekt wahrzunehmen. Es ist sich selbst ausgeliefert, nackt, ohne Schutz und ohne Verpflichtungen, von einer Gesellschaft verlassen, die seiner Zukunft keine Anhaltspunkte mehr gibt. So findet es sich mit der Aufgabe konfrontiert, sich selbst konstituieren zu müssen und eine andere Gesellschaft an der Stelle derjenigen, die es verließ. Eine Aufgabe, die alle Gesellschaften – einschließlich derjenigen, die schon in den letzten Zügen liegen – am meisten fürchten, weil sie vor allem Widerspenstige, Revolutionäre, Widerständler und Rebellen erfordert: nämlich die Aufgabe, sich von sozialen Rollen zu befreien und »Subjekt zu werden, indem man sich der Logik sozialer Herrschaft im Namen einer Logik der Freiheit und des freien Selbstentwurfs entgegenstellt«.[114] »Die heute so obsessive Identitätssuche drückt nicht den Willen aus, Subjekt zu sein, sie ist im Gegenteil Selbstzerstörung (…) des Individuums, das unfähig ist, Subjekt zu werden.«[115]

Gegen diese Unfähigkeit gibt es keine gesellschaftliche Abhilfe. Im Gegenteil, sie ist gesellschaftlich produziert und unendlich reproduziert durch jenen »herrschenden gesellschaftlichen Diskurs«, der weiterhin den Individuen ein Selbstbild und Rollenverständnis anbietet, denen sie nicht entsprechen können. »Das Subjekt ist immer die Antithese zur Sozialisation«, schreibt Touraine.[116] Es sieht so aus, als ob das ununterbrochene Wiederkäuen der herrschenden Vorstellung von »gesellschaftlicher Nützlichkeit« und »sozialer Integration« um so obsessiver geschähe, als sich gerade das auflöst und verschwindet, was es einer Gesellschaft möglich macht, zu in-

---

114 Alain Touraine: *Critique de la modernité*, Paris 1994, S. 271.
115 *Ibd.*, S. 325.
116 *Ibd.*, S. 317.

tegrieren und zu definieren, wodurch ihr ein jeder nützlich sein kann. Die Vorstellung von »gesellschaftlicher Nützlichkeit« ist in Wirklichkeit genauso veraltet wie der Gesellschaftsbegriff selbst und »die Funktionalität als Kriterium des Guten«.[117] Es gibt die Gesellschaft nicht mehr, wenn man unter »Gesellschaft« ein kohärentes Ganzes versteht, das seinen Mitgliedern ihre Zugehörigkeiten, ihren Ort und ihre Funktionen zuweist. Die Individuen sind für sie nicht mehr die Mittel, deren sie sich für ihre eigenen Ziele in von ihr allein festgelegten Weisen bedient. Die Gesellschaft ist im Gegenteil, nach einer Formulierung von Christian Lalive d'Épinay, dazu berufen, Mittel zur Entfaltung des Individuums zu werden[118], oder, genauer, *der Raum, wo jeder dazu beiträgt für alle und alle dazu beitragen für jeden, die Bedingungen zur freien Entfaltung ihrer Individualität zu schaffen*. Die volle Entfaltung jedes einzelnen wird zum Ziel, das die Gesellschaft ermöglichen muß, und das selbst eine Gesellschaft ermöglicht, wo die Sorge um die freie Entfaltung der Persönlichkeit gesellschaftlich anerkannt und legitimiert wäre. Die Skala der gesellschaftlich anerkannten Tätigkeiten geht dabei weit über die »nützliche Arbeit« hinaus. Die Hervorbringung von Gesellschaft findet nicht mehr grundsätzlich im ökonomischen Bereich statt, genausowenig wie die Selbstkonstituierung in der Lohnarbeit.

Das ist der Sinn des kulturellen Wandels. Die Frauenbewegung, die ökologische Bewegung, die Sorge um die Lebensqualität und die Umwelt sind deren je spezifischer Ausdruck. Ihnen ist die Zurückweisung der Arbeitsethik, der Ethik von Verzicht, Opfer und Sparsamkeit, der »Aufschiebung des Lebens auf später« und der pflichtmäßigen Opferbereitschaft gemeinsam. Sie fechten die instrumentelle Vernunft an – das heißt die Verwendung von Dingen und Menschen als Werkzeuge für Ziele, die ihrerseits Werkzeuge zu anderen Zielen sind und so fort – im Namen einer Ethik der Selbstsorge, der Sorge um die anderen, um andere Lebewesen und um alles, was des Schutzes und der Pflege bedarf. So schlägt Anthony Giddens in einem langen Artikel über die Zukunft der Linken vor,

117 *Ibd.*, S. 406.
118 C. Lalive d'Épinay, »Thèses prospectives sur le XXIe siècle«, Annex zum im Januar 1995 verabschiedeten Gesetz, das allen im Kanton Genf gemeldeten Einwohnern ein »soziales Mindesteinkommen zur Abdeckung ihrer Bedürfnisse« gewährt.

den Sozialismus über den Vorrang der nicht-instrumentellen Tätigkeiten zu definieren, dem Sorgen und Sich-Kümmern (to care). »Für etwas oder jemanden sorgen (caring) impliziert eine Ethik der Verantwortung für sich, die anderen und für die Stofflichkeit der materiellen Welt. Sorge zu tragen ist das Gegenteil von Egoismus, wiewohl es nicht mit Altruismus verwechselt werden darf. Denn die Selbstsorge – der verantwortungsvolle Umgang mit sich und seinem Körper – bildet den Ausgangspunkt für die Fähigkeit, sich um andere zu kümmern.«[119]

Der in Gang gesetzte Wandel untergräbt die Grundlage der bisherigen modernen Gesellschaften. Er zwingt zur Neudefinition des »sozialen Bandes« sowie des Verhältnises von Individuellem und Sozialem. Er zwingt dazu, das Wesen und den Prozeß der »Sozialisierung« kritisch zu überdenken. Die Orte und die Art und Weise der »Produktion von Gesellschaft« neu einzuordnen. Er problematisiert alles, was vertraut, üblich und normal war, alles, was »sich von selbst verstand«. Er läßt keine institutionellen Lösungen und Antworten gelten, die von oben gewährt und durchgeführt den Individuen als Verwalteten alle Fragen ersparen, indem sie diese selbst in Frage stellen.

4. Sozialisieren oder erziehen?

Die Ideologie der gesellschaftlichen Reproduktion durch die Sozialisierung der Individuen ist so fest in den Denkgewohnheiten verankert, daß sie das Auseinanderfallen der Gesellschaft und das Verschwinden der sozialen »Rollen«, an denen die Sozialisierung ausgerichtet war, überlebt. Daher argumentieren die meisten aktuellen Gesellschaftstheoretiker, daß die Fähigkeit des Individuums, ein autonomes Subjekt zu werden, nur das Ergebnis einer »gelungenen Sozialisierung« sein könne. So beruht für Jean-Louis Laville »die Wertung der freigesetzten Zeit auf der Betrachtung von Individuen, die zu Autonomie und Verantwortlichkeit fähig sind, *das heißt*, die von einer gelungenen Sozialisierung pro-

119 Anthony Giddens, »What's left for Labour«, in: *New Statesman and Society*, 30. September 1994.

fitieren, während doch gerade diese Sozialisierung ein Problem darstellt.«[120]

In diesem auf den ersten Blick unschuldigen Satz findet sich das ideologische Postulat desselben Soziologismus wieder, dem man auch unter anderen bei Habermas oder bei Parsons begegnet[121]: nämlich, daß die Fähigkeit zu Autonomie und Verantwortlichkeit Ergebnis einer »gelungenen Sozialisierung« sei, anders gesagt, daß das Individuum als Subjekt aus der Gesamtheit der *sozialen* Fähigkeiten, Kompetenzen und Verhaltensweisen bestünde, die ihm die Gesellschaft vermittelt, um von ihm reproduziert zu werden. Das Subjekt (oder, in dem stärker an Hegel orientierten Vokabular Hannah Arendts, die Innerlichkeit) wird aber dabei abgeführt; das »Subjekt« ist hier nur mehr der Träger von Rollen, sozialen Verhaltensweisen und Kompetenzen, die den anonymen, in den Ablauf sozialer Prozesse eingeschriebenen »Erwartungen« entsprechen. In dieser soziologistischen Auffassung erscheint die Sozialisierung nicht als Emanzipation, die ein autonomes, selbstbestimmtes und urteilsfähiges Subjekt entstehen läßt. Im Gegenteil, *sie verbirgt dem Subjekt das Vermögen, sich zu konstituieren, indem sie ihm eine Gestalt zuschreibt, die es nicht aus sich selbst schöpfen könnte: »Ich (Moi)« ist ein Anderer.* Das Ich-Subjekt (»Je«) hingegen ist gerade das Vermögen, diese Alterität des Ich-Selbst (»Moi«) als Selbstentfremdung anzufechten.

Die Verwechslung von selbstbestimmtem und zugeschriebenem »Ich«, von »Je« und »Moi«, stammt größtenteils daher, daß der Soziologismus, indem er die philosophische Reflexion kolonisiert und verdrängt, *Erziehung* mit *Sozialisierung* gleichsetzt. Selbstverständlich ist jede Erziehung in dem Maße *auch* Sozialisierung, wie sie notwendigerweise das Erlernen von Sprache und soziokulturellen Codierungen und Markierungen beinhaltet. Aber sie bleibt unfähig, zu erziehen *und* zu sozialisieren, wenn sie sich damit begnügt, nur dies zu sein. Im Unterschied zur Konditionierung, zur Indoktrinierung und Dressur sucht die Erziehung wesensgemäß beim Individuum die Fähigkeit entstehen zu lassen, sich seiner selbst auf autonome Weise anzunehmen, das heißt, sich zum Sub-

120 J.-L. Laville, »La crise de la condition salariale«, in: *Esprit*, Dezember 1995, S. 37.
121 Vergleiche hierzu A. Gorz: *Kritik der ökonomischen Vernunft, op. cit.*

jekt seines Selbstbezugs und seines Bezugs zur Welt und zu den anderen zu machen. Diese Fähigkeit kann nicht *gelehrt* werden, sie muß *hervorgerufen* werden. Sie kann nur durch die affektive Bindung des Kindes oder Jugendlichen an eine Bezugsperson entstehen, die ihm das *Gefühl* vermittelt, es wert zu sein, *bedingungslos* geliebt zu werden, und ihm das *Vertrauen* in seine Fähigkeit gibt, etwas zu lernen, zu machen, zu unternehmen und sich mit den anderen zu messen. Das Subjekt entsteht dank der Liebe, mit der ein anderes Subjekt es dazu aufruft, sich zum Subjekt zu machen, und es entwickelt sich durch das Bedürfnis, von diesem anderen Subjekt geliebt zu werden.

Das bedeutet, daß *das Erziehungsverhältnis kein gesellschaftliches Verhältnis ist und also auch nicht sozialisierbar.* Es ist nur gelungen, wenn das Kind für die es erziehende Person ein unvergleichlich einzigartiges, um seiner selbst willen geliebtes Wesen ist, dem diese Liebe seine Einzigartigkeit als unabdingbares *Recht auf Singularität* offenbart. Die mütterliche oder väterliche »Funktion« (oder die der Person, sei es Bruder, Tante, Großvater etc., die sich des Kindes annimmt) ist nicht sozialisierbar, denn es handelt sich nicht um eine Funktion, sondern um eine Liebesbeziehung, der die Gesellschaft stets mit Mißtrauen oder offener Feindschaft begegnet. Denn diese Liebesbeziehung ermutigt das Kind, sich seiner eigenen Existenz als autonomes Subjekt zu bemächtigen. Der Gesellschaft hingegen spricht sie damit das von Schule, Armee und Partei beanspruchte Recht ab, über untertänige Individuen zu verfügen.

Die Liebe ist kein soziales Gefühl, ebensowenig wie die Erziehung eine »gesellschaftliche Funktion« darstellt. Das wissen Erzieher und Pädagogen, die früher oder später immer in Konflikt mit der Gesellschaft, der Institution, der Administration und mit den zu *angepaßten, sprich zu sozialisierten* Eltern geraten. Sie wissen es um so mehr, als sie sich dazu berufen fühlen, das Kind zu Selbstachtung und damit zu sich selbst zu bringen, anstatt es durch die Einschärfung der geltenden Normen der Gesellschaft anheimzugeben.

So »stellt« die Sozialisierung sehr wohl, wie Laville anmerkt, »ein Problem dar«, aber im entgegengesetzten Sinne: Das Übermaß an Sozialisierung, nicht der Mangel, verhindert die individuelle Autonomie. Genauer gesagt ist es die Priorität, die besorgte Eltern der schulischen Sozialisierung gegenüber der Erziehung geben, dem Schulerfolg gegenüber der sensoriellen und affektiven Entfaltung, dem Erwerb von sozialen »Kompetenzen« gegenüber der Entwicklung imaginativer und kreativer Fähigkeiten und der Befähigung, sich seiner selbst anzunehmen und Selbstachtung jenseits vorgegebener Wege zu gewinnen. Die Sozialisierung wird solange frustrierte, unangepaßte, verstümmelte und hilflose Individuen hervorbringen, wie sie daran festhält, alles auf »die soziale Integration durch den Arbeitsplatz« zu setzen, alles auf die Integration in eine »Arbeitnehmergesellschaft«, in der alle Tätigkeiten nur als »Mittel, seinen Lebensunterhalt zu verdienen«[122], geschätzt werden.

Darin findet sich der Gegensatz von (immer axiomatisch orientiertem) politisch-philosophischem Denken über die gute Gesellschaft und das gute Leben einerseits und funktionalistischem Denken andererseits. Für ersteres zählt »die Arbeit, durch die ein Individuum zu einem Akteur wird, der seine Situation verändern kann, anstatt sie durch seine Verhaltensweisen zu reproduzieren.«[123] Für letztere zählt die Ausbildung »sozialer Individuen«, welche dank ihrer sozialen Kompetenzen und Verhaltensweisen im gesellschaftlichen Arbeitsprozeß vorbestimmte Funktionen und Rollen einnehmen können. Erstere interessieren sich für die sozialen Bewegungen insofern, als sie darauf abzielen, sich durch den gesellschaftlichen Zerfall frei gewordene Räume anzueignen und die bestehende Gesellschaft zu Gunsten einer anderen abzuschaffen. Letztere interessieren sich für die institutionellen Mittel, um die Arbeitsgesellschaft weiterzuführen, indem sie sie renovieren, reformieren und die Individuen an neue Beschäftigungsverhältnisse anpassen.

Die ersteren dringen darauf, daß »die Bevölkerung schon in der Schulzeit dafür vorbereitet werden muß, erwerbsarbeitsfreie Perioden zu durchleben, in denen sich zahlreiche (...) freiwillige Tätig-

---

122 Eine Arbeitsgesellschaft, schreibt Hannah Arendt, zeichnet sich dadurch aus, daß »alle Glieder der Gesellschaft, womit immer sie beschäftigt sind, ihre Tätigkeit vornehmlich als Lebensunterhalt für sich selbst und ihre Familie ansehen«. *Vita activa*, München 1967, S. 47.
123 A. Touraine: *op. cit.*, S. 429.

keiten etc. entfalten können«[124], wohingegen bei den anderen die Sorge vorherrscht, Beziehungs-»Kompetenzen« zu professionalisieren und »zu kapitalisieren« und »die grundlegendsten menschlichen Beziehungen in Berufsarbeit zu überführen«.[125] Auf einer anderen Ebene findet sich hier die von Paolo Virno in Gang gebrachte Problematik gegen die Tendenz, »zur Arbeit zu machen, was zum Allgemeinsten gehört, nämlich der Intellekt und das Sprechen«. Er sieht darin den »Höhepunkt der Unterwerfung«. »Niemand ist so armselig wie derjenige, der sein Sprachvermögen zu einer entlohnten Arbeit herabgesetzt sieht.«[126] Oder vielmehr: Nichts verarmt eine Kultur so sehr, als wenn die spontansten affektiven Bindungen zwischen Personen – Sympathie, Empathie, Anteilnahme, Aufmerksamkeit, Kommunikation etc. – »von Ausbildungen und Diplomen objektiviert«[127] werden und dazu dienen, einen Arbeitgeber zu befriedigen oder einen Kunden zu gewinnen, »sich ersterem erfolgreich selbst zu verkaufen« und letzterem erfolgreich etwas verkaufen zu können.[128]

124 Joffre Dumazedier: *La révolution culturelle du temps libre*, 1968-1988, 1989, S. 139.
125 Bernard Ginisty in: *Le temps libéré*, Vorwort von Annie Dreuille, Nachwort von Claude Llabres, Toulouse 1995.
126 Paolo Virno, *op. cit.*, S. 80.
127 Wie es Bernard Perret ins Auge faßt in: *L'avenir du travail*, *op. cit.*, S. 197.
128 Vergleiche hierzu die unübertroffene Beschreibung von C. Wright Mills: »In einer vorwiegend aus Angestellten bestehenden Gesellschaft, in der alles als Ware angesehen und zu Geld gemacht wird, mußte schließlich auch die Persönlichkeit des Menschen zu einer marktgängigen Ware werden. Bei der Verlagerung des Schwergewichts von den handwerklichen Fähigkeiten zur Kunst des ›Umgangs mit Menschen‹, des Verkaufens und des Kundendienstes, erhalten die persönlichen Wesens- und Charaktermerkmale der Angestellten kommerziellen Wert und werden auf dem Arbeitsmarkt gehandelt. Jedesmal wenn ein Mensch die Kontrolle über die eigene Persönlichkeit einem anderen gegen Entgelt überläßt, findet ein Verkauf derjenigen persönlichen Merkmale statt, die für den Eindruck auf andere bestimmend sind. Die Vielzahl dieser Verkaufsvorgänge bilden den Markt der Persönlichkeit. (…)
      Von den Angestellten wiederum verlangt man, daß sie freundlich, eifrig und tüchtig sind. Das gehört zum Kundendienst der großen Firmen und ist zur Förderung des Warenabsatzes gründlich rationalisiert worden. Wer in dieser Atmosphäre anonymer Unaufrichtigkeit beruflich vorwärtskommen will, benutzt dazu seine eigene Persönlichkeit, seinen Eindruck auf andere. (…) Sie [die Persönlichkeit] muß zu einem stets einsatzbereiten und willfährigen Werkzeug werden, mit dessen Hilfe die Warenverteilung verbessert und beschleunigt werden kann. (…) Jemand, der eine Verkäuferin in einem großen Warenhaus unauffällig beobachten mußte, meinte später: ›Ich habe ihr nur drei Tage lang zugesehen. Stets zeigt ihr stark geschminktes Gesicht das ewig gleiche, eingefro-

Selbstverständlich kann man dem immer entgegnen, daß »die Arbeit um Unentgeltliches« und die Warenbeziehungen durch Zwischenmenschlichkeit »bereichert werden«, wenn dem Verhältnis zwischen Dienstleister und Kunden eine persönliche Note gegeben wird. Dazu müßten aber Freundlichkeit, Aufmerksamkeit und die Geduld des Verkäufers spontan und uneigennützig sein und daher Verhaltensweisen, die nicht gelehrt und durch Diplome objektiviert werden können. Wenn Liebenswürdigkeit, Hilfsbereitschaft etc. dagegen einstudierte, gelehrte und durch ein Diplom anerkannte »soziale Kompetenzen« sind, die für einen Verkauf oder einen Geschäftsabschluß als erforderlich gelten, dann hören sie auf, spontan zu sein, und stehen im Verdacht der Heuchelei wie das »Verkäuferlächeln« und jene standardisierte und oberflächliche Freundlichkeit, die man den Amerikanern gemeinhin zum Vorwurf macht. Die Professionalisierung der »Beziehungskompetenzen« als Mittel, die Erwerbsarbeit weiterzuentwickeln, vergiftet die Alltagskultur und die Lebenskunst und läßt sie verkümmern. Wenn die massiven Arbeitszeitersparnisse zu einer Kultur führen sollen,

rene Lächeln, und ganz gleich, mit wem sie gerade spricht: es ist immer dieselbe Maske! Ich habe sie nicht ein einziges Mal spontan oder natürlich lachen hören! (…) Ich habe mich bemüht, dieses Lächeln nachzuahmen, aber es war mir einfach nicht möglich! (…)‹

Auch die neuen Unternehmer und die Verkäufer von Format dienen den Bürokratien, und sie praktizieren, jeder auf seine Weise, die Kunst, die eigene Persönlichkeit zu Markte zu tragen. (…) Da die Nachfrage steigt, führten auch die Volksschulen Kurse ein, mit denen sie dem Wunsch der Wirtschaft nach ›Arbeitskräften mit angenehmen Umgangsformen‹ zu entsprechen hoffen. Da die führenden Männer der Wirtschaft die Ansicht äußerten, daß ›weit mehr Angestellte ihre Stellungen infolge persönlicher Schwierigkeiten und Mängel verlieren als wegen beruflicher Untüchtigkeit‹, bemühen sich die Volksschulen, den Schülern ›höfliche Umgangsformen, rücksichtsvolles und freundliches Benehmen, beherrschte Sprechweise (…)‹ und ähnliches beizubringen. (…)

Angesichts des Fehlens gemeinsamer moralischer Werte und des Mangels an gegenseitigem Vertrauen ist das materielle Interesse, das die Menschen bei flüchtigem Kontakt miteinander verbindet, auf vielerlei Art und Weise verfeinert worden und ist heute tiefer denn je in alle Lebensbereiche und menschlichen Beziehungen eingedrungen. Verkäuferethos und gesellschaftliche Spielregeln verlangen heutzutage von den Menschen, daß sie Interesse an anderen Menschen heucheln, um sich diese willfährig zu machen. (…) Man weiß ja bei jeder Begegnung mit einem anderen, daß dessen Interesse nur vorgetäuscht ist und daß ein bestimmter Zweck dahintersteckt. So werden die Menschen einander entfremdet, weil jeder heimlich versucht, den anderen als Werkzeug zu benutzen. Und eines Tages schließt sich dann der Kreis: man macht aus sich selbst ein Werkzeug und entfremdet sich damit der eigenen Seele.« C. Wright Mills: *Menschen im Büro. Ein Beitrag zur Soziologie der Angestellten*, op. cit.

in der sich das Leben als Selbstzweck entfaltet und die Herstellung von Zwischenmenschlichkeit und Gesellschaftlichkeit die Selbstvermarktung ausgrenzt, dann gilt es, die vernakulären und spontanen Kompetenzen zu entwickeln und nicht zu verberuflichen.

Ich weiß, daß sich das nicht an einem Tag verwirklichen läßt. Ich weiß, daß schnell gehandelt werden muß, denn die »Desozialisierung« entwickelt sich noch schneller als die Massenarbeitslosigkeit und Armut. Ich weiß aber auch, daß man sich seit fünfundzwanzig Jahren auf die Dringlichkeit beruft, um nicht mit dem Grund der Dinge konfrontiert zu sein. *Deshalb ist es Zeit, umgekehrt zu denken und also die zu verwirklichenden Veränderungen vom Endziel her ausgehend und nicht die Ziele von den verfügbaren Mitteln und den sofort stopfbaren Löchern her zu definieren.* Diesen Versuch will ich im Folgenden wagen.

IV. Jenseits der Lohngesellschaft

1. Multiaktivität als gesellschaftliche Alternative

Das unabdingbare Bedürfnis nach einem ausreichenden und sicheren Einkommen ist eine Sache, das Bedürfnis, zu werken, zu wirken und zu handeln, sich an anderen zu messen und von ihnen anerkannt zu werden, eine andere, die weder in der ersten aufgeht noch mit ihr zusammenfällt. Der Kapitalismus dagegen verkoppelt diese beiden Bedürfnisse systematisch, verwirrt und verschmilzt sie und gründet darauf die Macht des Kapitals und seine ideologische Vorherrschaft: keine Tätigkeit, die nicht von jemandem in Auftrag gegeben und bezahlt wäre, kein ausreichendes Einkommen, das nicht die Entlohnung einer »Arbeit« wäre. *Das unabdingbare Bedürfnis nach einem ausreichenden Einkommen dient als Vehikel, um »ein unabdingbares Bedürfnis nach Arbeit« einzuschmuggeln.* Das Bedürfnis, zu werken, zu wirken und anerkannt zu werden, wird dazu benutzt, um unter der Hand das Bedürfnis nach einer Bezahlung für alles, was man tut, einzuschleusen.

Da die gesellschaftliche Produktion (des Notwendigen und des Überflüssigen) immer weniger »Arbeit« erfordert und immer weniger Lohn ausschüttet, wird es zunehmend schwieriger, sich ein ausreichendes und festes Einkommen über eine bezahlte Arbeit zu sichern. Der Diskurs des Kapitals führt diese Schwierigkeit auf »einen Mangel an Arbeit« zurück. Damit verdunkelt er die wirkliche Situation, denn sichtlich mangelt es nicht an »Arbeit«, sondern an der Verteilung des Reichtums, für dessen Erwirtschaftung das Kapital immer weniger Arbeit braucht.

Um dem abzuhelfen, gilt es selbstverständlich nicht, »Arbeit zu schaffen«; vielmehr, so gut es irgend geht, alle gesellschaftlich notwendige Arbeit und den gesamten gesellschaftlich produzierten Reichtum zu verteilen. In der Folge kann dann wiederum das, was der Kapitalismus künstlich verschmolz und verwirrte, von neuem getrennt werden: Das Recht auf ein ausreichendes und sicheres Einkommen muß nicht mehr an einer dauerhaften und festen Stelle hängen und das Bedürfnis, zu wirken, zu werken und von anderen anerkannt zu werden, nicht mehr die Form einer bezahlten und fremdbestimmten Arbeit annehmen. Diese wird im Gegenteil einen immer geringeren Stellenwert im gesellschaftlichen Leben und im Leben der einzelnen besitzen. Im Lebensalltag können sich dann vielfache Aktivitäten gegenseitig ablösen und abwechseln, ohne daß deren Entlohnung und Rentabilität noch notwendige Bedingung oder gar ihr Ziel wären. Die sozialen Beziehungen, die Kooperationszusammenhänge, ja der Lebenssinn eines und einer jeden werden nur mehr durch diese nicht vom Kapital verwerteten und aufgewerteten Aktivitäten hervorgebracht. *Die Arbeitszeit hört schließlich auf, die gesellschaftlich vorrangige Zeit zu sein.*

So sehen, noch sehr schematisch, die Umrisse der Gesellschaft und der Zivilisation aus, die ein Jenseits der Lohngesellschaft fordern. Sie entsprechen dem aktuellen kulturellen Wandel und dem Verlangen nach einem multiaktiven Leben, worin jeder der Arbeit den ihr angemessenen Platz einräumen kann und nicht wie bisher das Leben auf Freiräume zu beschränken hat, die die Zwänge der »Arbeit« noch übrig lassen. Das aber setzt einen politischen Bruch auf der Höhe jenes ideologischen Bruchs voraus, der von den kulturellen Veränderungen undeutlich gespiegelt wird. Es setzt voraus, daß das Bedürfnis, zu handeln und gesellschaftlich anerkannt zu werden, sich von bezahlter und fremdbestimmter »Arbeit« unabhängig macht, daß die Arbeit sich aus der Herrschaft des Kapitals befreit und daß die Einzelnen sich von der Beherrschung durch die Arbeit emanzipieren, um sich in der Vielfalt ihrer mannigfaltigen Aktivitäten zu entfalten. Es setzt mit einem Wort das Ende jener Verwirrung voraus, auf die das Kapital seine ideologische Vorherrschaft und seine Macht gründet.

Der Kern des Problems sowie der Gegenstand des Hauptkonflikts lassen sich in folgender Alternative fassen: Entweder integriert man die Arbeit in die Multiaktivität als eine ihrer Bestandteile oder die Multiaktivität in die »Arbeit« als eine ihrer Erscheinungsformen. Entweder integriert man die Arbeitszeit in die differenzierte Zeitlichkeit eines multidimensionalen Lebens in Übereinstimmung mit den herrschenden kulturellen Bestrebungen, oder man unterwirft die Lebenszeiten und -rhythmen den Rentabilitätsansprüchen des Kapitals und den »Flexibilitäts«ansprüchen des

Unternehmens. Kurz, entweder erobern die lebendigen Aktivitäten die Macht über den gesellschaftlichen Produktionsapparat und -prozeß zurück, oder sie lassen sich von jenen immer umfassender unterwerfen. Der Kampf um die Zeitsouveränität ist der Kampf um die Macht selbst: um ihre gesellschaftliche Verteilung und um die Richtung, in der sich die Gesellschaft entwickelt. Im Kampf um das Recht auf Zeit ragt der kulturelle Konflikt unweigerlich in den politischen Konflikt hinein.

Dieser Konflikt ist an sich nicht neu. Neu ist einzig seine Tendenz, zugleich unvermeidlich wie zentral zu werden. Tatsächlich entspricht die Multiaktivität, nach der eine Mehrheit der Erwerbstätigen kulturell strebt, nicht nur deren individuellen und privaten Wünschen und Bestrebungen. Sie ist nicht nur die Form, in der sich das Autonomiestreben der Personen zu verwirklichen sucht. Sondern sie ist die Subjektivierung jener Autonomiefähigkeit, die die immaterielle Ökonomie und die Unternehmen selbst von ihrem Personal fordern. Auf diese Autonomiefähigkeit suchen die Erwerbstätigen in ihren Multiaktivitätsbestrebungen selbst, also jenseits der vom Unternehmen gesetzten Grenzen und dessen Bedarf, Anspruch zu erheben. Der Konflikt um die Macht wird somit unvermeidbar. Er richtet sich auf den Status dieser Autonomie, deren Umfang und deren *Recht auf sich selbst.* Er richtet sich also auf das Recht der Personen, über sich selbst zu verfügen, *auf die Autonomie der Autonomie,* die nicht mehr als ein notwendiges, den Erfordernissen der Konkurrenzfähigkeit und der Rentabilität unterworfenes Mittel angesehen und gewertet werden soll, sondern als der wichtigste Wert, auf den sich alle anderen gründen und von dem aus sie zu bewerten sind. Mit einem Wort, es geht um *die Möglichkeit, die persönliche Autonomie in einer Weise und einem Ausmaß zu entfalten, die sich nicht länger nach den Bedürfnissen der Unternehmen richten.* Es geht um die Möglichkeit, der Macht des Kapitals, des Marktes und der Ökonomie Aktivitätsfelder zu entziehen, welche die von Arbeit befreite Zeit eröffnet.

Eine exemplarische Illustration dieses Konflikts geben zwei in die öffentliche Debatte eingebrachte Konzepte von »Pluri-« oder »Multiaktivität«. Das erste, arbeitgebertypische Konzept zieht die sorgfältig eingegrenzte Autonomie von Personen als Mittel in Betracht, die Flexibilität und Produktivität ihrer Arbeit zu steigern. Das zweite beansprucht eine explizit politische Bedeutung, indem es die Multiaktivität als ein gesellschaftliches Konzept auffaßt: Sie soll den Schwerpunkt des Lebens aller so verschieben, daß das Unternehmen und die ökonomisch ausgerichtete Arbeit nur noch eine untergeordnete Rolle spielen.

1. Das erste der beiden Konzepte wird in einem Bericht (dem sogenannten »Boissonnat-Bericht«) des *Commissariat général du Plan* über »Die Arbeit in zwanzig Jahren« entwickelt. In der Wiederaufnahme des schon früher von Arbeitgeberseite diskutierten »Pluriaktivitätsgedankens« sieht der Bericht vor, dem Personal so etwas wie »Beschäftigungsverträge« anzubieten. Die Hauptfunktion dieser Verträge besteht darin, die Bindung der Arbeitnehmer an »ihre« Unternehmen während der begrenzten Zeiträume, in denen das Unternehmen ihrer Arbeit nicht bedarf, nicht zu unterbrechen. Der »Beschäftigungsvertrag« soll vor allem erlauben, die »Flexibilität« des Personalstands und die Diskontinuität der Beschäftigung zu erhöhen, ohne damit das Beschäftigungsverhältnis temporär oder prekär zu machen.

Dieses Ziel kann auf zweierlei Weise erreicht werden. Bei der ersten geben mehrere Unternehmen ihre fest Angestellten in einen gemeinsamen Pool. (Diesbezüglich wurde ursprünglich die Pluriaktivität in der Arbeitgeberschaft diskutiert.) Wenn das eine oder andere der assoziierten Unternehmen nicht für alle seine Angestellten eine Vollzeitverwendung hat, dann kann es einen Teil an jene assoziierten Unternehmen ausleihen, denen es vorübergehend an Arbeitskräften mangelt. Im Grunde handelt es sich um den Zusammenschluß mehrerer Unternehmen zur gemeinsamen Verwaltung ihrer Belegschaften mit dem Ziel, deren rationellste Verwendung zu sichern und Nachfrageschwankungen ausgleichen zu können, ohne fortwährend auf externe Arbeitskräfte oder Aushilfen angewiesen zu sein.

Der Boissonnat-Bericht dehnt diese Konzeption von »Pluriaktivität« auf neue Felder aus: Wenn ein Zusammenschluß von Unternehmen keine Verwendung für alle ihre Arbeitnehmer hat, kann er seinen vorübergehenden Arbeitskräfteüberschuß an »andere öffentliche oder private Akteure wie Gemeinden, Schulen oder ver-

schiedene Verbände« ausleihen oder sie »zu gemeinnützigen Zwek-
ken« (etwa familiären) sowie zur Fortbildung beurlauben.[129]

Glauben Sie aber nicht etwa, daß das so freigestellte Personal
seine nicht beruflichen Tätigkeiten frei wählen könnte, seine Interessensgebiete und Kompetenzen vielseitiger gestalten und sein eigenes Leben und das der Gemeinschaft bereichern dürfte. Die
Autoren präzisieren nämlich, daß »die verschiedenen Arbeitsformen, einschließlich Fortbildung oder selbständiger bzw. gemeinsamer Aktivitäten, den kollektiven oder besonderen Interessen der
assoziierten Unternehmen entsprechen müssen«.[130] Die Erwerbstätigen müssen so, obgleich sie zu sozialen Zwecken freigestellt
sind, bis in ihre selbstgewählten, ehrenamtlichen oder kulturellen
Aktivitäten hinein im Dienste ihres Unternehmens stehen. Sie bleiben der Logik und der Kontrolle ihrer Arbeitgeber unterworfen
und auch während der Unterbrechungen ihrer beruflichen Arbeit
im beschränkten Horizont des Produktivismus eingeschlossen.
»Die Autonomie der Person« selbst wird um ihrer »produktiven
Nützlichkeit« willen instrumentalisiert.[131] So dehnt der »Beschäftigungsvertrag« letztlich die Herrschaft der produktivistischen Logik und die Unterordnung unter die Interessen des Unternehmens
auf die außerberuflichen Aktivitäten, die sich zwischen die Er-
werbstätigkeitsphasen schieben könnten, aus.

2. Das *Centre des jeunes dirigeants* (*CJD*) schlägt eine grundlegend andere Herangehensweise vor. Es stellt dem Arbeitgeberkon-
zept der »Pluriaktivität« ein Konzept entgegen, das jeder und
jedem »die Wiederaneignung seiner Zeit« gestattet. Diese kann

»als der wahre Reichtum der kommenden Jahrzehnte der Unterwerfung unter die ökonomischen Sachzwänge ein Ende setzten. (...) Wenn
man jedem Bürger die Fähigkeit zurückgeben will, sich sein Zeitkapital
wiederanzueignen, muß man ihn von der Notwendigkeit befreien,
diese Zeit für den Verdienst seines Lebensunterhalts anzuraumen,
sprich, sein Leben zu verlieren, um es zu verdienen.«[132]

129 Commissariat général du Plan, *Le travail dans 20 ans*, Paris 1995, S. 30-31.
130 *Ibd.*, S. 286 ff.
131 *Ibd.*, S. 282.
132 Centre des Jeunes Dirigeants: *L'entreprise au XXI siècle*, Paris 1996, S. 125.

Sehr nahe an dem, was ich selbst vorschlug, sieht das CJD eine zugleich pauschale (auf ein oder mehrere Jahre bezogene) und individualisierte (auf eine Woche oder einen Monat bezogene, mit der Möglichkeit freier Zeiteinteilung und Gestaltung) Verkürzung der Arbeitszeit auf Grundlage »permanenten Aushandelns« vor. Das Unternehmen sichert den »Arbeitnehmern ihr Einkommen und ihren Status«, anders gesagt, es sichert ihnen den Anspruch auf kontinuierliches Einkommen für eine diskontinuierliche Arbeit, die zudem ihrer souveränen Zeiteinteilung entsprechen darf. Ein solcher Anspruch auf »Zeitsouveränität« muß einen neuen Zugang zur Arbeit mit sich bringen, »der jeden einzelnen von uns zu neuen Arten der Teilhabe am kollektiven und gesellschaftlichen Leben bewegt«.[133] »Das Unternehmen muß dann die übergroße Bedeutung verlieren, die es infolge der Lohnarbeit im Leben der Menschen angenommen hat. (...) Durch eine vollständige Umwälzung der Arbeitsorganisation, sowohl im Unternehmen als auch in der Gesellschaft«[134], soll der Anstoß für eine Reihe von Veränderungen gegeben werden. Dabei soll die Arbeitsgesellschaft von einer Gesellschaft der »Multiaktivität« abgelöst werden. Denn die einzig mögliche »Antwort auf die Arbeitslosigkeit, auf die von ihr hervorgerufenen Ausschlußmechanismen und auf die erforderliche Resozialisierung muß in der Multiaktivität und der Diversifikation von Zugehörigkeiten und Bezugspunkten gesucht werden.« Die Einkommensquellen müssen daher entsprechend vielseitiger gestaltet werden.

»Das Unternehmen schuldet von nun an der Gesellschaft, den Riegel der Lohnarbeit zu sprengen und den einzelnen Personen freizustellen, sich allmählich, in ihrem eigenen Tempo, auf die Logik der Multiaktivität einzulassen. (...) Umgekehrt aber kommt es der Gesellschaft zu, (...) den entsprechenden rechtlichen und politischen Rahmen zu schaffen.«[135]

Ausgangspunkt ist hier also eine ausdrücklich politische Überlegung. Die Multiaktivität und die Reduzierung »der übergroßen Bedeutung« von Unternehmen und Erwerbsarbeit werden als ein allgemeiner Anspruch dargestellt, *der seinen kollektiven Ausdruck*

133 *Ibd.*, S. 43 f.
134 *Ibd.*, S. 11.
135 *Ibd.*, S. 119-120.

und seine politische Umsetzung in einer Veränderung der Gesell-
schaft finden soll. Diese Veränderung ist für den Aufbau einer
Gesellschaft unumgänglich, in der sich sowohl die Personen als
auch die Unternehmen durch die Nutzung der neuartigen Verfaßt-
heit der Produktivkräfte entfalten können. Diese Gesellschaft muß
so eingerichtet werden, daß flexible, diskontinuierliche und sich
wandelnde Arbeitsverhältnisse nicht länger zum Zerfall von Gesellschaft führen, sondern zu neuen Formen von Gesellschaftlichkeit und gesellschaftlichem Zusammenhalt.

Die Überlegung des CJD, was auch immer ihre Grenzen sind,
unterscheidet sich vom herrschenden Diskurs. Sie stellt im Unterschied zu diesem deutlich heraus, daß *die vom »Unternehmen des*
21. Jahrhunderts« benötigte, grundlegend andere Gesellschaft nur
entstehen kann, wenn sie sich unabhängig von den Bedürfnissen
der Unternehmen durchsetzt. Diese »Multiaktivitäts- und Zeitsou-
veränitätsgesellschaft« muß nämlich zu ihrer Durchsetzung wirklich wünschenswert sein. Sie muß *sich auf Grund von Bestrebungen*
behaupten, durch die »reiche und autonome Individualitäten«, auf
welche das Unternehmen angewiesen ist, ihre produktive Funktion
transzendieren und sich nicht mehr auf diese reduzieren lassen.

Kurz, es gilt, das gesellschaftliche Konzept so zu überdenken,
daß es dem Bedürfnis nach Autonomie entspricht und nicht dem
Anspruch des Kapitals, sich diese Autonomie dienstbar zu machen
und zu kontrollieren. Dieser politische Ansatz bringt eine wichtige
Konsequenz: Die sozialen Bedingungen, durch die der postfordistische Betrieb, wie wir gesehen haben, die seiner Befehlsgewalt
entzogenen Arbeitskräfte seiner Macht unterwirft, sind zum Verschwinden bestimmt. Mit ihnen verschwindet die durch sie gesicherte Unterwerfung der Arbeit unter das Kapital. Unter diesem
Gesichtspunkt klingt die Überlegung des CJD wie ein Widerhall
der Marxschen Theorie des *general intellect*:

»Der Wert findet heute in der Intelligenz und der Phantasie seine Quelle.
Er verkörpert sich im Immateriellen. Das Wissen des Individuums ist
wichtiger als die Laufzeit der Maschine. Indem der Mensch zum Inha-
ber seines eigenen Wissenskapitals wird, hat er einen Teil des Unterneh-
menskapitals inne.

Dieser Wandel des Wertes wird in der Zukunft wichtige Konsequenzen zeitigen. Das Eigentum des Kapitals wird sich zunehmend vom

Eigentum des Unternehmens lösen. Das Unternehmen wird eine Rechtspersönlichkeit erhalten müssen, die sich von der Kapitalgesellschaft unterscheidet. Insofern [jeder Einzelne] (…) einen wachsenden Anteil am Wissen und also auch am Unternehmenskapital besitzt, wird es unumgänglich werden, die tägliche Organisation, den reibungslosen Ablauf, aber auch die höchst strategischen Entscheidungen gemeinsam auszuarbeiten und auszuhandeln. Wer wird sich künftig für den Besitzer des Unternehmens halten dürfen?«[136]

Im Klartext: die Lohnarbeit soll verschwinden und mit ihr der Kapitalismus.

Denkt man alle Implikationen und Konsequenzen dieser Multiaktivitätsgesellschaft zu Ende, so ist diese nicht als eine Umgestaltung der Arbeitsgesellschaft denkbar. Es handelt sich vielmehr um einen Bruch: um eine andere Gesellschaft. Damit diese sich etablieren und die Multiaktivität sich entwickeln kann, wird es keineswegs genügen, daß »die Gesellschaft ihr den rechtlichen und politischen Rahmen schafft« oder daß »das Unternehmen den Riegel des Lohnarbeitsverhältnisses sprengt«. *Die Gesellschaft muß sich darüber hinaus in dieser Absicht durch eine Reihe spezifischer Politiken organisieren.* D. h., sie muß die gesellschaftliche Zeit und den gesellschaftlichen Raum in einer Weise gestalten, daß abwechselnd oder gleichzeitig betriebene Tätigkeiten und entsprechende Zugehörigkeiten jeder und jedem als normal, von allen erwünscht und erwartet erscheinen. Daß also jeder einem kooperativen Selbstversorgungsunternehmen, einem Selbsthilfenetzwerk, einer wissenschaftlichen Forschungsgruppe, einem Orchester oder Chor, einer Theater-, Tanz- und/oder Malereiwerkstatt, einem Sportverein, einer Yoga- oder Judo-Schule etc. angehört. Und daß das Ziel der Sport- oder Kunst-»Gesellschaften« nicht die Auslese, die Ausscheidung, die Hierarchisierung ist, sondern *darin besteht, jedes einzelne Mitglied dazu zu ermutigen, sich fortlaufend im Wettstreit und im Zusammenspiel mit den anderen neu zu definieren und zu überbieten. Dieses Streben jedes Einzelnen nach Vortrefflichkeit ist das gemeinsame Ziel aller.* Hierdurch nämlich unterscheidet sich die »Kulturgesellschaft« (deren abendländischer Prototyp die athenische Gesellschaft war) von den Arbeitsgesellschaften.

136 *Ibd.*, S. 27f.

2. Auswege

Ich werde jetzt versuchen, den Komplex spezifischer Politiken zu umreißen, die mit der Arbeitsgesellschaft brechen und die Weichen für eine multiaktive Kulturgesellschaft stellen könnten. Es handelt sich hierbei um eine experimentelle und sondierende Untersuchung, deren Ziele mit den »revolutionären Reformen« vergleichbar sind, von denen ich einige bereits zu Beginn der sechziger Jahre formuliert habe.[137]

1. Es gilt zunächst, das Denken und die Phantasie von ideologischen Gemeinplätzen des herrschenden gesellschaftlichen Diskurses zu befreien. Demnach heißt es, exemplarische Versuche konsequent zu Ende zu denken, die neue Kooperations-, Tausch-, Solidaritäts- und Lebensformen wirklich ausloten.

2. Wir müssen die gegenwärtige, auseinanderfallende Gesellschaft aus der Perspektive der ganz anderen Gesellschaft und Ökonomie wahrnehmen, die sich am Horizont der aktuellen Veränderungen als deren äußerster Sinn abzeichnen. Das verpflichtet einerseits dazu, den Sinn dieser Veränderungen und die sich daraus ergebenden Umrisse des Künftigen deutlicher auszumachen. Andererseits zwingt es zu der Einsicht, daß wir keine »Krise« erleben, die durch die Wiederherstellung früherer Bedingungen gelöst werden könnte, sondern daß wir einen Wandel erleben, durch den der Kapitalismus selbst seine eigenen Existenzgrundlagen zerstört und selbst die Voraussetzungen zu seiner eigenen Überwindung schafft. Allerdings müssen wir uns dieser Voraussetzungen bemächtigen und diese Überwindung des Kapitalismus von ihrer vorstellbaren Vollendung her denken können. Nur aus dieser äußersten Perspektive können wir beurteilen, was wir tun oder lassen.

3. Schließlich gilt es, »die Differenz zwischen Gesellschaft und Kapitalismus so groß wie möglich zu machen«[138], also die Räume

---

137 Vergleiche André Gorz: *Zur Strategie der Arbeiterbewegung im Neokapitalismus*, Frankfurt am Main 1967, S. 119-125, ders.: *Der schwierige Sozialismus*, *op. cit.*, S. 66-89.
138 Diese gängige Formulierung stammt von Claudio Napoleoni, einem katholisch-kommunistischen Ökonomen und Philosophen, dessen Kritik der kapitalisti-

und Mittel maximal zu erweitern, die die Entwicklung alternativer Gesellschaftlichkeit und den Machtdispositiven von Kapital und Staat entzogene Lebens-, Kooperations- und Tätigkeitsformen erlauben. Mit anderen Worten, es heißt, die offenstehenden »Wege aus dem Kapitalismus« auf ein Maximum zu erweitern, verstanden im Sinne eines biblischen Exodus, der sein »gelobtes Land« auf dem Wege dahin erfindet.

Die institutionellen Entscheidungsträger, die diese Politiken ins Werk setzen können, sind jedoch nicht die Akteure jener anderen Gesellschaft, die heraufkommen muß. Man darf von der Politik nur erwarten, daß sie die Freiräume schafft, in denen sich die alternativen sozialen Praktiken entwickeln können. Eine Politik, die die Multiaktivität erlaubt und dazu Anreize gibt, muß allein unter diesem Gesichtspunkt beurteilt werden, ist doch die Multiaktivität zugleich die treibende Kraft und das Ziel des Exodus, insofern sie die Lohnbeziehung relativiert und der »Arbeit« unterschiedliche Kooperationsformen entgegensetzt. Wir werden später anläßlich einer Politik, deren erklärtes Ziel »die Veränderung der Stadt« ist, veranschaulichen, daß sich der Mentalitätswandel durch den der sozialen Umwelt beschleunigt, der wiederum seinerseits durch den Mentalitätswandel beschleunigt wird. Dieses Phänomen, daß Wirkungen ihre eigene Ursache hervorbringen, nennen die Systemtheoretiker »Rückkoppelungsschleife«.

Fausto Bertinotti hat diese Zusammenhänge recht gut formuliert, ohne dabei die Rolle überzubewerten, die eine politische Partei »in der revolutionären Alternative spielen kann, die sich als ein langwieriger sozialer Veränderungsprozeß anbahnt. Dieser Prozeß umfaßt Brüche, die Formierung von Subjektivität, die Gestaltung konkreter Erfahrungen sowie ›exemplarischer‹ institutio-

schen Zivilisation vierzig Jahre lang die Debatten der radikalen italienischen Linken belebt hat. Als er im Rahmen einer öffentlichen Diskussion von einem Opponenten gefragt wurde: »Claudio, dovè la porta?« (Claudio, wo ist der Ausgang?, nämlich der aus dem Kapitalismus), hat Napoleoni geantwortet: »Es handelt sich nicht darum, aus dem Kapitalismus auszutreten, um in etwas anderes einzutreten, *ma si tratta di allargare nella massima misura la differenza fra società e capitalismo, di allargare cioè la zona di non identificazione dell'uomo con la soggetività capovolta*« (d. h., den Raum zu erweitern, in dem sich der Mensch mit der auf den Kopf gestellten Subjektivität nicht länger identifiziert).

neller Ebenen und die Fähigkeit zur theoretischen Erneuerung. (…) Der Entwurf einer anderen Wirtschafts- und Gesellschaftspolitik (…) muß zugleich die Elemente eines möglichen ›Was tun?‹ und die Skizzierung einer ›anderen Gesellschaft‹, einer ›anderen Entwicklung‹ und ›anderer Arten zwischenmenschlicher Beziehungen‹ *inszenieren*. Er muß außerdem in einer gemeinsamen Perspektive Bestrebungen und Erfahrungsebenen vereinen, die sich sonst nur getrennt und fragmentarisch ausdrücken, ohne miteinander in Verbindung treten zu können«[139]: etwa neue soziale Beziehungen, die sich der Logik des Marktes, des Geldes, der geschlechtsspezifischen Aufgabenverteilung entziehen, neue zeitliche Freiräume, die nicht der Lohnarbeit unterworfen sind, neue Produktionstechniken und ein neues Verhältnis zur Umwelt, die für das natürliche Gleichgewicht und andere Lebensformen Sorge tragen, etc. Im Zentrum all dieser Neugestaltungen steht die individuelle und kollektive Wiederaneignung der Zeit und der Zeiteinteilung.

Es ist wichtig, zu zeigen, daß *die Möglichkeit eines Jenseits der kapitalistischen Gesellschaft in deren Entwickung selbst enthalten ist*. Außerdem muß man zeigen, daß eine Sache möglich ist, damit sie es wird. In diesem Sinn will ich nun jenen Komplex von »Politiken« skizzieren, auf die ich angespielt habe. Jede einzelne von ihnen ist an sich schon wünschenswert, aber sie erhält ihren Sinn erst im Zusammenspiel mit den anderen und von diesen unterstützt. Jede von ihnen existiert bereits im Keim. Und keine von ihnen verursacht so hohe Einstiegskosten, daß nicht ihre eigene Dynamik mit ausreichender Kraft in Gang gebracht werden könnte. Aber jede für sich genommen kann auch dazu dienen, Gegenreformen zu beschleunigen, durch die die herrschenden Mächte sie dann diskreditieren. Ich werde im Folgenden einen Komplex von Politiken skizzieren, die darauf abzielen,

   1. allen ein ausreichendes Einkommen zu garantieren;

   2. die Umverteilung der Arbeit mit individueller und kollektiver Zeitsouveränität zu verbinden; und

   3. die Entfaltung neuer Formen von Gesellschaftlichkeit, neuer Kooperations- und Tauschverfahren zu fördern, die jenseits

---

139 Fausto Bertinotti, »Una domanda«, in: *Il Manifesto*, 26. Januar 1996.

der Lohnarbeit soziale Bindungen und sozialen Zusammenhalt schaffen.

1. Einkommensgarantie

Ein bedingungslos garantiertes Grundeinkommen für alle ist die erste Voraussetzung für eine Multiaktivitätsgesellschaft. Jedoch hat eine allgemeine Einkommensgarantie einen grundlegend anderen Sinn und eine grundlegend andere Funktion, je nachdem, ob dieses Einkommen a) ausreichend oder b) zu niedrig ist, um vor Not und Elend zu schützen.

a) Die Garantie eines unter dem Existenzminimum liegenden Grundeinkommens, das nach seinen Verfechtern den größten Teil der Einkünfte aus Umverteilungsprozessen ersetzen soll (also die Familien- und Wohnungsbeihilfen, das Arbeitslosen- und Krankengeld, die Sozialhilfe, die Mindestrente), hat die Aufgabe, die Arbeitslosen zur Annahme von mühsamen und erniedrigenden Niedriglohnbeschäftigungen zu zwingen. Das entspricht der neoliberalen Position der Anhänger Friedmans in der Chicagoer Schule, aber auch der von deutschen Liberalen wie Mitschke[140] und der von britischen Sozialliberalen. Für sie erklärt sich die Arbeitslosigkeit aus der Tatsache, daß zahlreiche potentielle Arbeitsplätze von niedriger Qualifikation und Produktivität nicht rentabel sind, solange sie normal bezahlt werden. Demnach muß man diese Arbeitsplätze subventionieren, etwa indem man unzureichende Niedriglöhne mit einer ebenfalls unzureichenden Grundsicherung aufstockt. Auf diese Art schafft man einen zweiten, gegen die Konkurrenz aus Billiglohnländern geschützten »Arbeitsmarkt«, der aber selbstverständlich auch vor den Bestimmungen des Arbeitsrechts geschützt ist, das damit zum Verschwinden verurteilt wird. Je geringer die Grundsicherung ausfällt, desto stärker der »Anreiz«, jede beliebige Arbeit anzunehmen, und desto stärker entwickelt sich auch ein Unternehmertum von »Sklavenhändlern«, die sich auf

---

140 Der Frankfurter Wirtschaftsprofessor Joachim Mitschke vertritt seit 1973 das Konzept eines mit der Friedmanschen Negativsteuer eng verwandten »Bürgergeldes« in Höhe des Sozialhilfe-Regelsatzes, das alle staatlichen Sozialleistungen ersetzen sollte.

Billigarbeitskräfte in äußerst instabilen Leih- und Unterverleihfirmen von Dienstleistungen spezialisiert hat.

Die Ende Juli 1996 durch Präsident Clinton legalisierte amerikanische *Workfare* verknüpft den Anspruch auf eine sehr niedrige Grundsicherung (die *Welfare*) mit der Verpflichtung, eine kaum oder gar nicht bezahlte »gemeinnützige« Arbeit im Dienst einer Gemeinde oder einer öffentlich anerkannten Vereinigung zu leisten. Die *Workfare* hat in Frankreich wie in Deutschland zahlreiche Anhänger. In Deutschland haben die Gemeinden damit begonnen, Langzeitarbeitslosen die Streichung ihrer Sozialhilfe anzudrohen, wenn sie nicht »gemeinnützige« Aufgaben (wie Putz-, Erd- und Aufräumungsarbeiten etc.) zu einer Entschädigungszahlung von 2 DM pro Stunde für Transport- und Kleidungskosten erfüllen.

Alle Formen von Workfare stigmatisieren die Arbeitslosen als Versager und Faulenzer, die von der Gesellschaft berechtigterweise und zu deren eigenem Besten zur Arbeit zu zwingen sind. Die Gesellschaft überzeugt sich so selbst von der Ursache der Arbeitslosigkeit: Diese Ursache seien die Arbeitslosen selbst. Sie besäßen weder die Qualifikationen noch die sozialen Kompetenzen, noch den notwendigen Willen, um einen Arbeitsplatz zu erhalten. Man könne sie folglich nur mit den niedrigsten Aufgaben beschäftigen. In Wirklichkeit liegt die erhöhte Arbeitslosenquote von unqualifizierten Kräften nicht an deren mangelnden beruflichen Fähigkeiten. Vielmehr erklärt sie sich durch die Tatsache, daß (sowohl in Frankreich als auch in Deutschland) ein Drittel der qualifizierten oder hochqualifizierten Personen mangels Alternative Arbeitsplätze ohne Qualifikationsanforderungen besetzen und so jene verdrängen, die sie normalerweise einnehmen würden. Statt der Subvention unqualifizierter Arbeitsplätze über den Umweg eines Grundeinkommens sollte man also besser die Umverteilung qualifizierter Arbeitsplätze subventionieren und also deren Arbeitszeiten drastisch verkürzen.[141]

Neben der ultrakonservativen Konzeption der *Workfare* gibt es jedoch noch eine postfordistische Konzeption, die z.B. von Yoland Bresson vertreten wird. Er befürwortet ein allgemeines und bedin-

---

141 Vergleiche zu diesem Thema den Artikel von Philippe Frémaux, »Rééquilibrer le marché du travail«, in dem hervorragenden Dossier von Guillaume Duval: *Alternatives Économiques*, 135, März 1996, S. 34f.

gungsloses »Existenzgeld« von 275 Euro monatlich, das die Arbeitslosenunterstützung ersetzen soll und zugleich die Akzeptanz von Teilzeitarbeit oder flexiblen Arbeitszeiten mit flexibler Entlohnung erleichtern soll. »Diskontinuierliches Arbeiten kommt auf uns unabwendbar zu, und man muß allen die Möglichkeit geben, sich in das neue System einzufügen. (...) Existenzgeld ist dafür ein geeignetes Hilfsmittel, kein Selbstzweck.«[142]

Nach dieser Auffassung soll »Existenzgeld« diskontinuierliche Beschäftigungsverhältnisse *ermöglichen*, ja sogar dazu *anreizen*. Aber wem nutzt das? Das ist die entscheidende Frage. Tatsächlich bedeutet ein sehr niedriges Grundeinkommen nämlich eine Subvention zugunsten der Arbeitgeber. Es erlaubt ihnen, unterhalb des Subsistenzniveaus entlohnte Arbeit geleistet zu bekommen. Was es aber den Arbeitgebern ermöglicht, zwingt es den Arbeitnehmern auf. Da es ihnen an einem ausreichenden »Existenzgeld« fehlt, sind sie permanent auf der Suche nach einer Aushilfstätigkeit oder einer Zeitarbeit und damit zu einem multiaktiven Lebensprojekt unfähig. Das »Existenzgeld« läßt eine gewaltige Beschleunigung der Deregulierung, Prekarisierung und »Flexibilisierung« der Beschäftigungsverhältnisse und der Ersetzung der Lohnbeziehung durch eine Handelsbeziehung zu. So erweist sich das kontinuierliche Grundeinkommen bei diskontinuierlicher Arbeit als zweischneidig. Es sei denn, natürlich, *die Unterbrechungen und Diskontinuitäten der Erwerbstätigkeit liegen nicht im Ermessensspielraum des Kapitals, sondern hängen von dem individuellen und kollektiven Recht der Arbeitnehmer auf souveräne Zeiteinteilung ab.* Davon wird später die Rede sein.

b) Ein allen garantiertes, *ausreichendes* soziales Grundeinkommen untersteht einer umgekehrten Logik: Es soll nicht mehr diejenigen, die es beziehen, zu jeder beliebigen Arbeit unter allen Bedingungen zwingen, sondern es zielt auf deren Befreiung von den Zwängen des Arbeitsmarktes ab. Es soll ihnen ermöglichen, »unwürdige« Arbeit und Arbeitsbedingungen abzulehnen, und es soll darüber hinaus *einem sozialen Umfeld zugehören, das jedem Einzelnen erlaubt, jederzeit zwischen dem Nutzwert seiner Zeit*

142 Yoland Bresson in: *Partage*, Februar-März, 1995.

und ihrem Tauschwert zu entscheiden, das heißt zwischen den »Gebrauchswerten«, die er durch den Verkauf seiner Arbeitszeit erwerben, und den Nutzwerten, die er durch eigenständige Verwendung dieser Zeit schaffen kann.

Das allgemeine und ausreichende Grundeinkommen (in den folgenden Kapiteln komme ich darauf noch ausführlicher zurück) darf nicht als eine Art *Unterstützung* oder gar Sozialhilfe verstanden werden, das die Einzelnen vom Wohlfahrtsstaat abhängig macht. Sondern es ist ganz im Gegenteil im Sinne der von Anthony Giddens so genannten *generative policy*[143] zu verstehen. Danach soll es Einzelnen und Gruppen verstärkt Möglichkeiten zu Selbstverantwortung und ein größeres Gestaltungsvermögen ihres Lebens und ihrer Lebensbedingungen geben. Es soll nicht von aller Arbeit entheben, sondern im Gegenteil das Recht auf Arbeit zu einem wirklichen Recht machen: Nämlich nicht als das Recht auf abstrakte »Arbeit«, die einem zur Verrichtung »gegeben« wird, sondern auf konkrete Arbeit, die man, ohne dazu genötigt zu sein und ohne deren Rentabilität und Tauschwert berechnen zu müssen, macht.

Demnach ist das allgemeine, ausreichende Grundeinkommen von der Entwicklung von und dem Zugang zu Möglichkeiten nicht zu trennen, die Selbsttätigkeit zulassen und fördern, durch die also Einzelne oder auch Gruppen über ihre frei gewählte Arbeit einen Teil der von ihnen definierten Bedürfnisse und Wünsche befriedigen können. Deshalb sind die Diskussionen über die Höhe eines ausreichenden Grundeinkommens an sich nicht sehr sinnvoll. Sie verlagern die aktuellen Veränderungen der Lohngesellschaft, die über diese hinausweisen, in diese zurück und versuchen, das allgemeine Grundeinkommen durch fiskalische Umverteilung zu finanzieren. Damit lenken sie aber gerade vom Kern der Frage ab, die sich aus diesen Veränderungen selbst ergibt. Die Rückläufigkeit der Lohnarbeit, des Arbeits- und Dienstleistungsmarktes und die Entfaltung von nicht-monetären Tauschbeziehungen und von Selbstversorgung sind dagegen die Perspektive, die sich uns öffnet und die wir einnehmen müssen. Selbstversorgung könnte, nach Frithjoff Bergmann, leicht 70% der Bedürfnisse und Wünsche in je zwei Arbeitstagen pro Woche befriedigen.

143 Anthony Giddens: *Jenseits von Links und Rechts. Die Zukunft radikaldemokratischer Politik*, Frankfurt am Main 1977

Die gegenwärtig diskutierten Ansätze müssen auf dieser Grundlage danach bewertet werden, ob sie sich dieser Zielvorstellung
annähern oder sich von ihr entfernen, ob sie diese Perspektive eröffnen oder sie verstellen, ob sie die Notwendigkeit eines Bruchs
belegen oder ignorieren.

In solchem Sinne ist übrigens auch das allgemeine, ausreichende
soziale Grundeinkommen an der Wende vom 19. zum 20. Jahrhundert von den libertären Sozialisten und Kommunisten, z. B. Bel-
lamy und Popper-Lynkeus, befürwortet worden. Für sie ging es
nicht darum, Lohnarbeit neu zu verteilen oder zu »teilen«, sondern
die Lohnabhängigkeit, den Arbeitszwang, den Staat und das kapitalistische Unternehmen abzuschaffen. In diesem Sinne argumen-
tierten auch die französischen Distributisten im Anschluß an die
Theorien von Jacques Duboin ebenso wie die von Proudhon geprägte intellektuelle Bewegung »L'Ordre nouveau« (Robert Aron,
Arnaud Dandieu, Alexandre Marc) in den dreißiger Jahren sowie
Paul Goodman und Robert Theobald in den Vereinigten Staaten
und die deutschen »Grünen«, die zu Beginn der achtziger Jahre
diese Tradition weitgehend erneuerten.

Die von Michael Opielka verfaßten und herausgegebenen Schriften sind eine eingehendere Betrachtung wert.[144] Die Forderung
eines garantierten Grundeinkommens ist, so Opielka, sinnlos,
wenn sie nicht derart konzipiert und mit anderen Forderungen verkoppelt wird, daß sie innerhalb des kapitalistischen Systems zwar
realisierbar ist, aber »über das kapitalistisch-industrialistische
System hinausweist«. Diese anderen Forderungen (die ich im Folgenden noch präzisieren werde) sind hauptsächlich: 1. Das Grundeinkommen muß »systematisch mit einer Konzeption vom Arbeitsumverteilung verkoppelt werden – ohne dafür das ›Recht‹ auf
Arbeit mit der ›Pflicht‹ zu ihr zu verschränken«. 2. Es muß mit
einem »einlösbaren Recht auf eigene Produktivmittel« verbunden
sein. Denn ohne diese bliebe es »in der kapitalistischen Logik gefangen«.

144 Vergleiche insbesondere Michael Opielka (Hg.), *Die ökosoziale Frage*, Frankfurt
am Main 1985; ders. und Ilona Ostner (Hg.), *Umbau des Sozialstaats*, Essen
1987; ders. und Georg Vobruba, *Das garantierte Grundeinkommen*, Frankfurt
am Main 1986. Ich zitiere im Folgenden aus letzterem Band den Beitrag von
M. Opielka und Gudrun Stalb, »Das garantierte Grundeinkommen ist unabdingbar, aber es genügt nicht«.

Das Recht auf »eigene Produktivmittel« verdient besondere Beachtung. Denn allein dieses Recht, als einlösbares, befähigt die Menschen, sowohl »die Abhängigkeit vom Arbeitgeber und den sozialen Bezügen des kapitalistischen Industriesystems« als auch »die Abhängigkeit vom Staat als Versorger« zu durchbrechen. »Wofür das garantierte Grundeinkommen (also) wegbereitend sein soll, ist die Aneignung der Arbeit.«

Für den Manufaktur- und den modernen Industriekapitalismus galt es von Anfang an, den Arbeitern die Aneignung ihrer Arbeit zu verbieten. Das Kapital, also die Herren der Manufaktur- oder Industriebetriebe, setzten alle möglichen Mittel ein, um die Macht der bis dahin selbständigen Arbeiter über deren Arbeitsmittel, Arbeitszeit und Erzeugnisse zu brechen und sie zur Lohnarbeit und in Lohnabhängigkeit zu zwingen. Die vom Kapital eingesetzten Produktionsmittel waren – und bleiben es bis heute weitgehend – derart beschaffen, daß sie den Arbeitgebern den Alleinbesitz der Arbeitsmittel und die unbegrenzte Macht über die Arbeitsteilung, die Arbeitszeit und die unmittelbaren Ergebnisse der Arbeit sicherten. Entsprechend hat die kapitalistische Gesellschaft die Menschen in einer Weise geschult und sozialisiert, die sie zu fremdbestimmter, funktional spezialisierter Arbeit tauglich macht, zu Eigenarbeit, Selbstversorgung und Muße aber unfähig.

Nun hat der seit Ende der achtziger Jahre sich beschleunigende technologische Wandel die Monopolisierung der Arbeits- und Produktionsmittel durch das Kapital gebrochen und Vorraussetzungen für eine Wiederaneignung der Arbeit geschaffen. Wissen und nicht in gigantischen Anlagen und Maschinerien akkumuliertes Kapital, lebendige Arbeit und nicht tote Arbeit, »Humankapital«, nicht Sachkapital werden zur wichtigsten Produktivkraft. Und zwar zu einer Produktivkraft, an der sich kein Alleinbesitz, kein Monopol gewinnen läßt und die dank der Verbreitung und Verbilligung von allgemein zugänglichen Kommunikations- und computergesteuerten Fertigungssystemen jedem und jeder, allein oder auf gemeinsamer Basis potentiell unbegrenzte Selbstversorgungs- und Selbsttätigkeitsmöglichkeiten eröffnet. Für die Gesellschaften des Nordens wie des Südens öffnet sich der Ausweg aus dem kapitalistisch-industrialistischen System in Richtung einer »people's economy«, in welcher Lebensstandard und Lebensqualität weit mehr von der Dichte der lokalen, vernetzten, selbstorganisierten Selbstversorgungseinrichtungen abhängen als von der Höhe des Geldeinkommens. Das garantierte Grundeinkommen hat aus dieser Perspektive nicht die Funktion, »ein Leben ohne Arbeit« zu ermöglichen, sondern, wie Frithjoff Bergmann sagt, »die Arbeit von der Tyrannei des Lohnsystems zu befreien« und in Selbsttätigkeit aufzuheben.[145]

Ich habe die Forderung eines bedingungslos gesicherten Grundeinkommens lange abgelehnt. Und dies nicht etwa, weil ich – wie die Anhänger von Rawls – »Arbeit« als ein »Gut« angesehen hätte, das die Gesellschaft gerecht verteilen sollte. Sondern ganz im Gegenteil, weil ich Arbeit als eine für alle Gesellschaften geltende ökonomische Notwendigkeit ansah, von der man Menschen nur gänzlich entlasten kann, wenn man andere verstärkt damit belastet. Also forderte ich, daß ein allen lebenslänglich gesichertes Grundeinkommen mit der Pflicht aller verbunden würde, in ihrem Leben das Mindestmaß von Arbeit zu leisten, das für die Schöpfung der dem Grundeinkommen entsprechenden Gebrauchswerte notwendig ist. Dieses Mindestmaß, das sich gegenwärtig im Norden auf kaum 20 000 Stunden belaufen dürfte, sollte jeder Mensch beliebig über sein ganzes Leben verteilen können, indem er entweder diskontinuierlich arbeitet oder z. B. ununterbrochen 40 Jahre lang durchschnittlich 500 Stunden pro Jahr leistet. Arbeit wäre die Gegenleistung, die zu dem von der Gesellschaft geleisteten Sozialeinkommen berechtigt, und letzteres ein Bürgerrecht, nicht eine Entlohnung. Das Arbeitssoll sollte natürlich mit dem Anstieg der Produktivität abnehmen.[146]

Dieses Modell leitete zwar den Ausstieg aus der Arbeitsgesellschaft und die Aufhebung der Lohnarbeit in die Wege, blieb aber in der Logik einer fordistisch-industrialistischen Arbeitsteilung gefangen. Es war mit den durch den Postfordismus und dem Übergang zu einer Wissensökonomie eröffneten Perspektiven nicht vereinbar. Deshalb und aus vier weiteren (im Folgenden unter a bis

145 Vergleiche A. Gorz, »Enteignung und Wiederaneignung der Arbeit«, in: »Wo bleibt die Arbeit?« *Gewerkschaftliche Monatshefte* 6-7/1998, S. 349-52.
146 Vergleiche A. Gorz, *Wege ins Paradies*, Berlin 1983, S. 66-76.

d) besprochenen Gründen gebe ich es zugunsten der Forderung eines *bedingungslos* garantierten ausreichenden Grundeinkommens auf.

Plädoyer für die Bedingungslosigkeit

a) Wenn Intelligenz und Phantasie (der *general intellect*) zur Hauptproduktivkraft werden, hört die Arbeitszeit auf, das Maß der Arbeit zu sein. Die Arbeitszeit ist dann überhaupt nicht länger mehr meßbar, und der hergestellte Gebrauchswert steht in keinem Verhältnis zu der für die reine Herstellung aufgewendeten Zeit. Diese kann je nach Personen und materiellem oder immateriellem Charakter ihrer Arbeit stark variieren. Die kontinuierliche, nach der Arbeitszeit bezahlte Lohnarbeit hingegen sinkt rapide. Es wird immer schwieriger, ein Mindestmaß an Arbeit zu definieren, das von jeder und jedem in einer bestimmten Zeit zu leisten ist. Es ist unmöglich, die Arbeitszeit von Selbständigen, Künstlern und denjenigen, die immaterielle Dienste anbieten, zu messen. Nur ein Grundeinkommen kann ihnen den Anreiz bieten, ihre beruflichen Aktivitäten zu Gunsten eines multiaktiven Lebens zu reduzieren – ja, erlaubt ihnen dies in den meisten Fällen überhaupt erst. Nur ein Grundeinkommmen bewahrt sie vor dem Kampf auf einem überfüllten Arbeitsmarkt um ein Körnchen der in ihrer Gesamtheit immer weiter gekürzten Lohnsumme, die die Arbeitgeber ausschütten. Das *allgemeine* und *bedingungslos garantierte* Grundeinkommen, das zusammen mit dem Einkommen aus einer Arbeit beziehbar ist, stellt also (in einem Kontext, den ich später genauer beschreiben werde,) die beste Handhabe dar, um so weitgehend wie möglich sowohl die bezahlte Arbeit als auch die unbezahlten Aktivitäten umzuverteilen.

b) Warum, wird oft gefragt, sollten sich die Menschen für bezahlte, gesamtgesellschaftlich notwendige Arbeit noch hergeben, wenn sie dank eines Grundeinkommens und Selbstversorgungsarbeit auch ohne Erwerbstätigkeit gut auskommen könnten? Diese Frage dürfte eigentlich nur von denjenigen gestellt werden, für die Arbeit eine widrige Nötigung ist und die deshalb nicht einsehen, warum andere sich ihr entziehen dürfen, wenn sie sich selbst ihr unterwerfen müssen. Diejenigen hingegen, für die eine Arbeit Wert hat, die sie als Selbstverwirklichung und Selbstbehauptung ansehen und nutzen können, müßten die Meinung vertreten, daß Lust und Freude am Arbeiten mit Arbeitszwang unvereinbar sind und durch dessen Abwesenheit erhöht werden.[147]

In Wirklichkeit befürchten hauptsächlich Arbeitgeber, deren Macht über die Arbeitenden sich allein durch die Unfreiwilligkeit der Arbeit aufrechterhalten läßt, die Abschaffung des Arbeitszwangs. Lange konnten sie mit der Unterstützung der unfreiwillig Arbeitenden rechnen. Denn es galt als selbstverständlich, daß, wer nicht arbeitet, auf Kosten der Arbeitenden lebt und daß folglich der Arbeitszwang für alle gelten müsse. Bis heute verteidigen die traditionelle Linke und die neoliberale Rechte diese Behauptung. Beide fordern, daß all diejenigen, deren Arbeitskraft das kapitalistische Wirtschaftssystem nicht mehr zu verwerten weiß, zu gemeinnützigen (oder auch nutzlosen) Billiglohnarbeiten gezwungen werden. »Workfare« statt »Wellfare« lautet die Parole.

Die Befürworter dieses Workfare stoßen aber auf folgende Schwierigkeit: Woraus soll die obligatorische Arbeit bestehen, die als Gegenleistung zum Grundeinkommen gefordert wird? Wie soll man sie bestimmen, messen, verteilen? Und wie soll man andererseits verhindern, daß die obligatorische Arbeit in Konkurrenz tritt zu einer wachsenden Anzahl von normal entlohnten Tätigkeiten und öffentlichen Anstellungen und diese möglicherweise verdrängt?

Die Antwort zum Beispiel von Claus Offe und Jeremy Rifkin besteht darin, die obligatorische Arbeit in einem dritten Sektor von Tätigkeiten anzusiedeln, der auf Bedürfnisse eingeht, die nicht zahlungskräftig und im Rahmen einer Marktwirtschaft nicht rentabel sind, etwa »ehrenamtliche und gemeinnützige Tätigkeiten im Pflege- und Erziehungsbereich im Rahmen offiziell anerkannter Verbände«. Das allgemeine Grundeinkommen diente so zur Schaf-

---

147 Vergleiche zu diesem Thema den hervorragend argumentierenden Essay von Lynn Chancer, »The Case for Guaranteed Income in Principle«, in: Stanley Aronowitz und Jonathan Cutler (Hg.), *Post-Work*, New York und London 1998, S. 81-128.

fung »eines postindustriellen Haushaltssektors«.[148] Es würde so zur Entlohnung freiwilliger Arbeit im Dienste von Verbänden mit anerkannt gemeinnütziger Zielsetzung dienen: zur Entlohnung pflichtmäßiger freiwilliger Arbeit.

Einen verwandten Vorschlag finden wir bei Diane Elson: »Ein allgemeines, den Lebensunterhalt ohne Erwerbsarbeit abdeckendes Grundeinkommen müßte an die Verpflichtung aller arbeitsfähigen Erwachsenen zur Erfüllung von Haus-, Pflege- und Fürsorgearbeit gebunden sein. Personen, die bereits für ein Kind, einen Kranken und eine behinderte Person sorgen, sollen von dieser Regelung ausgenommen werden.«[149]

So führt in dem einen Fall (bei Offe) die Sorge, für das Grundeinkommen eine Gegenleistung in Arbeit zu finden, die nicht in Konkurrenz zur normalen Lohnarbeit steht, dazu, diesen Widersinn von pflichtmäßiger Freiwilligkeit zu veranschlagen. Seine perversen Folgen sind offenkundig: Er stellt den wirklich Freiwilligen die Mithilfe pflichtmäßig Freiwilliger zur Verfügung, die dadurch Gefahr laufen, als untergeordnete Mitarbeiter behandelt und zu weniger dankbaren Aufgaben verurteilt zu werden. Denn sie tun das, was die wirklichen Freiwilligen umsonst und aus Überzeugung leisten, nur in Hinsicht auf ihr Grundeinkommen – oder zumindest stehen sie *a priori* unter diesem Verdacht. Die pflichtmäßig wohltätige Arbeit wird folglich zur Falle, denn sie wird entwertet.

In dem anderen Fall (bei Elson) verwischt die den Empfängern des Grundeinkommens aufgezwungene Verpflichtung zur Hausarbeit (absichtlich) die Unterscheidung zwischen Produktions- und Reproduktionsarbeit. Diese wird jener angeglichen und für etwas gehalten, das an deren Stelle sein könne oder müsse. Der private Charakter häuslicher Tätigkeiten wird so verleugnet. Die Verpflichtung der Eltern ihrem Kind gegenüber oder des Erwachsenen gegenüber seinen betagten Eltern wird zu einer gesellschaftlichen Verpflichtung erklärt und unter öffentliche Kontrolle gestellt. Spontane, beziehungsintensive Tätigkeiten – deren Spontaneität

148 Claus Offe, »Freiwillig auf die Anteilnahme am Arbeitsmarkt verzichten«, in: *Frankfurter Rundschau*, 19. Juli 1995.
149 Diane Elson, »Market Socialism or Socialisation of the Market?«, in: *New Left Review*, 172, November-Dezember 1988, S. 29.

gerade ihren affektiven Wert ausmacht – werden verwaltungsmäßig kontrolliert und normalisiert.[150]

In beiden Fällen erhält das Grundeinkommen den Sinn einer Entlohnung für familiäre Tätigkeiten, die so unvermeidbar in den Sog der Erwerbsarbeit geraten. Um Anspruch auf das Grundeinkommen zu haben, muß man entweder Kinder aufziehen oder sich um Kinder und den Haushalt anderer Personen kümmern oder im Rahmen einer Vereinigung »freiwillig« arbeiten. Tätigkeiten, die ihren Sinn gerade aus Selbstlosigkeit ziehen, dienen als Mittel, sich ein Einkommen zu sichern. Die Liste der »der Arbeit vergleichbaren« Tätigkeiten kann nun bedenkenlos auf künstlerische, kulturelle, religiöse oder sportliche Aktivitäten ausgedehnt werden.

Tatsächlich hat sich in allen Ländern oder Städten – allen voraus in New York und später in Großbritannien –, in denen das Recht auf eine Wohnung und ein Sozialeinkommen plus Warmmiete alleinerziehenden Müttern von Kleinkindern vorbehalten wurde, die Anzahl und der Prozentsatz alleinerziehender und insbesondere minderjähriger Mütter sprunghaft erhöht. Mutterschaft wurde für Arbeits- und Mittellose die zugänglichste Erwerbsmöglichkeit. In Frankreich, wo die Sozialunterstützung alleinstehender Mütter drei Jahre nach der Geburt des Kindes abnimmt (ab drei wird es in kostenlosen *Écoles maternelles* betreut), setzen viele alleinstehende Mütter mit großer Regelmäßigkeit alle drei Jahre ein weiteres Kind in die Welt.

Die Einführung eines »Mutterlohns« oder eines ausreichenden »Erziehungsgehalts« würde *im Rahmen der Erwerbsarbeitsgesellschaft* die gleichen perversen Folgen zeitigen. Elterliche Erziehungs- und Sorgetätigkeiten würden als eine *Bedingung* gelten, die zum Anspruch auf ein Sozialeinkommen berechtigt, und mit einer Erwerbsarbeit gleichgesetzt, ja, sie würden sich für Arbeits- und Mittellose *in eine obligatorische Erwerbsarbeit unter anderen* verwandeln. Das gleiche gilt natürlich für alle anderen nicht-ökono-

---

150 Der Staat von Singapur hat kürzlich ein Gesetz erlassen, das die Kinder verpflichtet, sich um ihre betagten Eltern zu kümmern. Das brachte die besagten Kinder dazu, eine Bestätigung von ihren Eltern einzufordern. Die Fürsorge derjenigen, die sich spontan um ihre Eltern kümmerten, wird auf diese Weise durch eine Verpflichtung dem Staat gegenüber abgewertet. Und diejenigen, die sich nicht um ihre Eltern kümmern, werden keine großen Schwierigkeiten haben, sie zur Unterzeichnung der Bescheinigungen aus Gefälligkeit zu veranlassen.

mischen Aktivitäten, die das Recht auf ein Grundeinkommen bedingen – namentlich für die »Bürgerarbeit«, die Ulrich Beck als Gegenleistung zum Recht auf »Bürgerlohn« vorschlägt.[151]

Sicher ist in Becks Vorschlag nicht zu unterschätzen, daß er das mit Bürgerarbeit gekoppelte Bürgereinkommen ausdrücklich als einen »ersten Schritt« des Austritts aus der Arbeitsgesellschaft auffaßt. In dieser Hinsicht unterscheidet sich sein Konzept von Claus Offes und Jeremy Rifkins – u. a. m. – Auffassung eines dritten Sektors, der hauptsächlich für die Beschäftigung strukturell überflüssiger Arbeitskräfte bestimmt ist. Beck hebt mit Nachdruck hervor, daß Bürgerarbeit kein vom Gemeinwesen abgetrennter Sektor – kein Ghetto, kein Armenhaus – sein darf. Sie soll im Gegenteil jeder und jedem zu jeder Zeit als freiwillig gewählte Alternative zur Erwerbsarbeit zugänglich sein, und zwar sowohl während der Unterbrechungen des Erwerbsverlaufs als auch im Rahmen des letzteren. Sie soll auf die Möglichkeit einer anderen Gesellschaft und Ökonomie – auf »das Gegenmodell zur Arbeitsgesellschaft« – hinweisen und es vorwegnehmen. Letztendlich aber sollte sie den Rückgang und das Absterben der Lohnarbeit beschleunigen und selbst zur wichtigsten Tätigkeitsform werden: zu einer selbstorganisierten, selbstbestimmten Selbsttätigkeit, »bei der das, was getan werden soll, ebenso wie die Art, wie es getan werden soll, in den Händen derjenigen liegt, die es tun«. Die Perspektive, die sich hier abzeichnet, ist die des in der britischen Linken (links von New labour) populären Modells der »productive democracy«.

Was hält uns davon ab, anzunehmen, daß nicht die Bürgerarbeit die Bedingung für den Bezug eines Bürgereinkommens sei, sondern im Grunde gerade umgekehrt, Bürgergeld die Bedingung für das freiwillige, eigenständige Engagement in selbstgewählten Aktivitäten? Sollten wir nicht die übliche Auffassung von (Erwerbs-)Arbeit umdrehen und sagen: (Bürger-)Arbeit ist nicht das Mittel zum Geldverdienen, sondern (Bürger-)Geld das Mittel zur (Bürger-)Arbeit, welche sich als Selbstzweck gilt?

Beck scheint genau das andeuten zu wollen. Er stellt Bürgerarbeit als eine von Erwerbsarbeit grundsätzlich unterschiedliche, nicht-instrumentelle Tätigkeit dar. Sie hat ihre Bezahlung nicht

---

151 Ich beziehe mich im Folgenden auf die jüngste Fassung von Becks »Modell Bürgerarbeit« in: *Schöne neue Arbeitswelt*, Frankfurt/New York 1999, S. 125-133.

zum Zweck. Sie ist »Protestarbeit«, insofern sie Anliegen aufgreift, »die von der Verwaltung vernachlässigt« sind. »Sie mobilisiert und integriert auch Protestbewegungen« gegen Mißstände, die sie abzubauen unternimmt. Sie ist der Ort »schöpferischen Ungehorsams« und Experimentierens. Sie ist »organisierte Spontaneität«, die Menschen dazu anspornt, »sich weder Vorschriften noch Hierarchien zu beugen« und »einen Gegenakzent zur organisierten Phantasielosigkeit der Kommunalverwaltung, der Arbeitsämter, der Sozialfürsorge etc.« zu setzen. Sie schafft »eine Kultur der Kreativität, d. h. einen öffentlichen Raum, in dem experimentelle Vielfalt möglich ist«.

Das hört sich an, als könnten alle, die sich für »soziale, gemeinnützige Zwecke« einsetzen, für ihre Projekte mit Bürgergeld rechnen. Nur beiläufig erfährt der Leser, daß die Projekte für Bürgerarbeit von kommunalen »Bürgerausschüssen« »beraten, legitimiert« und also bewilligt sein müssen. Damit aber stellt sich dann wieder die entscheidende Frage: Was ist unter »sozialen, gemeinnützigen Zwecken« zu verstehen? Wer wird auf Grund welcher Kriterien entscheiden, ob ein Projekt es verdient, bewilligt zu werden? Kann man von einem kommunalen Ausschuß erwarten, daß er, ohne Druck und Zensur auszuüben, »schöpferischen Ungehorsam«, schöpferisches Experimentieren und kreative Phantasie auf den Gebieten von Kunst, Erziehung, Selbstversorgung, alternativer Technologie, Wiederaneignung von Produktionsmitteln, Aufhebung von Geldbeziehungen, Selbsthilfenetzwerken etc. gutheißt? Braucht es nicht, um die Autonomie des Politischen gegenüber der (kapitalistischen Markt-)Wirtschaft durchzusetzen, um die produktive Demokratie, die Neugründung der Gesellschaft und des sozialen Zusammenhalts jenseits von Arbeit und Profit aufzubauen, ein *bedingungsloses*, der Zensur der herrschenden Mächte und Institutionen entzogenes Recht auf Bürgergeld, und zwar nicht nur für diejenigen, die aus dem Arbeitsmarkt ausgeschlossen sind, sondern auch für diejenigen, die in ihn nie eingetreten oder freiwillig aus ihm ausgetreten sind?

Kann es überhaupt Freiwilligkeit geben, wenn man zum Überleben keine andere Wahl hat als sich »freiwillig« für Bürgerarbeit zu melden? Unterscheidet sich für diejenigen, die mittel- und aussichtslos dastehen, Bürgerarbeit wirklich von erzwungener, unfrei-

williger Lohnarbeit und Bürgergeld von Lohn? Und wenn schließlich der Zweck von Bürgerarbeit »sozial gemeinnützig« sein soll,
werden nicht von Anfang an die sinnschöpfenden Aktivitäten aus-
geschieden, die – wie etwa erzieherische, künstlerische, philosophische etc. – nicht-sozialisierbar und nicht-normalisierbar bleiben
müssen?

Sicher werden wir das Recht auf ein bedingungslos garantiertes
Grundeinkommen nicht von heute auf morgen gewinnen. Es wird
nicht schlagartig zustande kommen. Es gibt bereits und wird auch
weiterhin Zwischenschritte auf es zu geben. Wenn man aber in der
Übergangsperiode die Einführung eines Grundeinkommens noch
an eine Gegenleistung knüpfen will, muß diese Gegenleistung so
beschaffen sein, daß *man sie ihrer Bezahlung wegen übernehmen
kann, ohne sie dadurch ihres Sinns zu berauben.*
    Sollte diese Bedingung unerfüllbar sein – was sie gegenwärtig
auch ist –, und will man dennoch, daß das allgemeine Grundeinkommen die Entwicklung von freiwilligen Tätigkeiten und künstlerischen, kulturellen, familiären und kooperativen Aktivitäten
fördert, muß es demnach für alle bedingungslos gewährleistet sein.
Denn nur *seine Bedingungslosigkeit kann die Unbedingtheit der
Aktivitäten wahren,* die nur um ihrer selbst willen ausgeführt sinnvoll sind. Nach langem Widerstand schließe ich mich also den
Anhängern eines *ausreichenden* (und nicht minimalen) Grundeinkommens an. Ich sehe darin das einzige Konzept, das einerseits die
Freiwilligkeit aufrechtzuerhalten vermag und andererseits die Aktivitäten, die nur als Selbstzweck Wert haben, der Sozialisierung
und Ökonomisierung entzieht und sie zugleich *allen zugänglich
macht.*
    Vieles weist bereits in diese Richtung. Die Forderung eines ga-
rantierten ausreichenden Grundeinkommens hat ihren »utopi-
schen«, »weltfremden« Charakter verloren, seit sie im Winter
1995-96, im Verlauf großer Protestaktionen von französischen Ar-
beiter- und Arbeitslosenbewegungen übernommen wurde. Gemeinsam forderten sie für alle Erwerbs- und Mittellosen ein
»soziales Mindesteinkommen« von ca. 1500,– DM. Trotz der Un-
annehmlichkeiten, die der Streik der Eisenbahnen, der städtisch-
öffentlichen Verkehrsmittel der Bevölkerung bereitete, unter-

stützte diese mehrheitlich die Aktionen, und ihre Entschlossenheit und Dynamik hatte auch die Gewerkschaftsorganisationen überrascht.

Dieser in Frankreich gelungene Durchbruch blieb auch in den Nachbarländern nicht wirkungslos. Zum ersten Mal bildet sich in Europa eine breitere soziale Basis für eine Forderung, die über die (Erwerbs-)Arbeitsgesellschaft hinausweist. »Die Attraktivität und der Charme der Existenzforderung«, schreibt Reiner Hentel, »besteht gerade darin, politische Bündnisse zwischen einem sehr heterogenen Spektrum gesellschaftlicher Reformkräfte zu ermöglichen, das von institutionell orientierten Kräften wie Umwelt- und Naturschutzverbänden, Gewerkschaften, Frauengruppen und Vertretern der Wohlfahrtsverbände bis zu den eher gegeninstitutionell ausgerichteten Betriebsgruppen, Arbeitsloseninitiativen, SozialhilfeempfängerInnen und MigrantInnengruppen reicht. Exakt die Konstitution eines solchen gesellschaftlichen Bündnisses ›fortschrittlicher Kräfte‹ (…) scheint die ganz zentrale Vorbedingung dafür zu sein, an eine den Kapitalismus transzendierende politische Perspektive denken zu können.«[152]

c) Das allgemeine Grundeinkommen ist einer Entwicklung am angemessensten, die das »allgemeine gesellschaftliche Wissen, *knowledge*, zur unmittelbaren Produktivkraft«[153] macht und die die unmittelbare Arbeitszeit auf ein weniges reduziert verglichen mit der Produktions-, Reproduktions- und erweiterten Reproduktionszeit von Fähigkeiten und Kompetenzen der Arbeitskraft in der sogenannten immateriellen Produktion. Wieviele Wochen oder Jahre der Grundausbildung, Weiterbildung und Ausbildung der Ausbilder etc. braucht man gesamtgesellschaftlich gesehen für jede Stunde, Woche oder jedes Jahr unmittelbarer Arbeit? Und dabei wiegt die Ausbildung selbst wenig gegenüber den Aktivitäten und Bedingungen, von denen die Entwicklung der kreativen, interpretativen, analytischen, synthetischen und kommunikativen Fähigkeiten abhängt, die integraler Bestandteil der postfordistischen Arbeitskraft sind. In der Ökonomie des Immateriellen »ist der Ar-

---

152 Reiner Hentel, »EXIT Paradise. Die strömende Linke und das Existenzgeld«, in: *Express*, 4/1999, S. 6.
153 Karl Marx: *Grundrisse*, S. 594 der Originalausgabe.

beiter zugleich die Arbeitskraft und derjenige, der sie befehligt«. Sie kann nicht mehr von seiner Person getrennt werden: »Arbeit, Arbeitskraft und Arbeitender kehren tendenziell zum Individuum zurück und vereinigen sich in seiner *Person*, die *sich* selbst produziert, in dem sie ihre Umwelt produziert. Und diese Produktion vollzieht sich an den Arbeitsstätten ebenso wie in den Schulen, den Cafés, auf den Sportplätzen, in Diskussionsgruppen, bei Reisen, in Theatern, Konzerten, in Zeitungen, Büchern und Ausstellungen, in den Wohnvierteln, kurz, überall da, wo die Menschen zueinander in Beziehung treten und das Universum der menschlichen Beziehungen produzieren.«[154]

In den fortschrittlichen Firmen macht die Fortbildung bereits einen Teil der als solche bezahlten Arbeit(szeit) aus. Diese Ausweitung des Arbeitsverhältnisses auf die Ausbildung ist aber insofern nicht ohne Nachteile, als sie das Ausbildungsrecht und die Art der Ausbildung von den Interessen der Unternehmen abhängig macht. Sie bildet bei den Einzelnen eine zweckmäßige und derart beschränkte Autonomie aus, daß diese kontrolliert und beherrscht werden kann. Eine der Funktionen des allgemeinen Grundeinkommens besteht dagegen darin, aus dem Anspruch auf die Entfaltung der Fähigkeiten jeder und jedes Einzelnen das unbedingte Recht auf eine Autonomie abzuleiten, die deren produktive Funktion transzendiert und Selbstzweck ist. Sie soll aus sich heraus und um ihrer selbst willen auf moralischer Ebene (als Autonomie des Werturteils) bestehen wie auf politischer (als Autonomie bei das Gemeinwohl betreffenden Entscheidungen), kultureller (als Erfindung von Lebensformen, Konsummodellen und Lebenskünsten) und existentieller Ebene (die Fähigkeit zur Selbstverantwortung und Selbstsorge, anstatt die Sorge um das, was gut für uns ist, der Entscheidung von Experten und Autoritäten zu überlassen).

In genau diese Richtung geht auch die Forderung eines bedingungslosen und unbegrenzten Rechts auf Bildung, die Ende 1997 im Mittelpunkt des wochenlangen Streiks der deutschen Studenten stand.[155]

154 André Gorz: *Zur Strategie der Arbeiterbewegung im Neokapitalismus, op. cit.*, S. 146.
155 In einem wunderschönen Kommentar schrieb die Berliner Studentin Sandra Jenssen zu diesem Thema: »Die geforderte ›marktgerechte‹ Spezialisierung der Studierenden, die man polemischer auch als Ausbildung statt Bildung auffassen

d) Das allgemeine, bedingungslose soziale Grundeinkommen ist jener Ökonomie am angemessensten, die sich jenseits der Sackgasse abzeichnet, in die die aktuelle Entwicklung eingemündet ist. Immer mehr Reichtum wird mit immer weniger Kapital und Arbeit produziert. Die Produktion verteilt in der Folge an eine abnehmende Zahl von Berufstätigen eine abnehmende Menge von Löhnen und Gehältern, wodurch die Kaufkraft eines wachsenden Anteils der Bevölkerung sinkt und Arbeitslosigkeit, Armut, unumgehbare Not sich ausbreiten. Die schnell ansteigende Produktivität von Arbeit und Kapital bringt einen Überschuß an Arbeitskraft und Kapital mit sich. Zusätzlich versucht sich dieses auch noch ohne die Vermittlung produktiver Arbeit – durch Operationen auf den Finanz- und Devisenmärkten – zu vermehren oder durch Investitionen in Billiglohnländern. Durch das sinkende Lohnaufkommen, *aber auch auf Grund der von den Staaten dem Kapital eingeräumten Steuerbefreiungen, die seine Abwanderung bremsen sollen*[156], sind die kurzfristig nicht rentablen Aktivitäten und Inve-

kann, wird nicht darüber hinwegtäuschen: Der Markt wird die Anzahl der ihm paßgerecht zugelieferten Hochschulabgänger ›optimieren‹ (…). Und was geschieht mit dem immer größer werdenden ›Rest‹, den solche Optimierungsstrategien zurücklassen? (…)

Wenn sie Schlimmes verhindern will, muß sich die Gesellschaft auf die weitere Reduzierung des Arbeitsmarktes vorbereiten (…). Kreativität, Orientierungsfähigkeit und Eigeninitiative, die die unterbeschäftigte Gesellschaft mehr denn je nötig haben wird, müssen gelernt und folglich auch gelehrt werden (…). Wer anders als die Hochschulen sollte denn den Bürger darauf vorbereiten können, seiner Überflüssigkeit kreativ zu begegnen? (…) Bildung wird als soziale Funktion, nicht nur als ökonomischer Wert erforderlich sein, um die demokratische Gesellschaft im Zeitalter der Massenarbeitslosigkeit lebensfähig zu erhalten. Es geht am Problem vorbei, zu fragen, ob wir nutzlos Geld in arbeitslose Akademiker investieren. Wir werden den gebildeten, kreativen, orientierungsfähigen, mit einem Wort den akademischen Arbeitslosen noch brauchen.« Sandra Jenssen, *Bildung statt Ausbildung,* in: *Die Zeit,* 8. 1. 1998.

156 Zwischen 1979 und 1994 stiegen die Gewinne der deutschen Unternehmen um 90%, die Löhne um 6%. Aber der Anteil der Gewinnsteuern am gesamten Steueraufkommen ist von 35% im Jahr 1960, auf 25% 1980 und auf 13% 1994 gesunken. In der gleichen Zeit ist der Anteil der Steuern auf Löhne und Gehälter von 16% im Jahr 1960 auf 30% 1980 und 36% 1994 gestiegen. Wäre der Anteil der Steuer auf die Gewinne auf dem Niveau von 1980 geblieben, wären die Steuereinnahmen um 86 Milliarden DM gewachsen, anstatt um 9% zu sinken. Vergleiche D. Eisel und G. Erb, »Vom Elend des kapitalistischen ›Sozialstaates‹«, in: *Neue Gesellschaft/Frankfurter Hefte,* 4, 1996, S. 351.

stitionen (wie Forschung, Erziehung, öffentliche Dienste und Einrichtungen, Umweltschutz etc.) nicht mehr finanzierbar. Privatisierung öffentlicher Dienste, Kürzungen von Sozialausgaben und Sozialleistungen greifen ineinander. Die gewöhnlich den Verfechtern eines sozialen Grundeinkommens gestellte Frage: »Woher wollen Sie das Geld nehmen?« verweist auf die Sackgasse, in die das System hineingeraten ist. Denn obwohl die Arbeitszeit nicht mehr als Maß des geschaffenen Reichtums dienen kann, bleibt sie immer noch die Grundlage, auf der die verteilten Einkommen und der überwiegende Anteil der staatlichen Umverteilung sowie der Staatsausgaben beruhen. *So befindet sich die Wirtschaft in einem Gefälle, wo die zur Befriedigung von individuellen und kollektiven Bedürfnissen entnommenen und umverteilten Gelder tendenziell die von der Produktion und für diese ausgegebenen Gelder übersteigen.* Auf dieser Grundlage ist nicht nur das allgemeine Grundeinkommen nicht zu finanzieren. Der ganze Staat und die gesamte Gesellschaft fallen sichtlich (besonders in Großbritannien und den Vereinigten Staaten) auseinander. Wassily Leontieff faßte die Lage in folgender Metapher: »Wenn alle Güter und Dienstleistungen ohne Arbeit zu haben wären (...), würden im Paradies alle solange an Hunger leiden, bis sich eine den veränderten Produktionsbedingungen angepaßte Einkommenspolitik durchgesetzt hätte.«[157]

Leontieff führte nicht genauer aus, an welche neue Einkommenspolitik er dachte, aber Jacques Duboin hatte bereits 1931 den »Ausweg« gezeigt und Marx 1857 (in den *Grundrissen*, die Duboin nicht kennen konnte[158]): *Die Distribution der Zahlungsmittel muß dem Umfang des gesellschaftlich produzierten Reichtums entsprechen und nicht dem Umfang der geleisteten Arbeit.*

Das sagt René Passet kurz und bündig: »Was wir heute für sekundäre Verteilung halten, wird zur primären.« Da das Sozialprodukt aus integrierten »Menschen-Maschinen-Organisations«-Systemen hervorgeht, in denen »der besondere Beitrag der Einzelnen nicht mehr meßbar ist«, wird »es zu einem wirklichen Gemeingut

---

157 Wassily Leontieff, »Die Folgen für Arbeitsplätze und Einkommensverteilung«, in: *Spektrum der Wissenschaft*, November 1982.
158 Die *Grundrisse* sind erst 1939 vom Moskauer Marx-Engels-Institut unter dem Titel *Rohentwurf* herausgegeben worden. Die erste öffentlich zugängliche Ausgabe brachte der Dietz Verlag 1953 in Berlin heraus.

(...) Die Verteilungsfrage stellt sich nicht mehr in Begriffen von kommutativer, sondern von distributiver Gerechtigkeit.«[159]

Die Distribution der Zahlungsmittel wird keine Entlohnung mehr sein, sondern das, was Duboin bereits ein »soziales Grundeinkommen« nannte. Dieses entspricht nicht mehr dem »Wert« der Arbeit (das heißt den zur Reproduktion der Arbeitskraft notwendigen Produkten), sondern den Bedürfnissen, Wünschen und Bestrebungen, zu deren Befriedigung die Gesellschaft sich die Mittel beschafft. Sie setzt die Erschaffung eines anderen, nicht zu hortenden Geldes voraus, das Passet in Anschluß an Duboin »Konsumgeld« nennt.[160]

Das ist in der Tat die Richtung der aktuellen Entwicklung. Sie macht das »Wertgesetz« hinfällig und erfordert de facto eine andere Ökonomie, in der die Preise nicht mehr die Kosten der in den Produkten und den Arbeitsmitteln enthaltenen, immer unwichtiger werdenden unmittelbaren Arbeit spiegeln und in der das Preissystem auch nicht mehr den Tauschwert der Produkte wiedergibt. Die Preise müssen notwendig politische Preise sein und das Preissystem Spiegel des gesellschaftlich gewählten Konsum-, Zivilisations- und Lebenskonzepts.[161]

Denkt man die Implikationen des allgemeinen, ausreichenden sozialen Grundeinkommens konsequent zu Ende, bedeutet es eine *Vergemeinschaftung* der gesellschaftlich produzierten Reichtümer, eine *Vergemeinschaftung*, keine »Aufteilung«. (Die Aufteilung geschieht erst anschließend, denn man kann nur unter allen aufteilen, was allen gehört, also zunächst niemandem.) Das macht René Passet deutlich, wenn er vom Sozialprodukt als einem »wirklichen Gemeingut« redet, das in kollektiver Arbeit hergestellt ist, bei der

159 René Passet, »La Sécu entre deux chaises«, in: *Transversales*, 37, Januar-Februar 1996.
160 René Passet und Jacques Robin fassen in *Transversales* eine »pluralistische Ökonomie mit Markt« und verschiedenen Arten von Geld ins Auge: ein kapitalisierbares Geld mit Konvertierbarkeit und unbeschränkter Gültigkeit; ein Geld für den Konsum mit zeitlich begrenzter Gültigkeit, das nicht gehortet werden kann; lokal gültige Geldsorten mit beschränkter Konvertierbarkeit und kurzer Gültigkeit.
161 Alle modernen Staaten arbeiten bereits mit politischen Preisen, denn alle Produkte oder Dienstleistungen sind entweder subventioniert oder mit sehr unterschiedlichen Steuern belegt (die von einigen Promille bis zum Vielfachen von 100% reichen). Das verhindert aber weder die Existenz von Märkten noch das Wissen um die Kosten, noch die Preiskonkurrenz.

sich der Beitrag der Einzelnen unmöglich ermessen läßt. Das Prinzip, nach dem »jeder seiner Arbeit entsprechend« bezahlt wird, ist überholt. Je mehr die unmittelbare Bearbeitung der Materie als Hauptproduktivkraft durch das »allgemeine Niveau der Wissenschaft (...) und ihre Anwendung in der Produktion« ersetzt wird – also durch die Fähigkeit der »sozialen Individuen«, in selbstorganisierten Kooperations- und Tauschbeziehungen aus der Techno-Wissenschaft Nutzen zu ziehen –, tritt ein vollkommen anderes Subjekt an die Stelle des »kollektiven Arbeiters«. Das Ziel ist demnach (ich paraphrasiere weiter die *Grundrisse)* »die freie Entwicklung der Individualitäten« durch »die Reduktion der notwendigen Arbeit auf ein Minimum« und durch die den Bedürfnissen angemessene Produktion von Gebrauchswerten.

Der Anspruch auf ein allgemeines, bedingungsloses und ausreichendes Grundeinkommen ist Teil dieser Perspektive. Es ist zwar nicht sofort realisierbar, muß aber von nun an gedacht und in die Wege geleitet werden. *Es hat einen heuristischen Wert, denn es verdeutlicht den höchstmöglichen Sinn, auf den hin sich die aktuelle Entwicklung öffnet.* Umgekehrt hebt es den Unsinn eines Systems hervor, das nie zuvor erreichte Arbeitszeitersparnisse ermöglicht, aber aus der so freigesetzten Zeit Not und Elend macht, weil es weder diese noch die produzierten oder produzierbaren Reichtümer zu verteilen und ebensowenig den eigentlichen Wert von »Mußezeit als Zeit für höhere Tätigkeiten« (Marx) zu schätzen weiß. Es läßt die individuelle und kollektive Aneignung der freigesetzten Zeit als einen Hauptgegenstand des Konflikts erscheinen und die Autonomiefähigkeit, die individuelle und soziale Fähigkeit, über seine freie Zeit zu verfügen, sie mit Freude und Sinn zu erfüllen, als eine Kardinaltugend. Es verweist umgehend auf diese andere Gesellschaft, die sich in der Verlängerung der aktuellen Tendenzen abzeichnet.

Die Perspektive, die diese Tendenzen eröffnen, herauszuarbeiten und klar zu formulieren, geschieht nicht zum Spaß und ist kein intellektueller Luxus. Denn von ihrer Formulierung hängt nicht zuletzt die Fähigkeit ab, den gegenwärtigen Veränderungen den höchstmöglichen Sinn zu verleihen und Vorgehensweisen, Konfliktsituationen und Praktiken zu entwickeln, die diesen Sinn mit dem Ziel aktualisieren, sich dieser Veränderungen zu bemächtigen.

Das bedingungslose soziale Grundeinkommen verweist letztendlich auf eine Gesellschaft, in der die Notwendigkeit der Arbeit sich *als solche* nicht mehr bemerkbar macht, weil jeder von Kindheit an von einer Fülle künstlerischer, sportlicher, wissenschaftlich-technischer, kunstgewerblicher, politischer, philosophischer, ökosophischer und kooperativer Aktivitäten beansprucht und mitgerissen wird. Eine Gesellschaft, in der die Produktionsmittel und die Mittel zur Selbstversorgung allen jederzeit zugänglich sind wie heute schon die Datenbanken und die Telearbeitsmittel. Eine Gesellschaft, in der sich Tausch prinzipiell als Austausch von Wissen und nicht von Waren begibt und also keiner Vermittlung des Geldes mehr bedarf. Eine Gesellschaft, in der die Immaterialität der wichtigsten Form von Produktionsarbeit der Immaterialität der wichtigsten Form von fixem Kapital entspricht. Das fixe Kapital, einmal *als separate und verselbständigte Macht beseitigt*, besteht dann hauptsächlich in der Fähigkeit, von dem akkumulierten Wissen Gebrauch zu machen, es zu erweitern und auszutauschen, *ohne daß seine Verwertung sich den Individuen als eine fremde Forderung aufzwingt* oder ihnen die Natur, die Intensität, die Dauer und die Zeiten ihrer Arbeit diktierte.

In diesem Sinne muß man die Bemerkung von Marx verstehen, daß »die Ersparung von Arbeitszeit gleich vermehren der freien Zeit (…), d.h. Zeit für die volle Entwicklung des Individuums (…) vom Standpunkt des unmittelbaren Produktionsprozesses aus (…) betrachtet werden [kann] als Produktion von capital fixe; dies *capital fixe being man himself*.«[162] Anders gesagt, können die Individuen durch die freie Zeit Fähigkeiten (zur Erfindung, Schöpfung, Planung und intellektuellen Erkenntnis) entwickeln, die ihnen eine geradezu grenzenlose Produktivität verleihen. Zudem handelt es sich bei der Entwicklung ihrer produktiven Fähigkeiten um eine der Produktion von capital fixe vergleichbaren Fähigkeit, aber *nicht um Arbeit*[163], obgleich sie »unter dem Gesichtspunkt des unmittelbaren Produktionsprozesses« die gleichen Ergebnisse zeitigt. Sie ist deshalb keine Arbeit, weil sie erst auf Grund der »Reduction der für die Gesellschaft notwendigen Arbeitszeit auf ein fallendes Minimum« ermöglicht wurde. Erst die

---

162 *Grundrisse*, *op. cit.*, S. 599, Hervorhebungen durch Marx.
163 Anders als Michael Hardt und Antonio Negri, *op. cit.*, S. 16-17, meinen.

freie Zeit »für ihre eigene Entwicklung«, erlaubt es, die »freie Entwicklung der Individualitäten«, ihre »künstlerische, wissenschaftliche, etc. Ausbildung«[164] zum Ziel zu machen. Diese freie Entwicklung der Individualitäten erscheint in der Produktion wieder als Fähigkeit, eine unbeschränkte Vielfalt an Reichtümern mit einem sehr geringen Zeit- und Energieaufwand hervorzubringen.

Anders gesagt: Die Steigerung der produktiven Fähigkeiten der Individuen ist die *Folge und nicht das Ziel* ihrer vollen Entfaltung. Das Ziel besteht nicht – und darin unterscheidet sich »man« von »capital fixe« – in der Maximierung der Produktion um der Produktion und der Leistung um der Leistung willen, sondern in der Ersparung von notwendiger Arbeitszeit und Energieverbrauch für die Entfaltung des Lebens.

»Dort, wo die Menschen zwölf Stunden arbeiteten, arbeiten sie nur noch sechs, und genau darin besteht der Reichtum und Wohlstand der Nation«, schrieb 1821 ein anonymer Ricardianer[165], den Marx wiederholt zitiert. Deutlicher kann man nicht sagen, *daß die volle Entwicklung der Produktivkräfte deren vollen Gebrauch erübrigt* (besonders den der Arbeitskraft) und die Produktion zu einer nebensächlichen Tätigkeit zu machen erlaubt. Die »gigantische« Produktivität, die die Wissenschaft und Technik der menschlichen Arbeit verleihen, *macht* in ihrer Konsequenz *die Maximierung der frei verfügbaren Zeit zum immanenten Sinn und Ziel der ökonomischen Vernunft – und nicht mehr die Maximierung der Produktion.* »Die wirkliche Ökonomie – Ersparung – besteht in der Ersparung von Arbeitszeit.«[166] Die »wirkliche Ökonomie« führt zur Abschaffung der Arbeit als dominanter Form von Tätigkeit. Die Abschaffung der Arbeit und ihre Ersetzung durch eigenständige Tätigkeit müssen von nun an politischer Wille sein und durch heute schon zu verwirklichende Veränderungen greifbar gemacht werden.

164 *Grundrisse, op. cit.*, S. 593 und 596.
165 *The Source and Remedy of the National Difficulties Deduced from the Principles of Political Economy in a Letter to Lord John Russel*, London 1821.
166 *Grundrisse, op. cit.*, S. 599.

2. Umverteilung der Arbeit und Wiederaneignung der Zeit

Die Arbeitszeit wird nach wie vor von den Unternehmen gekürzt, Monat für Monat. Die Arbeitgeber haben aus der Arbeitszeitverkürzung einen Verwaltungsakt gemacht, schlimmer noch, ein Verfahren, das darauf zielt, den Unternehmen die totale Herrschaft über die Zeit und damit die totale Macht über das Leben der Dienstleister zu geben. Die ausgefeilteste Form dieser Macht stellt der in Großbritannien von den japanischen Automobilunternehmen eingeführte *zero hour contract* dar, der in Deutschland als Arbeit auf Abruf bekannt ist: »Der Beschäftigte« ist nicht beschäftigt, sondern verpflichtet, dem Unternehmen jederzeit auf Abruf zur Verfügung zu stehen. Er wartet, bis man ihn für einige Tage oder Stunden braucht, die man ihm dann zum vereinbarten Stundenlohn bezahlt. Es ist in gewisser Weise eine Rückkehr zu den Tagelöhnern, die sich zur Zeit Zolas – aber sehr wohl auch heute auf den Docks und auf den Großmärkten der Großstädte – bei Tagesanbruch an den Arbeitsvermittlungsstellen in der Hoffnung einfinden, daß ein Unternehmer geruht, sie für ein paar Stunden anzustellen.

Die Umverteilung der Arbeit hat so stattgefunden, daß man den Anbietern der Arbeitsleistung alle Macht über ihre Zeit entzogen hat. So haben die einen, auf die die Firma dauerhaft angewiesen ist, eine der Konjunktur und den Jahreszeiten entsprechende flexible Arbeitszeit. Die anderen mit befristeten, prekären Beschäftigungsverhältnissen, die Fernarbeiter, Teilzeit- und Aushilfskräfte, arbeiten in Intervallen, unregelmäßig oder überhaupt nicht. Das jährliche Gesamtarbeitsvolumen wurde zwar, obwohl abnehmend, auf eine wachsende Anzahl von Erwerbstätigen verteilt (statistisch gesehen steigt die Zahl der Anstellungen kontinuierlich), aber so, daß sich niemand mehr sicher sein kann: Die Erwerbstätigen fürchten um ihre Stelle, und für ungefähr die Hälfte von ihnen (und bald für die Mehrheit) machen die Begriffe normale Arbeitszeit und Arbeitszeitverkürzung keinen Sinn mehr.

Denn was bedeutet die 31-Stundenwoche, selbst wenn sie aufs Jahr umgerechnet und von einem weiteren Scheck zur Kompensation der Einkommensverluste begleitet wird, für diejenigen, die von einem McJob zum nächsten stürzen und im Jahr Dutzende von

Zeitarbeitsaufträgen ausführen (die Hälfte davon überschreitet keine Woche, und nur 5,7% dauern vier Wochen und mehr)? Was kann sie den Halbtagsangestellten mit halbem Einkommen bringen oder denjenigen, die pro Auftrag bezahlt werden und anfallsartig eine Woche von vier oder fünf 75 Stunden arbeiten?

Es stimmt zwar, daß die feste Arbeit auf eine größere Anzahl von Erwerbstätigen verteilt werden kann, wenn man die wöchentliche, monatliche oder jährliche Arbeitszeit der Langzeitstellen stark kürzt. Dies hat das Beispiel von Volkswagen bewiesen. Durch die Kürzung der wöchentlichen Arbeitszeit von 36 auf 28,5 Stunden hat VW zunächst die Entlassung von 30 000 Mitarbeitern vermieden. Aber da diese Arbeitszeitverkürzung nicht weiterverfolgt wurde, haben sich ihre Grenzen schnell offenbart. Denn sie hat späterhin weder die vorübergehenden Phasen von Arbeitslosigkeit noch die kontinuierliche Verringerung des Personalstands, noch den zusätzlichen bezahlten oder unbezahlten Urlaub, noch neue Arbeitsformen mit sehr verkürzten und immer diskontinuierlicher werdenden Arbeitszeiten verhindern können.[167]

Kurz, an diesem Beispiel zeigt sich, daß eine Politik der Arbeitszeitverkürzung nur wirksam werden kann, wenn sie sich ununterbrochen weiterentwickelt und das Einzelunternehmen transzendiert. Sie muß das Lohnarbeitsvolumen und den Prozentsatz an festen Langzeitstellen berücksichtigen. Wenn sie zugleich ein abnehmendes Arbeitsvolumen auf eine wachsende Zahl von Erwerbstätigen verteilen, den Prozentsatz an festen Langzeitarbeitsplätzen erhöhen und vermehrt Möglichkeiten von Zeitsouveränität anbieten will, dann bleibt nur ein einziger Weg: Die Arbeit immer diskontinuierlicher zu gestalten, den Beschäftigten die Wahl zwischen zahlreichen Formen von Diskontinuität anzubieten und letztere so in eine neue Freiheit zu verwandeln. Es muß also *ein Recht auf Arbeit mit Unterbrechungen und auf ein multiaktives*

---

167 Die Arbeitszeitverkürzung von 20% bei einer Nettoeinkommenseinbuße von 16% hat schon im ersten Jahr bei VW eine so wesentliche Produktivitätssteigerung gebracht, daß sich dieses Vorgehen für die Gruppe als sehr gewinnbringend erwiesen hat. Die Neuorganisation der Arbeit, die unter anderem eine Wahl zwischen ungefähr 150 unterschiedlichen Arbeitszeiten ermöglichte (das heißt zwischen 150 Arten, die Arbeitszeit auf den Tag, die Woche oder den Monat zu verteilen), hat in der Folgezeit zu einer weiteren Beschleunigung des Produktivitätszuwachses geführt.

Leben geben, in dem Berufsarbeit und unbezahlte Aktivitäten einander ablösen und ergänzen.

Das hat in Frankreich schon ein mittleres Tiefbauunternehmen (Rabot Dutilleul) vorgeschlagen, das im Sommer 1996 das »Eins von fünf«-System eingeführt hat. Es gestattet dem Personal, seine Arbeitszeit alle fünf Tage um einen Tag zu verringern oder alle fünf Wochen um eine Woche bzw. alle fünf Monate um einen Monat. Dieses bei Rabot Dutilleul unternehmenspolitisch eingeführte Recht auf eine diskontinuierliche Arbeitszeit entspricht in den Niederlanden und Dänemark einer Sozialpolitik und also einem gesamtgesellschaftlichen Konzept. Man findet bei den Niederländern alle erdenklichen Formen von Arbeitszeitverkürzung und von diskontinuierlichen Arbeitsmodellen. Sie verzeichnen den weltweit höchsten Prozentsatz (37%) an Teilzeitarbeitnehmern. Die Hauptgewerkschaft (FNV) hat zu diesem Thema einen Leitfaden von zehn Punkten mit dem Titel *Wähle deine Arbeitszeit selbst* veröffentlicht. Von einer Zwei- oder Drei-Tage-Woche bis zu vier-, sechs- oder neunmonatiger Arbeit jährlich ist jede Wahl und Kombination möglich.

Die Dänen aber sind dank eines 1993 verabschiedeten Gesetzes noch weiter in diese Richtung gegangen. Sie übernahmen, je nach Fall, das System »eins von vier«, »eins von sieben« oder »eins von zehn« Stunden, Wochen, Monaten oder Jahren mit der immer entsprechenden Personalaufstockung auf festen Arbeitsplätzen. Dieses Gesetz von 1993 ist im Grunde eine sehr anpassungsfähige Variante jenes Konzepts, das Michel Albert schon 1982 in seinem *Pari français* vorschlug.[168] Es gestattet jedem Lohnempfänger, einen Urlaub von einem Jahr zu nehmen, den er *nach seinen Vorstellungen* über einen von ihm bestimmten Zeitraum *staffeln und ausdehnen* kann. Während seiner Freistellung übernimmt ein Arbeitsloser seinen Platz. Der Beurlaubte seinerseits erhält 70% der Arbeitslosenunterstützung, die ihm zustünde, wenn er seinen Arbeitsplatz verloren hätte. Diese Unterstützung beträgt normalerweise 80% des Lohns und kann bis zu fünf Jahre lang bezogen werden.[169]

168 Michel Albert: *Le pari français*, Paris 1982.
169 Für eine ausführliche Darstellung des dänischen Modells s. Martin Kempe, *Die Job Wende*, Frankfurt am Main 1998, S. 47-50.

Dieses Recht, das zunächst als individuelles Recht konzipiert worden war, konnte von den Gewerkschaften einfallsreich genutzt werden, um die Arbeitszeit der gesamten Belegschaft eines Unternehmens zu verkürzen und die Anzahl der festen Arbeitsplätze zu erhöhen. In einem Fall etwa haben zum Beispiel die Arbeiter des öffentlichen Verkehrs beschlossen, ihre Belegschaft um 10% aufzustocken. Sie organisierten sich selbst so, daß jedes Jahr ein Zehntel von ihnen für ein ganzes Jahr freigestellt war. Die Arbeiter der Müllabfuhr von Århus teilten sich ihrerseits so, daß die Belegschaft um 25% aufgestockt werden konnte. Sie haben die Besatzung der Müllwagen auf vier Personen gebracht, aber jede von diesen arbeitete nur drei von vier Wochen. Dabei beträgt die Gehaltseinbuße 11% für eine Arbeitszeitverkürzung von 25%.

Diese unterschiedlichen Vorgehensweisen zeigen, daß die Diskontinuität nicht notwendig die Prekarität des Arbeitsplatzes mit sich bringen muß. Im Gegenteil kann über diskontinuierliche Arbeit die Sicherheit des Arbeitsplatzes garantiert werden, je diskontinuierlicher diese, desto sicherer jener. Denn diskontinuierliche Arbeit bedeutet letztlich nichts anderes als eine Verkürzung der halbjährlichen, einjährigen oder mehrjährigen Arbeitszeit bei gleichzeitiger Umverteilung der Arbeitsplätze auf eine größere Personenzahl. Der Anspruch auf eine einjährige Beurlaubung alle sieben, zehn oder fünf Jahre, der Anspruch auf jährlichen oder mehrjährigen Bildungsurlaub, auf ein Erziehungsjahr, das beide Elternteile sich ihren Bedürfnissen gemäß aufteilen und über die drei Jahre nach der Geburt des Kindes ausdehnen können (das schwedische Konzept) oder der Anspruch auf Freistellungen zur Pflege eines kranken Kindes oder Elternteils oder nicht zuletzt der bislang nur im Keim existierende Anspruch (zum Beispiel für Gewerkschaftsfunktionäre oder Vertrauensleute) auf eine Freistellung für Tätigkeiten von öffentlichem Interesse – all diese Ansprüche führen dazu, die Berufsarbeit immer häufiger zu unterbrechen. Sie haben letztlich die gleiche Auswirkung wie die Teilzeitarbeit. Die gleiche Aufgabe oder Funktion wird unter mehreren Personen aufgeteilt, die einander ablösen und von denen jede je noch andere Interessensgebiete hat und anderen Aktivitäten in ihrem Leben nachgeht.

Die Flexibilisierung des Personalbestands kann also andere Formen annehmen als die Prekarisierung der Arbeitsverhältnisse und den Rückgriff auf Aushilfs- und Zeitarbeitskräfte, die das Unternehmen je nach Nachfrage und Auftragslage anstellt oder nicht. Die Flexibilität kann – wie im dänischen System – in der Erhöhung oder Reduzierung der Diskontinuität der Arbeit und des Prozentsatzes der gleichzeitig auf ihren Wunsch sich beurlaubenden Personen bestehen und ihnen zugleich ihren Status wie die Sicherheit ihres Arbeitsplatzes bewahren.

Es ist also möglich, die Diskontinuität der Arbeit, die Flexibilisierung ihrer Dauer und des Personalstands als eine Quelle von Sicherheit – und eben nicht von Unsicherheit – und als Form des Anspruchs auf »Zeitsouveränität« zu begreifen. Sie erlaubt, die Bedeutung fremdbestimmter Arbeit im Leben der Einzelnen zu relativieren, und ermöglicht denen, die es wünschen, ihre Arbeit verschieden zu gestalten, das Unternehmen zu wechseln, in Bewegung zu bleiben, neue Lebensformen und neue Aktivitäten auszuprobieren. *Alle Arten von erlittener Diskontinuität der Erwerbsarbeit und von erlittener Flexibilität des Personalstands und der Arbeitszeiten müssen in selbstgewählte und selbstbestimmte Möglichkeiten von Diskontinuität und Flexibilität umgewandelt werden.*

Das dänische System geht momentan am weitesten in diese Richtung. Anstatt die Erwerbsarbeit zu subventionieren, um damit die Lohnkosten zu senken, subventioniert es die Nicht-Arbeit und steigert die Macht der Arbeitnehmer in Sachen Selbstorganisation und Selbstverwaltung ihrer Kooperationsweisen. Seine Prinzipien enthalten im Keim den Ansatz zu einer anderen Gesellschaft und Ökonomie:

– Es räumt dem Recht auf Nicht-Arbeit wie dem Recht auf Arbeit die gleiche Wichtigkeit und eine nicht zu trennende Verbindung ein. Es kann das erste ohne das zweite nicht geben. Die Arbeitsideologie wird so zugunsten der Arbeitsumverteilung geschwächt.

– Es räumt allen das Recht auf diskontinuierliche Arbeit bei kontinuierlichem Einkommen ein, bei dem es sich um keine Arbeitslosenunterstützung mehr handelt. Denn die Arbeitslosigkeit stellt hier keinen von den Arbeitslosen *erlittenen* Mangel an Arbeit dar (wie ihre rechtliche Definition lautet), sondern eine *freiwillige* Unterbrechung der Arbeit, die durch eine gesetzliche Bestimmung angeregt wurde. Sie ist durch die Übereinstimmung mit einem gesellschaftspolitischen Konzept politisch legitimiert. Die finanzielle Zuweisung für »freiwillige Arbeitslose« beträgt 56% ihres normalen Gehaltes (und nicht etwa des Mindestlohns), was bei einem Halbzeit-Arbeitenden 78% seines Vollzeiteinkommens und bei einem ein Viertel der Arbeitszeit Arbeitenden 64% desselben ausmacht. Bei dieser Zuweisung handelt es sich in Wirklichkeit um ein garantiertes soziales Grundeinkommen.

– Ein solches System läßt sich mit sehr großer Anpassungsfähigkeit in Großbetrieben wie in kleinen Unternehmen anwenden. In den handwerklichen oder individuellen Kleinstbetrieben – in denen die Arbeitszeit häufig 48 Stunden übersteigt – nimmt es tendenziell die Form von »geteilten Arbeitsstellen« an (also *job sharing*: mehrere Personen lösen sich an demselben Arbeitsplatz ab oder mehrere Mannschaften bei derselben Gruppenarbeit) oder die Form von kooperativer Verbindung verschiedener Handwerker, die sowohl ihre »Baustellen« als auch ihre Aufträge poolen.

Diskontinuität und Prekarität der Arbeit hören auf, Synonyme zu sein. Je mehr die Arbeit unterbrochen wird, desto sicherer kann der Arbeitsplatz garantiert werden und desto größer ist auch die Freiheit der Erwerbstätigen bei der Wahl ihrer Arbeitsphasen und ihre Zeitsouveränität. Umgekehrt, je mehr sich die gesellschaftlich notwendige Arbeit verringert, desto mehr bedingt ihre Aufteilung auf alle eine immer größere Diskontinuität für jeden Einzelnen.

Aber damit endet auch schon das dänische Modell. Es garantiert ein *bedingtes* soziales Grundeinkommen während der Unterbrechungen der Lohnarbeit. Nicht kann es jedoch garantieren, daß alle den Bedingungen genüge tun können, die sie zu diesem sozialen Grundeinkommen berechtigen, es sei denn, die Länge der Arbeitsphase, die zur Freistellung berechtigt, wird immer kürzer bemessen. In dem Maße, wie der Umfang der gesellschaftlich notwendigen Arbeit abnimmt, tendieren die Unterbrechungen der Lohnarbeit dazu, wichtiger als die Arbeitsphasen zu werden und die selbstbestimmten Aktivitäten wichtiger als bezahlte Arbeit, das

soziale Einkommen wichtiger als das Erwerbseinkommen.[170] Die
Bedingtheit des sozialen Grundeinkommens wird an Gewicht verlieren, es dürfte sich immer stärker an ein allgemeines, bedingungsloses Grundeinkommen annähern.

Trotzdem ist das dänische Konzept eines kontinuierlichen
Grundeinkommens für eine diskontinuierliche Arbeit – deren Diskontinuität von den Arbeitskollektiven selbstverwaltet werden
kann – auch bereits als »Politik des Übergangs« von besonderem
Interesse. Es geht als entwicklungsfähiges und extrem wandelbares
einer Finanzierungkrise entgegen, die die Frage nach einer Neudefinition der Grundlagen und Formen des Wohlfahrtsstaates und
der grundlegenden Ausrichtungen von Wirtschaft und Gesellschaft
aufwirft. Durch das hohe Maß an Selbstorganisation, an Verständigung und an Solidarität, das es bei den Arbeitern erzeugt, bereitet es
auf den Grundkonflikt vor, in den diese Krise mündet.

Anders arbeiten

Ich weiß, wer immer die Garantie eines ausreichenden gesellschaftlichen Grundeinkommens fordert, wird schließlich auf folgenden
Einwand treffen: »Der Anreiz zur Arbeit wird dadurch stark nachlassen, und am Ende wird es der Gesellschaft an Arbeitskräften
fehlen.« Dieser Einwand dürfte eigentlich nur von denen gemacht
werden, die selbst ungern arbeiten und es ohne Zwang unterlassen
würden. Er verweist folglich implizit gerade auf die Notwendigkeit, die Gesellschaft so zu organisieren, daß es keine Anreize (in
Wirklichkeit Zwänge) braucht, um die Menschen zur Arbeit zu
motivieren. Dominique Méda hat den Widerspruch im Innersten
»des herrschenden gesellschaftlichen Diskurses« gut herausgearbeitet[171]: Dieser stellt »die Arbeit« nämlich als ein Grundbedürfnis
»des Menschen« dar, als ein unerläßliches »soziales Band«, eine Tugend und die Hauptquelle der Anerkennung durch andere und der
Selbstachtung. Sobald es aber um nicht an die Arbeit gebundene

170 Wenn das aktuelle Arbeitsvolumen auf die gesamte französische Bevölkerung im
  erwerbsfähigen Alter umverteilt werden könnte, dann würde es weniger als 800
  Arbeitsstunden pro Jahr und Person betragen.
171 Dominique Méda: *Le travail. Une valeur en voie de disparition*, Paris 1995,
  S. 182 ff.

soziale Rechte geht, beschwört man die Gefahr, daß damit »der Anreiz zur Arbeit nachlassen könnte«. Also ist »die Arbeit« doch nicht so anziehend, erfüllend, befriedigend, integrierend, daß man den Menschen nicht einen »Anreiz« dafür geben müßte, etwa durch unterhalb des Existenzminimums liegende soziale Unterstützungen für Arbeitslose.

Kurz, um die Gesellschaft zu verändern, muß man »die Arbeit« verändern – und umgekehrt (ich komme darauf noch ausführlicher zurück). Es gilt, die Arbeit durch die Befreiung von allen verdinglichenden Zwängen (wie Arbeitszeit- und Leistungszwänge, hierarchische Zwänge) zu verändern, die nur die Unterordnung unter das Kapital widerspiegeln und die bis heute das Wesen dessen, was man gewöhnlich »Arbeit« nennt, bestimmt haben. Es gilt, sie durch die Versöhnung mit einer Alltagskultur und einer Lebenskunst zu verändern, deren Fortsetzung sie ebensosehr werden soll wie deren Quelle, anstatt davon getrennt zu sein.[172] Es gilt, sie auf Grund der *Aneignung* zu verändern, deren Objekt sie von Kindheit an wird, wenn sie nicht mehr als Strafe, sondern als eine in die Lebenszeit eingelassene Aktivität gelebt wird, als ein Weg zur Entfaltung der Sinne, zur Macht über sich und die Dinge und als Bindung an die anderen. Und es gilt, sie von Kindheit an zu verändern durch die Verknüpfung des Wissenserwerbs mit dem Stolz auf erworbene Fertigkeiten (das war schon zu Beginn des 19. Jahrhunderts die Vorstellung von Blonski und anderen).[173] Es ist vorstellbar, daß man in dieser Richtung noch sehr viel weiter geht und das (autodidaktische) Lernen mit ökologischen, sozialen und kulturellen Gruppenprojekten kombiniert, die mit Arbeit, Studien, Experimentieren, Austausch, künstlerischer Praxis und persönlicher Entfaltung Hand in Hand gehen. Am Ende der Jugendzeit hätte dann

---

172 Das ist bereits der Fall in all den Berufen, um die man allgemein beneidet wird, bei denen es sich um eine Lebensform handelt und deren Produktivität nicht meßbar ist: alle Berufe im künstlerischen, erziehenden und pflegenden Bereich (vom Wildhüter bis zum Psychotherapeuten). Sie alle werden degradiert, wenn sie der ökonomischen Rationalisierung und den Leistungsnormen unterworfen werden.

173 Die japanischen Gymnasien bieten ein breit gefächertes Spektrum von künstlerischen Aktivitäten an und zugleich gewöhnen sie die Schüler daran, die alltäglichen praktischen Aufgaben selbst zu erledigen. So versteht es sich zum Beispiel »von selbst«, daß sie die Klassenräume sauber halten, die Kacheln in den Fluren und Toiletten putzen, die Tische in den Kantinen decken und abdecken etc.

ganz selbstverständlich ein Grundeinkommen zur Verfügung zu stehen.[174]

Es ist vorstellbar, daß dieses Einkommen, zunächst nur partiell, in dem Maße vollständig wird, wie die Jugendlichen eine Reihe von Kompetenzen dadurch entwickeln, daß sie als Ergänzung zu ihren »Studien« im öffentlichen Leben der Stadt und besonders in öffentlichen Einrichtungen praktische Aufgaben mit wachsender Vielfalt, Komplexität und Qualifikation übernehmen. Die »Arbeit« kann dann ganz natürlich zu einer Dimension des Lebens unter vielen werden. Sie kann mit einer Reihe von anderen Aktivitäten einhergehen und sich abwechseln, Aktivitäten, deren »Produktivität« nicht in Betracht kommt, obwohl sie indirekt durch die Ausbildung schöpferischer, phantasievoller und expressiver Fähigkeiten zur Produktivität der Arbeit beitragen.

Rainer Zoll schlägt eine Zwischenlösung vor, mit der Becks Modell der Bürgerarbeit eng verwandt ist. Am Ende der Jugendzeit könnte sich jeder Staatsbürger für eine unbestimmte Zeit für einen freiwilligen sozialen Dienst verpflichten, der ein breites Spektrum von Aktivitäten mit ökologischem, sozialem und kulturellem Nutzen bietet. Dieser Dienst, *dessen Freiwilligkeit zu seiner gesellschaftlichen Aufwertung beitragen würde und* »dessen Ertrag nicht in ökonomischen Begriffen zu messen ist«, darf »nicht als warenförmige Arbeit betrachtet werden, die durch einen Lohn zu bezahlen ist«. Er überließe den Freiwilligen einen großen Handlungsspielraum bei der Bestimmung ihrer Aufgaben und ihrer Arbeitszeiten. Er begründete den Anspruch auf ein »Bürgereinkommen«, das den Freiwilligen »den durchschnittlichen Lebensstandard« garantiert, und zwar nicht nur für die Dauer ihres Dienstes, sondern für eine zwei- bis dreimal so lange Zeit : »Z. B. hätten die Individuen die Möglichkeit, durch zwei, drei Jahre sozialer Dienste den Anspruch auf weitere vier, fünf Jahre Bürgergeld zu erwerben (…), und zwar ohne weitere Verpflichtung.«[175]

174 Schon 1976 habe ich ein solches Erziehungssystem entworfen, das mit einem allgemeinen, dem SMIC ähnlichen Grundeinkommen gekoppelt ist. (Beim SMIC (*salaire minimum interprofessionel de croissance*) handelt es sich um einen in Frankreich eingeführten, dynamischen, gesetzlichen Mindestlohn.) Vergleiche André Gorz: *Abschied vom Proletariat, op. cit.*, S. 155-160.
175 Rainer Zoll, »Staatsbürgereinkommen für Sozialdienste«, in Oskar Negt (Hg.): *Die zweite Gesellschaftsreform*, Göttingen 1994, S. 91-94.

Man kann das Zollsche Modell als eine Variante des dänischen auffassen. Wie dieses schlägt es ein bedingtes soziales Grundeinkommen vor, das an eine Arbeits*phase* ohne Anspruch, die *Quantität* der dieser Phase entsprechenden Arbeit bemessen zu können, gebunden ist. Man kann sich vorstellen, daß Phasen freiwilliger Dienste das Dasein während des gesamten Erwerbslebens strukturieren; daß bestimmte öffentliche Dienste mittels des Volontariats funktionieren und daß Prämien das soziale Grundeinkommen ergänzen, je nach der Erfahrung, auf der das freiwillige Engagement beruht, seinem Qualifikationsniveau, seiner Dauer und Intensität.[176]

3. Die Stadt verwandeln

Die Garantie eines sozialen Grundeinkommens und die Ausdehnung frei verfügbarer Zeit sind nicht als Aktivitätshemmer, sondern als Aktivitätsmultiplikatoren zu verstehen, nicht als Freistellung zum Nichtstun, sondern, im Gegenteil, als eine für alle eröffnete Möglichkeit, tausend individuelle und kollektive, private und öffentliche Aktivitäten zu entfalten, die zu ihrer Ausbreitung und Entwicklung nicht mehr rentabel sein müssen. Jede und jeder muß von Kindheit an durch die Fülle der sie umgebenden Gruppen, Verbände, Werkstätten, Klubs, Kooperativen, Vereinigungen und Organisationen, die sie für ihre Tätigkeiten und Projekte zu gewinnen suchen, mitgerissen und umworben werden. Es geht dabei um künstlerische, politische, wissenschaftliche, ökosophische, sportliche, handwerkliche und Beziehungsaktivitäten, Selbstversorgungs- und Reparaturarbeiten, Restaurierungsarbeiten des natürlichen und kulturellen Erbes, um die Gestaltung des Lebensraums und Energieersparnisse, um »Kinderläden«, »Gesundheitsläden«, Netzwerke zum Austausch von Dienst- und Hilfeleistungen, gegenseitiger Unterstützung etc.

Diese eigenständigen Aktivitäten, als selbstorganisierte und

---

176 Bernard Guibert schlug ein dreigliedriges Einkommen vor, das sich aus einem unbedingten Grundeinkommen, einer variablen Prämie, die an die Intensität und die Regelmäßigkeit der Arbeit geknüpft ist, und einer Funktionsprämie zusammensetzt, die vom Niveau der Qualifikation abhängt.

selbstverwaltete, als freiwillige und allen offenstehende, dürfen nicht als unselbständige Ergänzungen der kapitalistischen Marktwirtschaft und auch nicht als pflichtgemäße Gegenleistungen für das sie ermöglichende Grundeinkommen angesehen werden. Da sie weder des Kapitals bedürfen noch seiner Verwertung, noch gar der Kreditwürdigkeit der Bedürfnisse und Wünsche, auf deren Befriedigung sie abzielen, sind sie dazu berufen, den durch die Abnahme des Arbeitsvolumens verfügbar gemachten gesellschaftlichen Raum der kapitalistischen Marktlogik zu entziehen und die Lohnarbeit größtenteils zu verdrängen, um jenseits davon assoziative und freie soziale Bindungen zu schaffen. Sie sind zur Hegemonie berufen und müssen, um diese zu erlangen, zu Räumen des Widerstands gegen die herrschenden Mächte werden, zu Räumen des praktischen Protests sowie des Experimentierens mit und der Erarbeitung von alternativer Gesellschaftlichkeit und gesellschaftlichen Alternativen zur sich auflösenden Gesellschaft.

Eine Politik der Stadterneuerung kann diesem Gärungsprozeß von eigenständigen Aktivitäten, in denen der Entwurf einer anderen Gesellschaft Gestalt und Bewußtsein gewinnt, entscheidende Impulse geben. Durch die Gestaltung von gesellschaftlichem Raum und gesellschaftlicher Zeit, durch Anlagen, Einrichtungen und Orte etc., die sie ihnen zur Verfügung stellt, ruft sie zur Entwicklung dieser eigenständigen Aktivitäten auf. Sie richtet ihnen Mittel ein und spiegelt sie nicht als in Ermangelung eines Besseren gewählte, vorübergehende Improvisationen oder unselbständige Notlösungen. Sondern sie läßt sie sich selbst als das erscheinen, was eine im Entstehen begriffene Gesellschaft von allen und jedem erwartet: als ein gemeinsamer, allen angebotener Entwurf, der zu neuen sozialen Bindungen führt.

Bei den Niederländern und den Dänen sind in den Bereichen von Zeitpolitik und Stadtpolitik dazu viele Ideen zu finden. Warum entscheiden sich 37% der Niederländer – 70% der Frauen und mehr als 17% der Männer – für Teilzeitarbeit, obwohl sich ihr Einkommen dadurch ohne Ausgleich entsprechend verringert? Warum haben 22% der noch vollzeitig beschäftigten Männer den Wunsch, zu einer Teilzeitbeschäftigung überzuwechseln, auch wenn sie dadurch weniger verdienen, während nur 4% der teilzeitbeschäftigten Frauen und Männer mehr arbeiten wollen? Was führt dazu, daß der Gebrauchswert der arbeitsfreien Zeit ihrer Meinung nach größer ist als der Tauschwert der bezahlten Arbeitszeit (das heißt als das Geld, das sie mehr verdienen könnten)?

Es läßt sich leicht erraten, daß dabei die Dichte des zivilgesellschaftlichen Beziehungsnetzes eine maßgebliche Rolle spielt und daß der Städtebau, die Architektur, das Transportwesen und die kollektiven Einrichtungen so angelegt sind, daß sie eigenständige Aktivitäten, Austausch, kreative Tätigkeit und Kooperation erleichtern. »Nach der Revolution werden wir die Städte schleifen und neu aufbauen«, pflegte Herbert Marcuse zu sagen. Durch die Veränderung der Stadt liefern wir einen Hebel zur Veränderung der Gesellschaft und der Art, wie die Menschen ihre Beziehungen leben und ihre Welt bewohnen. Die Wiederherstellung einer gelebten und lebbaren Welt setzt polyzentrische, intelligible Städte voraus, in denen jedes Viertel oder jede Nachbarschaft eine Reihe von allen jederzeit zugänglichen Orten für die selbständigen Aktivitäten, die Eigenversorgung, die selbständige Bildung, den Austausch von Dienstleistungen und Wissen bereitstellt, eine große Fülle von Kinderkrippen, öffentlichen Parkanlagen, Versammlungsorten, Sportgeländen, Turnhallen, Werkstätten, Musiksälen, Schulen, Theatern und Biblio- und Videotheken, Wohngebäude, die mit Begegnungsstätten, Spielzimmern für Kinder, Speiseküchen für alte oder behinderte Menschen etc. ausgestattet sind.

Viele dieser Elemente finden sich in dem von der Stadt Parthenay seit dem Beginn der achtziger Jahre entwickelten Modell[177], aber auch in Kopenhagen und in Bologna.

»Neue Formen häuslichen Lebens, neue Formen von Nachbarschaftsbeziehungen, von Erziehung, von Kultur, von Sport, neue Praktiken, sich der Kinder, älterer Menschen und Kranker anzunehmen etc. (…); eine neue Art von Aktivität und neue gesellschaftliche Werte sind zum Greifen nahe«, schreibt Félix Guattari. »Es fehlt allein am politischen Wunsch und Willen, auf solche Veränderungen einzugehen. (…)

Müssen wir auf umfassende politische Veränderungen warten, bevor solche ›molekularen Revolutionen‹ unternommen werden, die dazu bei-

177 Vergleiche zu diesem Thema Michel Hervé, der Bürgermeister von Parthenay ist, »Citoyenneté active et développement urbain durable. L'expérience de Parthenay«, in: *Transversales*, 41, September-Oktober 1996. Zum »ökosophischen« Städtebau vergleiche vor allem das reich illustrierte Werk von Léon Krier, *Architecture, choix ou fatalité*, Paris 1996.

tragen, die Denkweisen zu verändern? Wir treffen hier auf einen schein-
baren Teufelskreis: Einerseits können sich die Gesellschaft, die Politik
und die Wirtschaft nicht ohne eine Veränderung der Denkweisen entwickeln, andererseits aber können sich auch die Denkweisen nur wirklich verändern, wenn die Gesamtgesellschaft einer Veränderungsbewe-
gung folgt. Das gesellschaftliche Experiment im großen Umfang, das
wir befürworten, stellt eines der Mittel dar, diesem Widerspruch zu entgehen. Positive Erfahrungen mit neuen Wohnformen könnten beträcht-
liche Konsequenzen haben, um den allgemeinen Willen zu Veränderungen zu stimulieren (...).

Es gilt zu entwerfen und zu konstruieren (...) und den virtuellen
Veränderungen, die die künftigen Generationen zu neuem Leben, Fühlen, Denken führen, ihre Chancen einzuräumen. (...) Die Qualität der
Formierung dieser neuen Subjektivität sollte zum dringendsten Ziel
menschlicher Tätigkeiten werden.«[178]

Tatsächlich wandeln sich bereits die Denkweisen, wie wir im dritten Kapitel gesehen haben, oder besser, die Sensibilitäten und mit
ihnen das Wertesystem. Aber dieser kulturelle Wandel bleibt für
jeden eine persönliche und private Angelegenheit, solange eine neue
Gestaltung des gesellschaftlichen Raumes es ihm nicht erlaubt, sich
durch neue Verhaltens- und Lebensformen in der Gesellschaft aus-
zudrücken und zu objektivieren. Man muß die Stadt verändern,
damit die »neue Subjektivität« nicht eine nur »in meinem Kopf«
oder »in meinem Herzen« stattfindende Veränderung bleibt, die
der herrschende gesellschaftliche Diskurs negiert und unterdrückt;
damit dieser kulturelle Wandel in den Dingen, Praktiken und Dis-
kursen Gestalt annehmen und eine Dynamik entwickeln kann, die
ihn über seine ursprünglichen Absichten hinausträgt und zu einem
allen gemeinsamen Projekt werden läßt: zu deren »Gemeinwil-
len«.

SELs, LETS oder Kooperationsringe

Die Kooperationsringe, in Frankreich SELs (*systèmes d'échange
locaux*) genannt, stellen zugleich eine Notlösung, eine »neue Sub-

178 Félix Guattari, »La cité subjective«, unveröffentlichtes Manuskript, erhältlich
beim Imec (Institut mémoire de l'édition contemporaine) Fonds Guattari, 9, rue
Bleue, 75009 Paris.

jektivität« und einen »Exodus« dar, der neue, der Staatsgewalt und dem Geld entzogene Gesellschaftlichkeiten hervorbringt. Sie können als eines der besten Beispiele für gesellschaftliche Experimente im großen Umfang betrachtet werden. Nachdem sie in den zwanziger Jahren in Deutschland erfunden und unter verschiedenen Formen während der großen Krise der dreißiger Jahre in den Vereinigten Staaten weiterentwickelt wurden, breiteten sie sich seit dem Ende der achtziger Jahre in Europa wie in Nordamerika und Australien in einer neuen Form aus. Sie nennen sich Kooperations-* oder Tauschringe in Deutschland und LETS (*Local Exchange Trading Systems*) in Großbritannien, wo sie sich dank Michael Linton, des Gründers des LETS' in Manchester, mit der größten Dynamik etabliert haben.[179]

Die SELs oder Kooperationsringe sind die potentiell radikale Antwort auf die Unmöglichkeit einer großen Masse von Arbeitslosen, ihre Arbeitskraft zu verkaufen. Sie stellen nämlich als Antwort darauf den ökonomischen Tausch auf eine andere Basis. Denn für den Verkauf seiner Arbeitskraft gegen Geld benötigt der Arbeiter einen »Arbeitgeber«, der ihn bezahlen und die »gegebene« Arbeit mit Gewinn an einen zahlungskräftigen Kunden weiterverkaufen kann. Warum aber muß die Arbeit immer von jemandem »gegeben werden«, der sie nicht selbst verrichtet? Warum muß

179 Zur Geschichte der LETS und ihrer Vorläufer in den zwanziger und dreißiger Jahren vergleiche das im Folgenden zitierte Werk von Claus Offe und Rolf Heinze. Für eine Aufstellung und knappe Beschreibung der verschiedenen britischen LETS, ihrer Anfangsschwierigkeiten und den entsprechenden Lösungen siehe Helen Barnes, Peter North, Perry Walker, »LETS on Low Income«, in: *New Economics*, The New Economics Foundation, 1996, 38 Seiten.
Auskünfte und praktische Hinweise werden durch LETSLink, LETS Development Agency, 61, Woodcock Rd., Warminster, Wilts BA 12 9DH und durch Manchester LETSGo (Michael Linton) ausgegeben.
Für eine theoretische Diskussion siehe Finn Bowring, »LETS: An Eco-Socialist Initiative?« in: *New Left Review* 232, November – Dezember 1998, S. 91-111. Für Italien siehe Rosa Amorevole, »Les banques du temps italiennes«, in: *Economie et Humanisme*, Nr. 347, Dezember 1998 – Januar 1999.
Für Frankreich vergleiche vor allem die Nummer 194 von *Silence*, und die Association internationale pour la rénovation de l'Économie (AIRE, Michel Tavernier), 14, rue du Lt. Ricard, 78400 Chatou und eine Reihe von gut dokumentierten Artikeln vor allem über die internationale Geschichte und die Theorie lokaler Zahlungsmittel von Janpier Dutrieux, in: *Fragments Diffusion*, 14.
Zur allgemeinen Philosophie der SELS vergleiche das hervorragende Exposé von Martine Brisac, »Les semences du changement«, in: »Tout travail, non-travail, histoires de FOUS«, in: *Le Temps libéré*, Toulouse 1995, S. 151-160.

sie immer die Warenform – und also auch die Geldform – durchlaufen, um getauscht, anerkannt und verwertet zu werden? Warum tauschen die Mitglieder einer Gemeinschaft ihre Arbeit nicht ohne Vermittler, »auf die rationellste und der menschlichen Natur angemessenste Weise« (Marx), und passen die produzierten Güter und Dienste nicht so gut und direkt wie möglich den sich ebenfalls ohne Vermittler artikulierenden Bedürfnissen und Wünschen an?

Diese Frage ist genauso alt wie die Arbeiterbewegung und die Arbeitslosigkeit. Jene hat immer die Antwort in der Ausschaltung der Vermittler gesucht, die sich erst zwischen die Arbeiter und ihre Produkte stellen und dann zwischen diese Produkte und diejenigen, die sie brauchen. Eine solche Ausschaltung ist aber voller Nachteile, wenn sie schlicht die Rückkehr zum Austausch von Naturalien bedeutet, eine Rückkehr zum Tausch. Denn der Tausch muß immer mit »direkter Gegenleistung« und »auf der Stelle« stattfinden. Er läßt jeweils nur einen bestimmten Austausch zwischen zwei bestimmten Personen zu, die sich, es sei denn, sie kennen sich gut, keinen Kredit gewähren.

Der Kooperationsring beseitigt diese Nachteile durch die Einrichtung eines Arbeits-Geldes oder eines Zeit-Geldes, das jede beliebige Dienstleistung oder jedes beliebige Produkt gegen jedes beliebige andere genauso wie Geld zu tauschen ermöglicht. Aber es handelt sich eben nicht um Geld und besitzt auch nicht dessen Macht. Darin liegt der revolutionäre Aspekt dieses Modells.

Das grundlegende Prinzip eines Kooperationsringes geht von der »Zahlungsfähigkeit« jedes Menschen aus. Denn jeder Mensch hat Fähigkeiten, Fertigkeiten oder Begabungen, die andere brauchen können, wie er auch außerdem seine Fertigkeiten weiterentwickeln und sich weitere aneignen kann, so ihm Gelegenheit dazu geboten wird. Mit diesem »immateriellen Kapital« tritt er einem Kooperationsring bei. Dieser gewährt ihm zunächst Kredit. Er kann die Dienstleistungen der anderen Mitglieder nach seinen Bedürfnissen beanspruchen. Jede Stunde oder jedes Stundenäquivalent der Dienstleistung, die er durch einen anderen erhält, bedeutet eine Schuld, die er in einem gewissen Zeitraum (meistens zwischen drei Monaten und einem Jahr) durch eine Dienstleistungsstunde bei irgendeinem anderen Mitglied des Rings begleichen muß. Der

Kooperationsring stellt also ein Netzwerk der Gegenseitigkeit dar, das sich auf die von Claus Offe und Rolf Heinze so treffend benannte »serielle Reziprozität« gründet.[180]

Von der Genossenschaftsbewegung haben die Kooperationsringe anfänglich das Prinzip der Gleichheit ihrer Mitglieder und der Gleichwertigkeit und gleichen Würde ihrer gegenseitigen Dienstleistungen übernommen. Jede geleistete Stunde erwirbt im Gegenzug den Anspruch auf die Leistung einer Stunde (oder eines Stundenäquivalents), und jede erhaltene Leistungsstunde impliziert eine Schuld von einer Stunde.[181] Soll und Haben jedes Mitglieds kann mit dem Computer sehr einfach und schnell auf neuestem Stand gehalten werden. Es wird in einem Zeit-Geld berechnet (dem *time dollar* in den Vereinigten Staaten), dessen Grundeinheit meistens eine Stunde zählt.

Im Unterschied zum offiziellen Geld jedoch ist das Zeit-Geld oder das Arbeits-Geld von kurzer Gültigkeit und beschränkter

180 Claus Offe, Rolf Heinze: *Organisierte Eigenarbeit. Das Modell Kooperationsring*, Frankfurt am Main 1990, S. 205.

181 Die am weitesten entwickelten Tauschringe tendieren allerdings dazu, Ausnahmen vom Äquivalenzprinzip zu machen, um auch Mitglieder mit relativ seltenen Fähigkeiten anzuziehen oder zu behalten wie zum Beispiel Buchhalter, Informatiker, Mediziner, Musiklehrer etc. Ihre abgeleistete Stunde begründet dann den Anspruch auf zwei oder drei Stunden der gängigsten Dienstleistungen. Für eine kritische Erörterung der sozialen Regeln, die diesen Tausch in einer modernen, sozialistischen und klassenlosen Gesellschaft regeln sollen, vergleiche den bemerkenswerten Essai von Carmen Sirianni, »Classless Society«, in: *Socialist Review*, 59 (San Francisco, September-Oktober 1981) und darin besonders das Kapitel »Historical Materialism and the Exchange of Labor«. Unter den Regeln führt Sirianni folgende an:

»1. Eine Vielzahl von Optionen für die soziale und technische Organisation der unterschiedlichen Produktionen (…).

2. Eine Vielzahl von Optionen für die Ausführung des von jedem jeweils übernommenen Anteils an gesellschaftlich notwendiger Arbeit;

3. die systematische und relativ gleiche Verteilung der persönlichen Entwicklungsmöglichkeiten (schöpferische Tätigkeiten, Freizeit etc.). Ausgehend von unterschiedlichen Arten von Arbeit und deren unterschiedlicher gesellschaftlicher Organisation darf man die Möglichkeit einer differenzierenden Gewichtung verschiedener Arbeiten bei der Berechnung ihres Beitrags zur gesellschaftlich notwendigen Arbeit (zum Beispiel ausgesprochen unangenehme, harte oder gefährliche Arbeiten oder solche, die auf sehr viele Menschen verteilt werden können) nicht ausschließen. Es ist in jedem Fall notwendig, die Regeln oder die Umrechnungseinheiten zu definieren, die die Äquivalenzen der verschiedenen Beiträge zur gesellschaftlichen Arbeit festzustellen erlauben. (…) ›Gleichheit‹ in einer klassenlosen Gesellschaft hängt von der Definition dieser Regeln ab.«

Konvertierbarkeit. Es ist nur in dem Ring gültig, der es ausstellt (obwohl die mögliche Vernetzung verschiedener Ringe in Großbritannien diskutiert wird) und verliert seinen Wert, wenn es, je nachdem, in den folgenden drei oder sechs Monaten nicht »ausgegeben« wird: Es darf nicht gehortet werden. Es darf keine Möglichkeit geben, sich durch die Leistung von Diensten, ohne je selbst welche zu beanspruchen, quasi unbegrenzte Ausstände bei allen anderen zu erwerben und sich darüber nach Art der professionellen Banker oder Kreditgeber eine herrschende Position zu sichern.

Im Unterschied zu den auf dem Tausch von Arbeit basierenden britischen Arbeitsbörsen (*Labour exchanges*) des 19. Jahrhunderts schaffen die Kooperationsringe demnach weder Zahlungsmittel noch gar den Markt ab. Aber sie schaffen die Macht des Geldes ab, die blinden »Gesetze des Marktes« und deren Undurchschaubarkeit. Das lokale, durch einen Ring ausgegebene Geld kann auf Grund seiner schnellen Verwirkung nicht um seiner selbst willen begehrt werden. Es kann nicht zur Bereicherung der einen auf Kosten der anderen dienen noch zur kapitalistischen Investition in Hinblick auf einen Gewinn. Es kann nicht zur privaten Aneignung gemeinsamen Guts dienen und begrenzt das persönliche Eigentum und die Kaufkraft der Einzelnen auf das, »was sie dem Gemeingut für ihren persönlichen Gebrauch und die Bedürfnisse ihrer Familie entziehen können« (Locke). Das Geld hingegen, das Bereicherung möglich macht, erlaubt dem Reichen, »über seine Bedürfnisse und seine Fähigkeiten hinaus Besitz zu haben«.[182]

Die kurze Gültigkeit des lokalen Geldes bewirkt so zugleich einen Anreiz, es auszugeben, und einen zur Selbstbeschränkung (*self-restraint*). Sie regt jeden dazu an, das durch seine Dienste erworbene Zeit-Guthaben wieder in den Kreislauf einzubringen, indem er Dienste anderer Mitglieder in Anspruch nimmt. Aber sie veranlaßt auch dazu, seinen Verbrauch von Dienstleistungen anderer zu begrenzen, weil er in einem überschaubaren zeitlichen Rahmen durch eigene Dienste beglichen werden muß. Da das lokale Geld jeden Erwerb und jeden Verbrauch an eine Verausgabung von Arbeit und Zeit bindet, schafft es den Geld- und Warenfetischis-

---

182 Ich zitiere André Gauron: *Les remparts de l'argent*, Paris 1991, S. 47 ff.

mus (den Anschein, das Geld könne das, was jeder Einzelne kann, noch viel besser) ab, veranlaßt zum Nachdenken über die wirklichen Bedürfnisse und vereitelt Verschwendung. Seine Devise könnte lauten:»Jedem nach seinen Bedürfnissen, jedem nach seiner Arbeit.«

Ein dritter Aspekt erklärt das Interesse der politischen Ökologie an den Kooperationsringen: Das lokale Geld stimuliert den Rückgriff auf lokale Ressourcen, Produktionen und Dienstleistungen. Da es nur in einem begrenzten Umkreis eintauschbar ist, trägt es zu einer Dynamisierung und Entwicklung der lokalen Wirtschaft bei, erhöht den Grad an Selbstgenügsamkeit und an Einfluß der Bevölkerung auf die wirtschaftlichen Weichenstellungen und Prioritäten. Im Vergleich zur Produktion von Tauschwerten reizt es zur bevorzugten Schaffung von Gebrauchswerten. Je mehr verschiedene Mitglieder und Kompetenzen ein Kooperationsring vereinigt, desto höher kann der Anteil an mit lokalem Geld abgewickelten Tauschhandlungen sein und desto stärker zielt das lokale Geld auf die Verdrängung des offiziellen Gelds ab. In El Paso (Neu-Mexiko) kann man so schon die Arzthonorare mit *time dollars* bezahlen. In Ithaca (New York) nimmt die Mehrheit der Händler »grünes Geld« an, und in bestimmten niederländischen Städten akzeptieren Restaurants das lokale Geld ebenso wie einige Banken in Großbritannien.

Der schwedische Forscher Nordal Åkerman, der sich in Europa als einer der ersten für das ökosoziale Veränderungspotential der Kooperationsringe interessiert hat, sah in ihnen einen Hebel, um »die Dimension der eine Gesellschaft bildenden Einheiten zu reduzieren und die Menschen zu den Trägern der Entwicklung zu machen«. Er schlug vor, in jeder Gemeinde die gesamte Bevölkerung in die kooperativen Initiativen einzubinden und zu diesem Zweck ein Inventar der Bedürfnisse zu erstellen, die durch die lokale Produktion abgedeckt werden können, angefangen bei Wasser, Heizung, Nahrung, Transportmitteln, gängiger Gebrauchskleidung, Maschinen und Müllbeseitigung. Weiterhin schlug er vor, »eine Liste all der kleinen Dinge« zu erstellen, »die dazu beitragen, das Leben aktiver, befriedigender und angenehmer zu machen und die Lebensqualität im Viertel zu erhöhen. Zu diesem Zweck könnte man die Menschen ersuchen, per Referendum aus einer Liste von zwanzig bis dreißig Vorgaben, die jeder noch um fünf bis zehn weitere ergänzen könnte, ihre Wahl zu treffen.«[183]

Der Kooperationsring darf also nicht als eine isolierte Maßnahme zugunsten von Arbeitslosen und Randgruppen betrachtet werden. Denn in diesem Fall wäre er nur ein elender Notbehelf. Sein lokales Geld würde sogleich als »das Geld der Armen« wahrgenommen werden und seine Leistungen und Gegenleistungen als Trick, um »die heißen Viertel zu befrieden« und die öffentlichen Dienste und die Leistungen des Wohlfahrtsstaates abzubauen und zu privatisieren.

Die Kooperationsringe dürfen auch nicht als Versuche verstanden werden, zur dörflichen Ökonomie zurückzukehren. Sie machen im Gegenteil erst in einem Kontext Sinn, in dem allen ein bedingungsloses Grundeinkommen garantiert wird und alle auf nur unregelmäßige Weise im makrosozialen Tauschsystem »arbeiten« und dadurch Fachkenntnisse erwerben, pflegen und entwikkeln, die auf der mikrosozialen Ebene ausgetauscht und eingesetzt werden können, vor allem in der lokalen kooperativen Selbstversorgung mit Gütern und Dienstleistungen. Es ist unter diesen Umständen denkbar, daß die Mitglieder sehr leistungsfähige Ausrüstungen deren Elemente und Komponenten gemeinsam mieten oder kaufen und selbst zusammenfügen. Auch ist es vorstellbar, daß die Produktivität wie die Qualität der lokalen Selbstversorgungsaktivitäten denjenigen der bestehenden großen Firmen vergleichbar oder überlegen ist. Und daß das Niveau des Fachwissens und des Erfindungsreichtums der lokalen Gruppen dank ihres permanenten Austauschs und der Intensität ihrer Kommunikationen und Kooperationen das Niveau in der bestehenden Industrie übersteigt.

Zu all diesen Punkten liefern die von Frithjoff Bergmann gegründeten Initiativen des *Center for New Work* praktische Bestätigungen, die anzutreffen ich nicht so schnell zu hoffen gewagt hätte.[184]

183 Nordal Akerman, »Can Sweden be Shrunk?«, in: *Development Dialogue*, 2, Uppsala 1972, S. 70-114.
184 Frithjoff Bergmann unterrichtet an der Universität von Michigan in Ann Arbor Philosophie und arbeitet seit über einem Jahrzehnt mit Arbeitslosen, Obdachlosen und Jugendlichen aus New York und Detroit. Ausgehend von der Tatsache, daß die Lohnarbeit allein künftig das Leben der meisten immer weniger strukturieren wird, schlägt er vor, das Leben in drei Zeiten zu organisieren, die drei

Die Lebensfähigkeit eines Kooperationsringes und seine Entwicklung hängen weitgehend von seiner Anlaufgeschwindigkeit ab. Und diese ihrerseits hängt von der Qualität der logistischen Unterstützung ihrer Begründer durch die jeweilige Gemeinde ab. In Großbritannien haben einige linke Gemeinden zu diesem Zweck den LETS Delegiertenstellen eingerichtet. Es geht dabei hauptsächlich um die Bereitstellung von Räumlichkeiten für die LETS, aber auch von Werkstätten, Produktionsmitteln, EDV-Ausstattung, technischen Beratern und Möglichkeiten zur Ausbildung und Lehre etc.

Die allgemeine Digitalisierung vergrößert das Potential der Kooperationsringe unablässig. Sie macht deren Verwaltung für jedes Mitglied transparent und kontrollierbar. Über Teletext oder Internet erlaubt sie permanente Bekanntgabe aller angebotenen oder gefragten Dienstleistungen, der gewünschten Arbeitszeiten und des Stands von Soll und Haben jedes Mitglieds. Sie dämpft die Effekte der Kostendegression, durch die die große kommerzielle Produktion in der Vergangenheit die regionale Produktion und die Selbstversorgung der Haushalte ausgeschaltet hat, ja, sie läßt sie eventuell sogar ganz verschwinden. Sie erleichtert das Selbststudium und die Selbstausbildung ebenso wie mögliche Koordinationen und Spezialisierungen der Ringe und den Austausch zwischen

Arten von Aktivitäten abwechseln und einander ablösen: die Zeit der bezahlten Erwerbsarbeit, die des high-tech self providing, das heißt der Selbstversorgung, die sich auf die fortgeschrittensten Technologien stützt, und die, in der man das tut, wozu man Lust hat, also die Zeit derjenigen Aktivitäten, die ich autonome genannt habe und die sich Selbstzweck sind.

Jede dieser drei Aktivitäten sollte, nach Bergmanns Auffassung, zwei Tage in der Woche beanspruchen (obwohl anpassungsfähigere Modelle nicht auszuschließen sind). Unter den Selbstversorgungsarbeiten, die sein Zentrum in Detroit organisiert, führt Bergmann den Bau von achtzehn- bis zwanzigstöckigen Gebäuden an, die die Obdachlosen mit der Unterstützung von Vorarbeitern, mit ökologischen Materialien und mit Hilfe der fortschrittlichsten Techniken bauen, um dort selbst zu wohnen. Andere stellen ihre Kleidung, Schuhe und Lederjacken her, »was mit den modernen computerisierten Nähmaschinen ein Kinderspiel ist«.

»Es ist unser Ziel«, sagt Bergmann, »70 bis 80% der Dinge, die man zum Leben braucht, selbst herzustellen, und zwar mit wenig Arbeitsaufwand«, und zugleich die ermüdende Monotonie der Ganztagsarbeitsplätze, zum Beispiel in der Bekleidungsindustrie, zu überwinden. »Neue Arbeit heißt: eine Vielfalt von Arbeit, die kreativer und phantasievoller, persönlicher und sinnvoller ist«. Nach einem Gespräch von Bergmann mit Erika Martens, in: *Die Zeit*, 7. März 1997, S. 27

ihnen. Sie könnten zum Beispiel gemeinsam leistungsfähigere Werkzeuge nutzen als einzelne Kooperationsringe mit einigen hundert Mitgliedern.

Die Kooperationsringe könnten so allmählich *zur kollektiven Aneignung neuer Technologien* führen – einschließlich flexibler Werkstätten, mit denen sich die Gemeinde entweder, wie dies Claus Haeffner vorschlägt, durch Leihkauf ausrüsten[185] oder die ihre Mitglieder genauso »basteln«, wie man in den afrikanischen oder südamerikanischen Slums »veraltetes« informationstechnologisches und mechanisches Material den lokalen Bedürfnissen gemäß umbaut und »bastelt«. Es ist schon längst nicht mehr wahr, daß die von den Konzernen patentierten Produktionsmittel die Leistungsfähigkeit der zur lokalen Selbstversorgung tauglichen und zu Spottpreisen hergestellten computerisierten Werkzeuge um ein Vielfaches übersteigen. Und selbst wenn ein Produktivitätsgefälle fortbestehen sollte, wird es durch die größere Befriedigung kompensiert oder überkompensiert, die die Mitglieder eines Ringes aus ihrer Kooperation ziehen.

Die von Offe und Heinze so genannte »sozialtechnokratische Professionalisierung« hat »traditionelles Laienwissen diskreditiert und verdrängt« und die »Selbsthilfe- und Beurteilungskompetenzen« der Menschen disqualifiziert.[186] Die Kooperationsringe erlauben es, zumindest einen Teil der Dienstleistungen, auf die die professionalisierten Sozialdienste ein Monopol erheben (wie beispielsweise die »häuslichen Pflegetätigkeiten« kurzfristig behinderter Personen, wie Offe und Heinze anführen), wieder in die Sphäre der Nachbarschaft zurückzuführen. Die kurze Gültigkeit der lokalen Währungen schließt aber Dienste aus den möglichen Zuständigkeiten eines Rings aus, die zuverlässig über Monate oder Jahre täglich für Personen gewährleistet werden müssen, welche in dem vorgeschriebenen Zeitraum die äquivalenten Gegenleistungen nicht erbringen können. Das ist vor allem der Fall bei Haushaltsdiensten für junge Mütter oder behinderte oder alte Menschen. Daher die Idee – die der Slogan *from welfare state to welfare society* zusammenfaßt – eines Sozialversicherungssystems, das nicht auf finanziellen, sondern auf Dienstleistungsbeiträgen beruht. Die ge-

185 Vergleiche Claus Haeffner: *Mensch und Computer im Jahr 2000*, Zürich 1988.
186 Claus Offe, Rolf Heinze, *op. cit.*, S. 75.

sunden Rentner könnten sich zu regelmäßigen Hilfeleistungen, zur Unterstützung und Pflege abhängiger Personen verpflichten und damit Guthaben erwerben, die sie geltend machen könnten, wenn sie selbst hilfs- und pflegebedürftig werden sollten, wo immer sie sich dann befinden. Oder Verwandte abhängiger Personen könnten ihnen gar eigene Zeit-Guthaben schenken. Daraus würde sich für abhängige Personen eine größere Autonomie ergeben: Sie müßten nicht mehr auf den guten Willen und vor allem nicht mehr auf die Verfügbarkeit von Familienmitgliedern setzen.

Ein solches System hätte natürlich nicht viel Wert, nicht viele Vorteile, wenn es auf der »Verpflichtung zum Volontariat« beruhte und das Ziel der Abbau öffentlicher Dienstleistungen und Sozialdienste wäre. Sein Ziel muß vielmehr in der Ausdehnung der lebenslangen Integration der Menschen in das zivilgesellschaftliche Beziehungsnetz bestehen. Der gesellschaftliche Wert der Kooperationsringe liegt nicht nur in den von ihnen geschaffenen »Nutzwerten«, die ohne diese Ringe nicht hätten hergestellt und ausgetauscht werden können. Sondern genauso im Beweis, daß es neben dem Geld andere Tauschmittel, andere Quellen von Rechtsansprüchen und andere, konkretere und konviviiere Verrechnungseinheiten gibt. Er besteht in der Einrichtung stabiler, dauerhafter und loyaler Gegenseitigkeitsbeziehungen, die vor Unsicherheit und Prekarität schützen. Und nicht zuletzt, wie Jessen festhielt, in der Selbstbestimmung der erhaltenen und bereitgestellten Dienstleistungen und in »herrschaftlich unregulierten« Sozialbeziehungen von Kooperation und Austausch. Diese wirken »als Stütze des Selbstbewußtseins und der Kritikfähigkeit des Individuums« und werden im Unterschied zur Lohnarbeit »als vergleichsweise frei und unentfremdete (erlebt)«, als »herrschaftsfreie Kommunikation«. Sie »aktivieren qualitative arbeitspolitische Forderungen und gewinnen so den Status einer kritischen Kraft gegenüber betrieblich organisierter Lohnarbeit«.[187]

---

187 Claus Offe, Rolf Heinze, *op. cit.*, S. 75, 342-344; J. Jessen: *Arbeit nach der Arbeit*, Opladen 1988, S. 276f.

Zurück zum Politischen

Damit befinden wir uns wieder beim Kern unseres Themas. Mit den Kooperationsringen und ihrer möglichen Vernetzung ist eine praktische Kritik an der Erwerbsarbeit verbunden. Jeder Ring stellt ein Kollektiv dar, dessen Mitglieder sich die Arbeit, deren Verteilung und Teilung sowie die Bestimmung, Erlangung und Verbreitung von Wissen, Kompetenzen und Techniken wiederaneignen – zumindest potentiell. Es handelt sich um ein großangelegtes gesellschaftliches Experiment. Es läßt die an ihm Beteiligten eine andere Gesellschaft und Wirtschaft erahnen, die das Lohnsystem abschaffen sowie die Macht des Geldes und die Macht der »Marktgesetze« (aber nicht den Markt selbst). Eine von der Herrschaft der »Realabstraktion« befreite Gesellschaft und Wirtschaft, in der es nicht mehr stimmt, »daß die Arbeit egal ist und die Hauptsache, eine zu haben«.

Werden die in den Kooperationsringen »assoziierten Produzenten« noch die Einschränkungen ihrer Fähigkeit zur Selbstorganisierung und Zusammenarbeit durch die kapitalistische Arbeitsorganisation, und sei es die von Toyota, akzeptieren, wenn sich das Feld ihrer Kooperation ausweitet? Werden sie noch bereit sein, ihre Fähigkeiten und Kompetenzen in den Dienst des Kapitals zu stellen? Werden sie, um »ihren Lebensunterhalt zu verdienen«, weiterhin fremden Zielen dienen, Zielen, die die transnationale Strategie deterritorialisierter Entscheidungsträger ihrer kritischen Prüfung und sogar ihrer Kenntnis entzieht? Werden sie weiterhin akzeptieren, daß die ökonomischen und technologischen Entscheidungen der öffentlichen Diskussion entzogen sind und daß Staat und/oder Kapital ihre »Diktatur über die Bedürfnisse« und das Konsummodell weiterhin ausüben? Wird nicht das »kritische Bewußtsein«, durch die Praxis der selbst eine praktische Kritik darstellenden Zusammenarbeit gestärkt, über die Kooperationsringe hinausgehen und auf die Unternehmen, Verwaltungen und politischen Apparate übergreifen? Wird nicht die Fähigkeit, Wissen *hervorzubringen* und es nicht nur anzuwenden, zu einer immer radikaleren Infragestellung jener Institutionen und Industrien führen, die »die Wissenschaft« und die Forschung für sich beschlagnahmen – eine Infragestellung, für die die Selbsthilfegruppen der Krebskranken, der Diabetiker, der Aidsinfizierten, der Rauschgiftsüchtigen etc., aber auch die Verbraucherverbände und die ökologischen Bewegungen häufig ebenfalls transnationale Beispiele bieten?

Über den eventuellen Verlauf einer derartigen Revolution werde ich hier keine Prophezeiungen wagen noch über die möglichen Gliederungen und Vermittlungen zwischen der lokalen, mikrosozialen Sphäre der kooperativen Gemeinschaften und der Makrogesellschaft, in die diese eingebettet bleiben. Es ist praktisch wie theoretisch unmöglich, diese Gemeinschaften von der gemeinsamen Umwelt zu trennen, welche sie einbindet und mit all dem versorgt, was sie sich selbst nicht verschaffen können. Wir müssen akzeptieren, daß sich das Problem ihrer Beziehung zu dieser Umwelt stellt – die ja nichts anderes ist als die weltoffene Gesellschaft selbst –, akzeptieren, daß es eine Notwendigkeit und ein Problem der Vermittlung gibt zwischen jeder lokalen Gemeinschaft und der Gesellschaft und zwischen den Gemeinschaften selbst und den Gesellschaften selbst. Daß dieses Problem und diese Vermittlungen *die des Politischen* sind, der Politik, die nicht urplötzlich zu Gunsten kommunikativer und einvernehmlicher gemeinschaftlicher Beziehungen verschwinden wird. Daß die dörfliche Gemeinschaft ebensowenig wie die selbstverwaltete Kooperative auf Weltmaßstab ausgedehnt werden kann. Daß der Wohlstand einer Gesellschaft und einer Zivilisation deshalb auch von der Existenz territorialer Einheiten und Städte abhängt, die groß genug sind, um sehr spezialisierte und minoritäre Aktivitäten zu beherbergen – Cellisten und Ägyptologen, Mikrochirurgen und Astrophysiker, Psychotherapeuten und Judolehrer etc. –, aber auch große Einrichtungen und öffentliche Dienste wie Universitäten und Forschungsinstitute, Museen und Werften etc. Und daß schließlich all das die gesellschaftliche Produktion eines akkumulierbaren »ökonomischen Überschusses« voraussetzt, also das Fortbestehen eines universalen Zahlungsmittels, und bekannte, anerkannte, auf alle anwendbare Regeln, sprich ein Recht, einen Rechtsapparat, ein Koordinierungs- und Ausgleichsorgan, *kurz das, was man einen Staat nennt*.[188]

188 In seiner *Théorie de la modernité*, Paris 1990, liefert Jacques Bidet eine hervorragende theoretische Kritik der »marxistischen Utopie der Abschaffung der Arbeitsteilung«, der Abschaffung des Marktes und der Abschaffung des Staates. Vergleiche besonders die Seiten 295-305.

Das »System« sagt Habermas, kann nicht völlig in der »Lebenswelt« aufgehen. Das bedeutet, daß die öffentlichen Dienste und Verwaltungen großer komplexer Gesellschaften nicht völlig in der kommunikativen und einvernehmlichen Kooperation der Gemeinschaften aufgehen können. Möglich aber ist, daß die selbstorganisierten gesellschaftlichen Tauschhandlungen eine immer stärkere politische Dimension annehmen, um der Einfügung der lokalen Aktivitäten in ihre weitere Umwelt Rechnung zu tragen. Die mikrosozialen Einheiten können dadurch selbst einen wachsenden Anteil ihrer Vermittlungen mit dem gesellschaftlichen Ganzen übernehmen und zu Akteuren makrosozialer Entscheidungen werden, die ihrerseits berufen sind, sich komplementär zu den mikrosozialen Aktivitäten zu verhalten. Über diese Art von »Rückbindung«, die die Entwicklung des Systems an die der Lebenswelt knüpft und das eine zur Entwicklung des anderen beitragen läßt, hat Rainer Land unablässig gearbeitet und unter anderem das Modell einer Politik der ökologischen Modernisierung ausgearbeitet.[189]

Diese »Rückbindung« führt und zwingt die mikrosozialen Gruppen dazu, ihre eigenen Ziele reflexiv als lokale Ausdrucksformen universaler Ziele und ihr »lokales Gemeingut« als die besondere, lokale Form des »allgemeinen Gemeinguts« zu denken. Die politische Vermittlung ist, letzten Endes, nichts anderes als diese nie beendete Arbeit, die Bedürfnisse und Bestrebungen der Einzelnen in Einklang mit denen aller zu bringen und umgekehrt.[190]

189 Rainer Land, »Ökosteuer oder Ökokapital?«, in: *Andere Zeiten*, 4, Berlin 1994. Dieser Artikel ist in den folgenden Nummern der Zeitschrift diskutiert worden.

190 Eine 1994 in den Niederlanden entstandene Bewegung zeigt, wie kooperative Gemeinschaften durch ihre Vernetzung, gemäß der Devise »Global denken, lokal handeln«, das Lokale an das Universelle zurückzubinden vermögen. Diese bereits seit einigen Jahren latente Bewegung entwickelte sich auf Grund der weitverbreiteten Befürchtung, daß der durch die klimatische Erwärmung verursachte Anstieg des Meeresspiegels zur Überflutung großer Teile des niederländischen Territoriums führen werde. Um der klimatischen Erwärmung (insofern sie vom Treibhauseffekt verursacht ist) Einhalt zu gebieten, gilt es, den Konsum fossiler Brennstoffe möglichst stark und schnell zu unterbinden. Um dies politisch durchführbar und sinnvoll zu machen, ist es unablässig, den Beweis zu erbringen, daß es sich mit weniger Konsum besser leben läßt.

Auf Initiative einer Gruppe aus Wissenschaftlern, Architekten und Bürgern haben sich in rund zehn niederländischen Städten Öko-Teams (*eco-teams*) gebildet, um mit neuen Lebens- und Wohnformen zu experimentieren, die Energie-

Nachwort

Fünfundzwanzig Jahre haben wir in Frankreich verloren, ehe die beschleunigte Abnahme des Erwerbsarbeitsvolumens und die damit mögliche und wünschenswerte Verkürzung der von jedem Einzelnen geleisteten Arbeitszeit ernst genommen wurden. Zwanzig Jahre sind verstrichen, seit das Adret-Kollektiv Arbeiter und Angestellte zu Wort kommen ließ, die Teilzeitarbeit, Multiaktivität und Selbsttätigkeit als Befreiung erlebt hatten.[191] Mehr als zwanzig Jahre sind verlorengegangen, nachdem Michel Rolant den Slogan

einsparungen, die gemeinsame Nutzung bestimmter Ressourcen und Ausstattungen, den Austausch von Dienstleistungen etc. miteinander kombinieren.

Die Öko-Teams treffen sich einmal im Monat, um thematische Prioritäten zu beschließen und ihre Ergebnisse und Methoden mit denen der anderen Teams zu vergleichen. Ihr Wettstreit um die Erlangung der größtmöglichen Genügsamkeit, Konvivialität, Entschleunigung als Faktoren einer besseren »Lebensqualität« kehrt die Werteskala der »Konsumgesellschaft« um und verschafft den mikrosozialen Initiativen wegen ihrer Bedeutung für die Ausarbeitung eines neuen Lebensstils und eines neuen Gesellschaftsmodells allgemeine Anerkennung und Wertschätzung. Der wachsende Anteil der im Interesse des Gemeinwohls verrichteten Eigenarbeit reduziert die Bedeutung, die der abstrakten Arbeit und dem Warenkonsum für die Befriedigung der Bedürfnisse zukommt. Zeitwohlstand tritt an die Stelle von Güterwohlstand, eine neue Norm des »Genügenden« wird durch das kontinuierliche gegenseitige Abwägen der verschiedenen Determinanten von Lebensqualität ausgearbeitet. (Für genauere Details vergleiche *Der Spiegel*, 13, Hamburg 1995.)

Das Streben der Gemeinschaften und Menschen nach Autonomie, Selbstbestimmung und *self-reliance*, nach Entfaltung ihrer Fähigkeiten und ihrer Beziehungen, ist ein Gemeinwert bei der Verfolgung des Gemeinwohls und kulturelle Grundlage von Anerkennung wie gesellschaftlicher Kritik. Selbstbeschränkung und Genügsamkeit werden, statt als Opfer und Askese zu gelten, zu befriedigenden, sozial hoch angesehenen Möglichkeiten, persönliche Autonomie zu beweisen und die Entfaltung und Souveränität von Menschen und Gemeinschaften anzustreben. Damit ist man dann weit entfernt von »sozialer Nützlichkeit«, das heißt, einer gesellschaftlichen Moral, in der das Individuum gesellschaftlich in dem Maße anerkannt wird, wie seine Arbeit oder seine Funktion der ihrerseits als totalisierendes Subjekt betrachteten Gesellschaft dienen. Die Gesellschaft wird zur Verbindung von selbstgestifteten, sich fortwährend erneuernden Formen von kommunitärer Gesellschaftlichkeit und kollektiven öffentlichen Diensten, Infrastrukturen und Mega-Werkzeugen, welche die durch konkrete Arbeit gestiftete Gesellschaftlichkeit ergänzen und unterstützen.

191 *Adret: Travailler deux heures par jour*, Paris 1977. Eine Fortsetzung, *Résister*, ist unter dem gleichen Namen Anfang 1997 bei den Éditions de Minuit, Paris, erschienen.

»Weniger arbeiten und dafür Arbeit für alle und ein besseres Leben« als Kampfthema für die CFDT entwickelte. Mehr als fünfundzwanzig verschenkte Jahre, nachdem der Leiter der Sektion Automation der IG Metall, Günther Friedrich, darauf aufmerksam machte, daß Investition Arbeitsplätze nicht mehr schafft, sondern abbaut – es sei denn, die Arbeitszeit würde kontinuierlich reduziert. Und daß alles von Grund auf neu überprüft, durchdacht und definiert werden müsse, angefangen mit der Praxis, der Aufgabe und dem Inhalt des Gewerkschaftswesens.

Fünfundzwanzig Jahre lang sind die westlichen Gesellschaften rückwärtsgewandt in die Zukunft eingetreten, zugleich unfähig, sich gemäß den überkommenen Normen zu reproduzieren und die noch nie dagewesenen Freiheitsmöglichkeiten zu nutzen, die sich aus den Arbeitszeiteinsparungen ergeben. Während dieser zwei Jahrzehnte haben sich die aus dem Fordismus hervorgegangenen Gesellschaften aufgelöst, ohne daß sich eine andere Gesellschaftsform abgezeichnet hätte. Sie haben sich zugunsten einer Gesellschaftslosigkeit aufgelöst, in der eine winzige herrschende Schicht fast den gesamten verfügbaren Reichtumszuwachs beschlagnahmt und mangels politischer Konzepte und Anhaltspunkte die Auflösung aller Bindungen und den Haß gegen alles, einschließlich des Lebens und sich selbst, hervorruft.

Ich weiß nicht, ob meine Weise, Wünsche befreien und Phantasien aus ihren Fesseln lösen zu wollen, die richtige war. Noch weiß ich, ob die in die von mir skizzierte Richtung gehenden Politiken jemals umgesetzt werden. Jene, die sie insgesamt als eine »Utopie« verwerfen, mache ich nur darauf aufmerksam, daß der Utopie, im Sinne von Ernst Bloch oder Paul Ricœur, die Aufgabe zukommt, uns zum Zustand der Dinge jenen Abstand zu geben, der es uns möglich macht, unser Handeln im Lichte dessen, was wir tun könnten oder sollten, zu beurteilen. Hingegen weiß ich ganz sicher, daß uns zur Wiedergutmachung unserer Versäumnisse keine weiteren zwanzig Jahre bleiben. Denn um uns herum richtet sich eine Utopie im etymologischen Sinn des Wortes ein. Eine Art reale Derealisierung, welche die Trümmer einer vergangenen Welt überlagert, webt eine zweite, sogenannte »virtuelle« Welt, eine zeit- und ortlose Welt ohne Dichte noch Widerstand, in der jede und jeder sich zugleich überall und nirgends befindet, in der jeder Ort ein mit allen anderen Orten austauschbares »Irgendwo« ist und jeder Mensch an einem Platz, der, was auch immer, aber niemals sein eigener ist. U-topie, also entmaterialisierte, azentrische, den biologischen Rhythmen des Körpers ebenso entfremdete Welt wie den Bedürfnissen der Sinne, sich durch die nie beendete Abarbeitung an einer gegenständlichen und widerstehenden Realität selbst zu formieren.

Die allgegenwärtige Digitalisierung schafft nicht nur die Arbeit (im Sinne von *poiesis*) ab, also die körperlichen und manuellen Fertigkeiten. Sie schafft auch die sinnlich erfahrbare Welt ab, verdammt die Wahrnehmungsfähigkeiten zur Untätigkeit und spricht ihnen das Vermögen ab, zwischen richtig und falsch, gut und schlecht zu unterscheiden. Sie disqualifiziert die Sinne, setzt die Gewißheiten außer Kraft und entzieht den Boden unter den Füssen. Immer leistungsstärkere Prothesen ersetzen die Sinnesorgane. Mikromotoren werden in den Körper eingepflanzt, kolonisieren und motorisieren ihn. Elektronische Stimulationen treten an die Stelle der Reize der fühlbaren Welt, verschaffen dem Körper intensivere Lustgefühle als das unangemessen gewordene Wahrnehmungsvermögen und überkompensieren durch Halluzinationen die Ungreifbarkeit der virtuellen Wirklichkeit.

Das Empfindungsvermögen des Lebendigen wird von dem selbstprogrammierten Delirium des Cyborgs überlagert und die natürliche Körperlichkeit als lästige Antiquiertheit angesehen, die daran hindert, »kosmisch zu fühlen«. Die Technikwissenschaft schafft durch die Disqualifizierung von handwerklichem Geschick und Sinnesleistung »die Humanität des Menschen« (wie Günther Anders es formulierte[192]) ab und entwertet sie. Zu diesem Thema empfiehlt sich die Lektüre der Arbeiten von Paul Virilio, die zu paraphrasieren ich mich hier beschränke.[193]

Aufhebung der Grenzen zwischen dem Technologischen und dem Biologischen und zwischen dem Maschinellen und dem Menschlichen, kybernetische Monopolisierung der Sinneslust, Neuerfindung des Körpers durch *reengineering* seines organischen

192 S. Günther Stern, alias Günther Anders, *Die Antiquiertheit des Menschen*, 2 Bde., München 1980, der seit den fünfziger Jahren ein Vorläufer der Technikkritik und der militanten politischen Ökologie ist.
193 Paul Virilio, *Die Eroberung des Körpers. Vom Übermenschen zu überreizten Menschen*, München 1994.

Aufbaus, selbstreproduktionsfähige und selbstreparaturfähige molekulare Mikromaschinen und Protein-Motoren, die »unbegrenzte Mengen von Nahrung oder zahllose Wohnungen für Obdachlose herstellen und sich in den Arterien bewegen können, um Zellreparaturen vorzunehmen«, so Eric Drexler[194], tausend Meter hohe Gebäude, deren hunderttausend wie Kolonisatoren anderer Planeten lebende Bewohner nie einen Fuß auf den Boden setzen. In solcher Weise wird »die Dynamik der Technikwissenschaft zu einer Art selbständiger Bewegung (...), die sich über die Köpfe der Menschen hinwegsetzt« und den Verlust ihrer eigenen Welt und ihres eigenen Körpers mit sich bringt. »Es ist, als ob die Akkumulation materieller und immaterieller Güter als riesige Unterwerfungs- und Konditionierungsmaschine der Konsumenten und Produzenten auftritt. Die äußeren (und perversen) Einwirkungen lagern am Ende diejenigen aus, die sie schaffen.«[195]

Was bedeutet es, sich unter diesen Bedingungen »die Technikwissenschaft anzueignen«? Wer kann sie sich aneignen? Welches Subjekt? Die Frage wird fundamental – wird zum Gegenstand eines fundamentalen Konflikts –, wenn die Technikwissenschaft aufhört, Produkt menschlicher Praxis zu sein, wenn sie sich an deren Stelle setzt und aus Männern und Frauen »das Produkt ihres Produktes« macht (in einem in der Zeit, als Marx diesen Ausdruck fand, noch ungeahnten Maße). Die sich verglichen mit ihren Erfindern verselbständigende Technikwissenschaft wird gleichsam zum Subjekt der Produktion, des Denkens und des Werdens und erlangt die Macht, nicht nur Produkte, Güter oder Dienstleistungen herzustellen und nicht nur ihre Konsumenten, sondern *ihre eigenen Hersteller* zu erzeugen und die Grenze zwischen Technischem und Lebendigem aufzuheben, zwischen dem Maschinen-Denken und der -Sprache einerseits und der den lebenden Subjekten eigenen Sprache andererseits. Die »Technosophie«, für die gilt: *life is technology* und umgekehrt, sagt nichts anderes. Das bedeutet mit anderen Worten, daß die Technologie das Subjekt ist und daß die Maschinisierung des Lebendigen und Psychischen die Herrschaft

194 Eric Drexler, Pionier der Nanotechnologien, geht davon aus, daß die Anwendungen im großen Maßstab ungefähr um 2010 stattfinden können (*Time*, 2. Dezember 1996).
195 Jean-Marie Vincent, »De la gauche domestiquée à la gauche critique«, in: *La Revue du Mauss*, 13, S. 43.

eines außer- und übermenschlichen Subjekts entstehen läßt, das die Menschen mit Leib und Seele in Besitz nimmt und auf für sie undenkbare Weise neu entwirft und neu schöpft.[196]

Was Technosophie und Cyborgkult als die Erlangung der kosmischen Macht durch einen von seinen Schwächen und seiner Endlichkeit befreiten Übermenschen deuten, muß wohl wahrheitsgetreuer als ein totaler Sieg des immateriell gewordenen Kapitals interpretiert werden, dem es dadurch gelingt, die Menschen ihres Körpers und ihrer Welt zu enteignen, um sich ihr Leben total zu eigen zu machen. Ebenso wie die Grenze zwischen dem Technischen und dem Lebendigen verschwindet der Unterschied zwischen Mensch und Kapital. Die Formulierung von Marx, nach der »vom Standpunkt des unmittelbaren Produktionsprozesses aus (...) die volle Entwicklung des Individuums« als »Produktion von capital fixe« betrachtet werden kann, »dies *capital fixe being man himself*«, wird zur Formel eines absoluten Produktivismus herabgewürdigt. In ihm existiert *man himself* nur noch als Produktivkraft und verfolgt die »volle Entwicklung seiner Individualität« nicht mehr als ein Ziel an sich, sondern als Mittel zur Erhöhung seiner Produktivkraft. Mit der Abschaffung der Arbeit treibt das Kapital die Abschaffung des Menschen selbst voran, um ihn unter sich zu subsumieren, in sich aufzusaugen und darüber zu *seinem* Untertan zu machen. Für diejenigen, die sich noch des Essais von François George, alias Daniel Verrès, erinnern, der zeigte, daß das Kapital ontologisch betrachtet als *ens causa sui*, das heißt als Gott, funktioniert[197], hat diese Interpretation nicht nur intuitive, sondern auch philosophische Evidenz.

Sie weist auf die Front und den Gegenstand des Konflikts hin: Die Front des Konflikts verläuft überall dort, wo es um das Recht der Menschen über sich selbst geht, über ihr Leben, über ihre Fähigkeit, sich als Subjekte hervorzubringen und zu verstehen, Sinn zu stiften, allem und allen zu widerstehen, was sie ihrer Sinne, ihres Körpers, ihrer gemeinsamen Kultur und des Ortes beraubt, an dem

---

196 Vergleiche M. Hardt, A. Negri: »Eine neue menschliche Natur ergreift von unserem Körper Besitz. Der Cyborg ist heute das einzig zur Verfügung stehende Modell für eine Theorie der Subjektivität. Ein Körper ohne Organe, ein Mensch ohne Eigenschaften, Cyborg, das sind die neuen Gestalten des Subjekts, die einzigen heute zum Kommunismus fähigen«, *op. cit.*, S. 20.
197 *Vergleiche* Daniel Verrès, *Le discours du capital*, Paris 1971.

sie sich »zu Hause« fühlen können und an dem sich Handeln und Denken, Phantasie und Tat in Einklang entfalten können.

Darauf werde ich unter anderm im Anschluß in einem langen Kommentar zur *Critique de la modernité* von Alain Touraine zurückkommen, bei der es sich in vielerlei Hinsicht um eine Zeitdiagnose* handelt: Ein gleichsam klinisches Portrait einer disparaten Welt, deren verstreute Fragmente sich durch kein Ordnungsprinzip zusammenfügen lassen. Eine Unmöglichkeit, die ich während dieser ganzen Arbeit unaufhörlich erfahren habe und die der Kommunitarismus verleugnet. Deshalb habe ich vor die Auseinandersetzung mit der Zeitdiagnose Touraines den anschließenden Anhang über den Unterschied zwischen Gemeinschaft und Gesellschaft eingefügt, zwischen kultureller Identität und Staatsbürgerschaft, Lebenswelt und Subjekt, kurz, zwischen der auf Vergemeinschaftung und selbstorganisierter Kooperation gegründeten Gemeinschaft, von der hier die Rede war, und der einstimmigen, exklusiven Gemeinschaft, zu der man nach den meisten Kommunitaristen »konstitutiv« gehören würde.

Anhang 1

Gemeinschaft und Gesellschaft

Als »Gemeinschaft« bezeichnet man in der Soziologie normalerweise eine Gruppe oder ein Kollektiv, deren Mitglieder als konkrete Personen durch gelebte und konkrete Solidarität miteinander
verbunden sind. Ihre Gemeinschaft besitzt einen faktischen
Grund: Sie beruht auf etwas, das jedes ihrer Mitglieder als allen
Gemeinsames anerkennt. Entweder haben sie es aus ihrem gemeinsamen Interesse heraus *vergemeinschaftet* (in diesem Fall spricht
man von einer assoziativen oder kooperativen Gemeinschaft) oder
es ist ihnen ursprünglich und qua Geburt gemein (ihre Sprache,
ihre Kultur, ihr »Land« oder ihre Heimat*), man spricht dann von
einer ursprünglichen oder »konstitutiven« Gemeinschaft.

In beiden Fällen ist die Bindung zwischen den Mitgliedern einer
Gemeinschaft weder eine juridische noch eine instituierte, formali-
sierte, institutionell garantierte, sondern vielmehr eine gelebte, exi-
stentielle, die in dem Augenblick ihre Qualität als Gemeinschaft
verliert, in dem sie institutionalisiert und kodifiziert wird. Denn
von diesem Augenblick an erlangt sie eine objektivierte und verselbständigte Existenz, die für ihren Fortbestand nicht mehr auf
das affektive Engagement, den gelebten Zusammenhalt aller ihrer
Mitglieder, angewiesen ist. Die Institutionalisierung hat ja gerade
den Zweck, den Fortbestand einer Bindung unabhängig vom affektiven Engagement jedes einzelnen Mitglieds sicherzustellen: Sie
verwandelt den gelebten Zusammenhalt in bestimmte Verpflichtungen. Das gemeinschaftliche Leben und die gemeinschaftliche
Praxis, die sich »kommunikativ« und intuitiv regeln, treten zu
Gunsten einer juridisch regulierten und angeleiteten Praxis in den
Hintergrund.

Bei der Gesellschaft dagegen handelt es sich um ein zu umfang-
reiches, differenziertes und komplexes Ganzes, als daß die Beziehungen zwischen ihren »Mitgliedern« sich auf kommunikative
und spontane Weise organisieren ließen. Daher gehört man ihr
nicht in der gleichen Art an wie einer Gemeinschaft, nämlich nicht
als konkrete Person, die mit den anderen ursprünglich oder koope-
rativ ein gemeinsames Leben teilt, sondern als *Bürger*, will heißen

als abstrakte, in ihrer Universalität definierte Person, deren Rechte (und Pflichten) durch einen Staat instituiert, juridisch formalisiert und politisch garantiert sind. Bürger meint also nicht die Person selbst als Subjekt, sondern nur die juridisch definierte Person in ihrer Universalität. Unter den Bürgern gibt es keine bestimmte Gemeinschaft und unmittelbar gelebte Solidarität, sondern nur eine »politische Gemeinschaft«, »die die Universalität der Person von den empirischen Zusammenhängen ablöst« und ihr eine nicht auf kulturelle Identität gegründete »politische Identität« verleiht[198] – zumindest in nicht-totalitären Gesellschaften. Die moderne Gesellschaft – diejenige, die von Serge Latouche im Gegensatz zu den Stammesgesellschaften die »große Gesellschaft«[199] genannt wird – stellt also das Andere der Gemeinschaft dar: Sie bedeutet den »Verlust oder die Desintegration von gemeinschaftlicher Vertrautheit« und die »Auflösung der alten Gemeinschaften (...) durch die Geburt des Nationalstaates«[200], durch die Ersetzung also von gemeinschaftlichen, auf einer traditionellen *Ordnung* beruhenden Bindungen, die jedem seinen Platz zuweisen und alle Aspekte des alltäglichen Lebens – einschließlich der Beziehungen zwischen Eheleuten und zwischen Eltern und Kindern – regeln, durch juridische Beziehungen zwischen emanzipierten Individuen. Erst in den »großen Gesellschaften« kann es die Unterscheidung zwischen öffentlicher Sphäre und Privatsphäre geben.

Die »große Gesellschaft« leidet folglich stets an einem Defizit von Gemeinschaft. Dieses Defizit wird teilweise kompensiert, keineswegs aber abgeschwächt durch die abstrakte, vom Sozialstaat eingeführte und institutionalisierte Solidarität. Die Frage nach dem Bezug zwischen Gesellschaft und Gemeinschaft erhellt Alain de Benoist, wenn er schreibt:

»Die Auflösung der alten Gemeinschaften ist durch die Geburt des Nationalstaats beschleunigt worden. Es war dies ein *gesellschaftliches* Phänomen (...), das sich mit dem Auftauchen des Individuums in Beziehung setzen läßt. (...) Das Problem der Gemeinschaft erhält aus der Perspektive der Rückkehr zu kleinen Einheiten des kollektiven Lebens,

---

198 Jean-Marc Ferry: *Les Puissances de l'expérience*, Bd. 2, Paris 1991, S. 163 f.
199 Serge Latouche: *La planète des naufragés*, Paris 1993.
200 Alain de Benoist: »Communautariens vs. libéraux«, in: *Krisis* 16, Juni 1994, S. 4.

die sich abseits der großen institutionellen, bürokratischen oder staatlichen Apparate entwickeln, eine neue Aktualität. Es gelingt ihnen allerdings nicht mehr, ihre traditionelle Rolle als Integrationsstrukturen zu spielen. Gerade unter diesem Aspekt aber erscheint die Gemeinschaft zugleich als natürlicher Rahmen einer Demokratie der Nähe – einer organischen Demokratie, einer partizipatorischen Demokratie, einer Basisdemokratie –, die auf einer aktiveren Teilnahme beruht und auf der Wiederherstellung lokaler öffentlicher Räume wie auch als eine mögliche Antwort auf die größte Herausforderung am Ende dieses Jahrhunderts, nämlich als Antwort auf die Frage: ›Wie soll einem seine Integration gelingen und man seine Identität festigen, ohne die Mannigfaltigkeit und Eigenart der verschiedenen Komponenten zu verleugnen?‹ Die Gemeinschaft verliert als eine mögliche Form der *Überwindung* der Modernität«, so A. de Benoist weiter, »damit zugleich ihren ›archaischen‹ Status, den die Soziologie ihr lange zuschrieb.«[201]

Unter der Voraussetzung, daß es sich bei der hier in Frage stehenden Gemeinschaft der »kleinen Einheit kollektiven Lebens«, der »organischen«, »partizipatorischen« Demokratie oder »Basisdemokratie« und der Gemeinschaft als »natürlichem Rahmen einer Demokratie der Nähe« um die von Michael J. Sandel so genannte »kooperative« und keine »konstitutive« Gemeinschaft handelt, läßt sich das Verhältnis von Gemeinschaft und Gesellschaft nicht besser beschreiben. Diese Gemeinschaft entspricht der amerikanischen *community*, zu der Leo Löwenthal anmerkt, daß in den U.S.A. »eher in kleineren Einheiten gedacht wird, in Einheiten der Nachbarschaft, des Ortes, an dem man lebt, der *community*. Dies in den europäischen Sprachgebrauch nicht übersetzbare Wort *community* ist für das amerikanische Leben von entscheidender Bedeutung, da es ein Feld meint, in dem ein kontinuierlicher Einsatz nicht nur möglich ist, sondern von jedem gefordert und auch erfüllt wird.«[202]

Die kooperative Gemeinschaft kann für ihre Mitglieder zu einer Quelle tiefer Zugehörigkeit und affektiver Sicherheit werden. Sie kann aber nicht, anders als die konstitutive Gemeinschaft, zu einer

201 *Ibd.*, S. 4-5. Der von A. de Benoist zitierte Satz ist einem Text von Chantal Mouffe entnommen, »La citoyenneté et la critique de la raison libérale«, der in dem von J. Poulain und P. Vermeren herausgegebenen Band: *L'identité philosophique européenne* erschienen ist, Paris 1993, S. 101.
202 Frithjof Hager: *Geschichte denken. Ein Notizbuch für Leo Löwenthal*, Leipzig 1992, S. 61.

starken, unveränderlichen *Identität* führen. Da bestimmte Anhänger des Kommunitarismus (unter anderem auch A. de Benoist) versuchen, das Vorrecht der konstitutiven Gemeinschaft der kooperativen Gemeinschaft unterzuschieben, ist es wichtig, zunächst genauer auszuführen, wodurch sich diese beiden Formen von Gemeinschaft unterscheiden.

Die Mitglieder einer konstitutiven Gemeinschaft sind ihr qua Geburt zugehörig, ohne ihr je bewußt beitreten zu müssen, allein durch die Tatsache, daß sie mit ihrer familiären und anschließend schulischen Erziehung durch allen Bewohnern ihres Heimatortes gemeinsame (kulturelle, historische, räumliche etc.) Bezugspunkte und Bräuche geprägt worden sind. Die Zugehörigkeit zur konstitutiven Gemeinschaft geht der *Einigkeit ihrer Mitglieder* voraus. Von der familiären Gemeinschaft über die Wohn-, Stadtviertel- und Dorfgemeinschaft bis zur nationalen Volksgemeinschaft (ob sie nun staatlich verfaßt ist oder nicht) hat die gemeinschaftliche Zugehörigkeit verschiedene Grade und Ebenen. Je mehr sie der Erfahrung der Einzelnen entspringt und also deren Selbstverständnis und das Verständnis von anderen prägt, desto stärker entzieht sich die Zugehörigkeit jeder Kritik. So kann sich die verwandtschaftliche Bindung beliebig lockern, ohne jemals abzureißen. Ebenso können das Dorf oder Stadtviertel, in dem man aufgewachsen ist, oder die mit den Nachbarskindern in der Schule geknüpften Bande für immer das vertraute Universum bilden, in dem man sich mehr »zu Hause« fühlt als irgendwo sonst. In ihm fühlt man sich für immer mit jenen verbunden, die diese prägende frühe Erfahrung, diese Geschichte und diesen Raum teilen, die sogenannte Heimat*, die eine konstitutive Dimension der von den Soziologen sogenannten »Lebenswelt«[203] ist.

Die konstitutive Gemeinschaft hat ihren Grund in der gemeinsamen Erfahrung und den gemeinsamen Bezugspunkten, die allen ihren Mitgliedern zur Deutung der ihnen gemeinsamen Welt zur Verfügung stehen, und ist dadurch homogen. Ihre Mitglieder sind

203 Man merkt sofort, daß man beide, sowohl die Heimat als auch die Lebenswelt, verlieren kann. Man bewahrt sie nur dank der Stabilität und der Kontinuität der ursprünglichen Lebensweise, dank der Beständigkeit von Orten und Landschaften, von Techniken und Gebräuchen, von Beziehungen zur Umwelt.

darin, wie sie ihr angehören, *ebenbürtig*, so unterschiedlich auch ansonsten ihre gesellschaftliche Position, ihr Rang auf einer Stufenleiter makrosozialer Wertigkeiten, ihre moralischen oder politischen Optionen sein mögen. Man ist zum Beispiel Mitglied der jüdischen oder chinesischen Gemeinschaft allein durch seine jüdische oder chinesische Abstammung. Man gehört seiner Dorf- oder Ortsgemeinschaft an, seiner Heimat*, seinem Kameradschaftsbund oder Verein ehemaliger Schüler etc. allein durch die Tatsache, daß man eine gemeinsame Erfahrung oder Geschichte mit denjenigen aus demselben Ort hat, mit den »Klassen-« oder »Kriegskameraden« etc. Selbstverständlich jedoch erschöpft die Zugehörigkeit zu einer Gemeinschaft in einer modernen, sehr ausdifferenzierten Gesellschaft die Wirklichkeit der Einzelnen nicht und definiert sie nicht *vollständig*.[204]

Aber je zerbrechlicher und dürftiger diese sozialen Bindungen des Individuums sind und je problematischer sein Platz im gesellschaftlichen Umfeld ist – insofern es überhaupt einen solchen besitzt –, desto stärker wird sein Bedürfnis nach Identität oder Würde auf eine *außergesellschaftliche* Zugehörigkeit pochen. Es wird sich ganz auf diese *nicht gesellschaftliche* – biologische, religiöse, territoriale oder ethnische – *Identität* berufen und dieser die ganze Last seiner Bestimmung aufbürden, so daß sie keine weiteren Bestimmungen seitens des gesellschaftlichen Umfelds mehr erlaubt. Die ethnische, rassische oder religiöse Identität des Individuums soll alles sein, was es je ist, und auch alles, was es je zu sein hat.[205]

Hier zeigen sich Sinn und Wurzel der »Fundamentalismen«. Sie fungieren als Substitute gesellschaftlicher Identität. Sie schützen das Individuum vor der Wettbewerbsgesellschaft und verlegen seine Identität auf einen gegen die Werte, Forderungen und Zwänge des gesellschaftlichen Umfelds abgeschirmten Bereich. Sich biolo-

---

204 Michael Walzer: »Wenn ich mich sicher fühle, dann werde ich eine komplexere Identität erlangen, als sie die Idee des Partikularismus nahelegt. Ich werde mich mit mehr als einer Gruppe identifizieren: Ich werde Amerikaner, Jude, Bewohner der Ostküste, Intellektueller und Professor sein (...)«, »Notes on the New Tribalism«, in: *Dissent*, Frühjahr 1992, S. 171.
205 Vergleiche hierzu die folgende Formulierung in dem bemerkenswerten Zeugnis von Khaled Kelkal in: *Le Monde* vom Oktober 1995: »Ich bin weder Franzose noch Algerier, ich bin Mohammedaner«.

gisch – durch Rasse oder Geschlecht –, ethnisch – über die Abstammung – oder religiös (durch den Gehorsam gegen göttliche Befehle) zu definieren, bedeutet, sich auf das »natürliche« oder »gottgegebene« Recht, so zu sein, wie man ist, zu berufen, ohne seine Rechte in einer sich verändernden Gesellschaft verteidigen oder erringen zu müssen, in einer Gesellschaft, in der niemand ein für allemal sicher sein kann, was ist oder sein soll, und in der gerade das Politische den für Konflikte, Veränderungen und Kämpfe um neue Rechte offengehaltenen Raum bildet.[206]

Die Idee einer »Gemeinschaftsgesellschaft« drückt die Sehnsucht nach einer einfachen, transparenten, prämodernen Welt aus, in der die Gesellschaft wie eine ursprüngliche Gemeinschaft funktionierte, in der also die angeborene Zugehörigkeit zugleich die Identität jedes einzelnen Mitglieds und seine Rechte begründete. Diese hängen nicht von dem ab, was man *tut*, sondern von dem, was man *ist*, also von der Geburt. Diese Art angeborene Zugehörigkeit und Identität besitzt eine unvermeidliche rassische Konnotation. Man findet sie von jenen Ideologien bestätigt, die die angeborene Zugehörigkeit zur »nationalen Volksgemeinschaft« zur entscheidenden Identität jedes Menschen und zur Quelle seiner Rechte erklären, die als *angeborene Rechte* gelten, *nicht etwa als politische, wirtschaftliche oder soziale*, und von denen Menschen anderer Abstammung ausgeschlossen sind. Durch die Erhebung der Geburt, das heißt, der Abstammung bzw. des reinen »Blutes« der Eltern zum grundlegenden Kriterium der Zugehörigkeit, Würde und Rechte des Einzelnen erlaubt die Ideologie der Volksgemeinschaft, über die Klassenunterschiede hinwegzugehen und die Konflikte zwischen Herrschenden und Beherrschten als Verrat an der Einheit und dem Zusammenhalt der Nation oder des Volkes zu unterdrücken.

Die Ideologie der Volksgemeinschaft ist von Grund auf radikal *antipolitisch*. Sie stellt den Zersplitterungen und Konflikten der modernen Gesellschaft die Einheit der ursprünglichen Gemeinschaft entgegen und schreibt deren Verfall dem schädlichen Einfluß »volksfremder« Elemente zu (dem internationalen Judentum, der vaterlandslosen Finanzwelt, der kosmopolitischen und jüdisch

---

206 Vergleiche Dick Howard, »Rediscovering the Left«, in: *Praxis International*, Januar 1991, und *Defining the Political*, London 1989.

durchsetzten Intelligenzia etc.). Sie vermag sich die Wiederherstellung der Einheit nur durch die Unterdrückung all dessen vorzustellen, was – als politischer, ethnischer, kultureller Pluralismus, als Vereinigungs- und Meinungsfreiheit, als Streikrecht – die politischen Konflikte und sozialen Spaltungen und Zwiste zum Ausdruck bringt. Keine von der angeborenen Identität unabhängige wird anerkannt.

Jede Auffassung, die die Bürgerrechte auf Abstammung gründet und damit die Zugehörigkeit zur Gesellschaft als politischer Entität mit der Zugehörigkeit zur »Volksgemeinschaft« verwechselt, birgt die Gefahr, in einen volksgemeinschaftlichen Totalitarismus abzudriften. Deshalb besteht von seiten der Kommunitaristen Michael Walzer besonders auf der Wichtigkeit der Unterscheidung zwischen Gesellschaft und Gemeinschaft und zwischen Bürgerrechten und Abstammung. Er charakterisiert in einem Text, der sich ebensogut auch auf Europa anwenden läßt, die Vereinigten Staaten als eine »politische Nation kultureller Nationalitäten. Die Staatsbürgerschaft ist von jeder Art Partikularismus abgetrennt: der Staat ist in nationaler, ethnischer, rassischer und religiöser Hinsicht neutral.« Die Nation ist eine »Nation der Nationalitäten«.

»Und dennoch teilen alle Gruppen, eben weil sie verstreut und vermischt sind, einen gemeinsamen politischen Raum, dessen Sicherheit, Gesundheit, Schönheit und Zugänglichkeit kollektive Werte sind. Nur Staatsbürger können diese Werte verteidigen – und nur Staatsbürger, die an der umfassenderen Politik teilnehmen, werden eine solche Verteidigung richtig durchführen können (...). Je stärker die partikularistischen Identitäten der einzelnen Männer und Frauen sind, desto stärker müssen sie als Staatsbürger auftreten. Denn erst dann wird die Nation von Nationalitäten, die soziale Vereinigung sozialer Vereinigungen zusammenhalten, obgleich die Individuen getrennt sein werden.«[207]

Es fällt auf, daß Walzer den Ausdruck der »Gemeinschaft der Gemeinschaften« vermeidet. Als »Nationalitäten« bezeichnet er die ursprünglichen Gemeinschaften, die »sich in der Zivilgesellschaft« ausdrücken und dort »eine ungewöhnliche Anzahl von Organisationen geschaffen haben, welche sich der Religionsausübung, sozialen Fürsorge, Kultur und des gegenseitigen Schutzes annehmen«. Da sie sich aber der Kultivierung ihrer Unterschiede

207 Michael Walzer, »Für eine Politik der Differenz«, *op. cit.*, S. 235 f.

widmen, haben sie keinen ausgeprägten »Sinn für das Gemeinwohl« und »die Staatsbürgerschaft«.[208]

Es geht hier um nichts Geringeres als um den für das Individuum »konstitutiven« Charakter gemeinschaftlicher Identität. Wenn man mit Michael J. Sandel, dem Alain de Benoist in diesem Punkt folgt, davon ausgeht, daß »die Gemeinschaft in dem Maße den Grund der [vom Individuum] getroffenen Entscheidungen bildet, in dem sie auch dazu beiträgt, seine Identität zu begründen«, und die Person »von Kindheit an« konstituiert, und wenn die »Werte und Praktiken, die sich [in der Gemeinschaft] ausdrücken, [das Individuum] als Person konstituieren«, wenn also »das Selbstverständnis die allmähliche Entdeckung unserer Identität und Natur bedeutet«[209], dann können die für unsere persönliche Identität »konstitutiven Bindungen und Engagements« niemals zum Gegenstand einer Wahl werden. Denn »die wesentliche Frage dabei lautet nicht: Was soll ich sein? Welche Art von Leben soll ich führen?, sondern: Wer bin ich?«[210]

Wenn man nun aber von dieser »wesentlichen Frage« ausgeht, wird man nie den »Sinn der Staatsbürgerschaft« einholen, also den Sinn eines mit anderen Gemeinschaften geteilten Gemeinwohls oder einer umfassenderen Gemeinschaft als die eigene, die diese umschließt. Die politische Frage und die Frage des Politischen können sich dann nicht mehr stellen, auch nicht in der Art, wie A. de Benoist sie ansetzt:

»Das Recht auf Differenz ist ein Prinzip und hat nur als Verallgemeinerung Wert. Mit anderen Worten, ich kann meine Besonderheit solange verteidigen, wie ich die Besonderheit der anderen anerkenne und respektiere. (…) Sobald man aber die Differenz nicht als dialogfördernd ansieht, sondern als etwas Abzulehnendes, wenn man also die Differenzen absolut setzt (…), fällt man in den ethnisch definierten Nationalismus zurück.«

Dieser »ethnisch definierte Nationalismus« erscheint aber gerade dann als vollkommen »normal«, wenn man, mit Sandel, davon ausgeht, daß jede Kritik und jedes Urteil ihren Grund in den traditionellen Werten meiner konstitutiven Gemeinschaft haben und mit

208 *Ibd.*
209 *Krisis, op. cit.*, S. 15 f.
210 *Ibd.*, S. 16.

denen anderer kultureller Gemeinschaften nicht vereinbar sind. Es sei denn, man erklärt die Anerkennung und den Respekt der Werte anderer Gemeinschaften ausdrücklich zu einem allen Gemeinschaften und Kulturen zugrundeliegenden Wert – eine Erklärung, die einen noch überspannteren Universalismus darstellt als der, den die Kommunitaristen Habermas und Apel vorwerfen. Ansonsten aber bedeutet die Position Sandels und das von de Benoist hervorgehobene allgemeine »Recht auf Differenz« ganz einfach, *daß jede Gemeinschaft legitimerweise ihren Souveränitätsraum abschottet und das Recht und sogar die Pflicht anderer Gemeinschaften anerkennt, es ebenso zu tun.* Die Gemeinschaften existieren dann in einem Verhältnis der Getrenntheit und der Exterritorität nebeneinander her, wobei jede ihre »politisch korrekte« Position verteidigt und das gleiche Verhalten der anderen auf deren jeweiligen Territorien hinnimmt. Was letztendlich auf eine Politik »ethnischer Säuberung« hinausläuft.

Diese Position Sandels entspricht philosophisch gesehen einem absoluten Relativismus, denn allen Wertesystemen, allen Traditionen und traditionellen Praktiken wird die gleiche Würde zuerkannt, während sich die nicht in einer Tradition verwurzelten Werte und Praktiken jeweder Legitimität beraubt sehen. Zum Beispiel die sexuelle Verstümmelung heranwachsender Frauen (die Klitorisbeschneidung) wäre als legitim anzusehen, weil sie auf eine lange Tradition zurückblicken kann, wohingegen die Integrität der Person als illegitim angesehen werden muß, weil sie mit der Stabilität der traditionellen Ordnung unvereinbar ist. Zum leitenden Prinzip der Beziehungen zwischen Gemeinschaften wird dann die Isolation jeder einzelnen in ihrer *»right or wrong, my community«*-Position und nicht etwa der Dialog. Dialog wird erst möglich und die Anerkennung der »Legitimität« einer Vielzahl von konstitutiven Identitäten kann erst dann »den Wert eines allgemeinen Prinzips« erhalten und das Verhalten aller Gemeinschaften bestimmen, wenn diese über eine gemeinsame *politische Kultur* und einen gemeinsamen öffentlichen Raum verfügen. Dieser wird aber eingerichtet werden müssen, da er nicht spontan durch die wechselseitige Anerkennung der Eigenart jeder Gemeinschaft entsteht. Von selbst führt diese Anerkennung eher zu einer Vielzahl von abgeschotteten öffentlichen Räumen als zu einem gemeinsamen öffentlichen Raum.

Die Dialogpraxis wird letztendlich nur möglich, wenn jede Gemeinschaft sich über die konstitutiven Werte ihrer eigenen Identität erhebt, zu ihr Abstand gewinnt und ihre Identität als eine unter anderen reflexiv *relativiert*, das heißt, sie als »Differenz« begreift. Die Identität hat dann nicht mehr diesen gleichsam ontologischen Status wie bei Sandel, sie macht nicht mehr »unsere Natur« aus. Wie hingegen zwischen Individuen, die in ihrem Sein durch die Werte und Verhaltensweisen ihrer jeweiligen Gemeinschaften konstituiert sind, ohne diese jemals wählen oder kritisieren zu können, ein Dialog überhaupt möglich sein sollte und worauf er sich beziehen könnte, ist nicht zu ersehen.[211] *Das Recht auf Differenz als allgemeines Prinzip kann kein Wert sein, der der konstitutiven gemeinschaftlichen Identität eigen ist.* Ein solches Prinzip kann nur *entweder* ein von außen durch den Rechtsstaat den in einem gemeinsamen politischen Raum lebenden Gemeinschaften Vorgeschriebenes sein *oder* eine Beschränkung, die sich jede Gemeinschaft im gemeinsamen Interesse aller in Anbetracht des *gemeinsamen* Raumes auferlegt, in dem sie leben müssen und wo es in ihrem gemeinsamen Interesse liegt, ihn als ihr Allgemeingut zu behandeln.

In letzterem Fall überwinden sie die Ebene der Gemeinschaft zugunsten der politischen und gesellschaftlichen Ebene, auf der die Werte und Handlungsweisen nicht mehr auf der Basis der konstitutiven Gemeinschaftsidentität bestimmt werden, sondern dialogisch durch politische Entscheidungen, deren Prinzipien, Werte und Ziele von den gemeinschaftlichen Identitäten gewissermaßen unabhängig sind und jede Gemeinschaft dazu veranlassen, einen reflexiven Abstand von sich selbst zu gewinnen. »Aus der Gemeinschaftsidentität kann«, wie Etienne Tassin schreibt, »kein politisch organisierter öffentlicher Raum entstehen, aus dessen politischer Einrichtung aber können den Völkern oder Gemeinschaften gemeinsame Bürgerrechte erwachsen.«[212]

Die politische Einrichtung von öffentlichem Raum ist jedoch

---

211 Ich werde im Anhang 2 ausführlicher auf die Unvereinbarkeit von Habermas' kommunikativer Vernunft mit seiner Auffassung von Lebenswelt zurückkommen.

212 Etienne Tassin, »L'Europe, une communauté politique?«, in: *Esprit*, November 1991.

nur möglich, wenn sie sich auf eine »demokratische Kultur«[213] stützen kann, auf deren Entwicklung sie wiederum positiv zurückwirkt. Und diese demokratische Kultur impliziert, daß die Mitglieder verschiedener Gemeinschaften ihre kulturelle Identität eben nicht als eine ihre »Natur« bestimmende »Gegebenheit« ansehen, die nur vertieft, nicht aber in Frage gestellt oder gewählt werden soll. Praktisch kann in den von Serge Latouche so genannten »großen Gesellschaften« die ursprüngliche Gemeinschaft nie allein konstitutiv für das sein, was »ich bin«, denn sie ist in einen viel umfassenderen Kontext eingebettet, in dem die ererbten Werte, Verhaltensweisen und Überlieferungen zu meiner Orientierung und Definition nicht genügen. Die dem Bürger auferlegten Fragen können nicht auf Grund ererbter Werte, Verhaltensweisen und Traditionen einer stabilen, jeder Kritik entzogenen »Lebenswelt« entschieden werden.

In einer sich verändernden und komplexen Welt ist jede verwurzelte Gemeinschaft dazu gezwungen, sich über den noch möglichen Umfang und die Grenzen der Gültigkeit ihrer traditionellen Werte zu befragen. Sie muß diese Werte bestätigen oder widerrufen, sie kritisieren oder reflexiv in unvorhergesehenen Situationen neu bestimmen. Die praktische Notwendigkeit dieser Entscheidungen wird jede in einen sich ständig wandelnden historischen Kontext eingefügte Gemeinschaft dazu bringen, sich zu differenzieren oder sich in verschiedene Tendenzen aufzuspalten, wie es alle Gemeinschaften, vor allem die religiösen, getan haben. Sie wird außerdem dazu führen, Dissidenten, Rebellen, Oppositionelle, Widerständler, kurz, *Subjekte* hervorzubringen, die für sich selbst Urteilsfähigkeit und Entscheidungskompetenz beanspruchen, die also ihre Autonomie als den letzten und notwendigen Grund der Werte geltend machen.

Das Politische ist der spezifische, immer konfliktgeladene Spannungsraum zwischen den entgegengesetzten Polen von Gemeinschaft und Gesellschaft oder, um es mit Habermas zu sagen, von Lebenswelt und System, oder, noch grundlegender, von Autonomie und Heteronomie, das heißt, der Fähigkeit zur Selbstbestim-

---

213 Vergleiche Alain Touraine, *Qu'est-ce que la démocratie?*, Paris 1993, im Grunde das Kapitel »La politique du sujet«.

mung und Selbstregulierung der Individuen und Gruppen einerseits und den Zwängen andererseits, die aus der Gesellschaft als einer Gesamtheit von Institutionen und Apparaten erwachsen.

Die Fähigkeit einer Gesellschaft, sich zu ändern, weiterzuentwickeln und selbst zu regulieren, ergibt sich aus der Spannung zwischen diesen beiden Polen und der andauernden Rückwirkung des einen auf den anderen. Alles, was diesen Gegensatz zu verwischen sucht, erstickt die politische Debatte, die politischen Konflikte und Reflexionen und läßt die Gesellschaft entweder in einen immer starreren bürokratischen und autoritären Etatismus oder in einen erstickenden, einstimmigen Konformismus der fundamentalistischen oder nationalistischen Gemeinschaftsgesellschaften abgleiten.

Anhang 2

Alain Touraine oder das Subjekt der Kritik[214]

Das Problem

Was verleiht Gesellschaftskritik ihre Wahrheit und Legitimität? Wer übt Kritik und in wessen Namen? Was unterscheidet wahre, kritische Theorie von irgendeiner denunziatorischen Ideologie? Diese Fragen formulieren eines der großen ungelösten Probleme der Kritischen Theorie der Frankfurter Schule.

Der ursprünglichen Auffassung von Max Horkheimer zufolge sichert sich die Kritische Theorie gegen jedweden moralischen Idealismus und ideologische Vorurteile durch ihre Entwicklung zur »intellektuellen Seite des historischen Prozesses der Emanzipation«. Anders gesagt ist die Gesellschaftskritik dann begründet und legitimiert, wenn ihre Theorie die wahre Bedeutung und die historische Tragweite der gesellschaftlichen Emanzipationsbewegungen und -kräfte ans Tageslicht bringt. Die Theorie muß die in der »vorwissenschaftlichen« Wirklichkeit stattfindenden gesellschaftlichen Befreiungskämpfe, in denen sich ihre Wahrheit gründet, »wissenschaftlich« reflektieren.

Dieser dem historischen Materialismus entsprechende Ansatz impliziert allerdings, daß der Theoretiker immer jene »gesellschaftlichen Kräfte« erkennen kann, deren Kämpfe Emanzipation zum Ziel und als historische Bedeutung haben. Anfangs sahen die Begründer der Frankfurter Schule hierin kein Problem. Sie glaubten, die Emanzipationsbewegung könne nur einen einzigen Akteur haben, nämlich die Arbeiterklasse, und der historische Befreiungsprozeß als seine wichtigste treibende Kraft nur den Kampf der lebendigen Arbeit gegen ihre Unterwerfung unter die tote Arbeit, sprich das Kapital.

Als nun die Arbeiterklasse sich als unfähig erwies, dem Nationalsozialismus und dem Stalinismus zu widerstehen, begann dieser

---

214 Die englische Originalversion dieses Textes ist in dem Band erschienen, den die Falmer Sociology Series dem Werk von Alain Touraine gewidmet hat. Vergleiche Jon Clark, Marco Diani (eds): *Alain Touraine*, London 1996.

Hauptakteur zu fehlen. Die Abwesenheit ihrer kritischen Kraft setzte sich angesichts subtilerer, unschärferer und kulturell tiefer verankerter Herrschaftsformen des »reichen« Kapitalismus über die Arbeiter-Konsumenten während der fordistischen Wachstums- und Wohlstandsphase fort.

Daraufhin kam die Gesellschaftstheorie in ihren radikalsten poststrukturalistischen Ausprägungen zu einer Darstellung der Gesellschaft als einer von der Lebenswelt und den kulturellen Akteuren vollkommen losgelösten Megamaschine, die sich der Motivationen und Wünsche der Menschen bedient, um ihre Macht über sie zu vollenden. Dieser Auffassung zufolge bringt ein entmenschlichtes System eine entmenschlichte Bevölkerung hervor, die nur noch als Mittel zum Fortbestand des Systems dient. Gesellschaftskritik kann sich demnach nicht mehr in Konflikten und Aktionen, die das System in Frage stellen, verankern.

Die theoretischen Arbeiten des einflußreichsten Nachfahren der Frankfurter Schule, Jürgen Habermas, versuchen indessen nachzuweisen, daß die Gesellschaftskritik wiederbelebt werden könne, wenn man sie nicht auf das Spezifikum lebendiger Arbeit, sondern auf das Wesen der kommunikativen Interaktion selbst gründet. Es lohnt sich dabei zu verweilen. Dabei ist ein Vergleich der Ansätze von Touraine und Habermas besonders aufschlußreich, denn beide verwerfen die strukturalistischen oder poststrukturalistischen, postmodernen oder antimodernen Theorien. Und beide verstehen die Moderne als eine Emanzipationsbewegung und betonen den wachsenden Gegensatz zwischen den Akteuren und dem System, den subjektiven und objektiven Bedeutungen. Aber obwohl sie in wichtigen politischen Fragen übereinstimmen, weichen sie in grundlegenden theoretischen Fragen voneinander ab.

Die Moderne nach Habermas und Touraine

Sowohl Habermas als auch Touraine nehmen Max Webers Theorie der Moderne zum Ausgangspunkt einer Überlegung, die diese überschreitet, obwohl sie all deren wesentliche Dimensionen beibehält. Beide begreifen die Moderne als eine Ausdifferenzierung gesellschaftlicher Handlungssphären und gesellschaftlichen Lebens. Diese Sphären (zum Beispiel die Kunst und die Wissenschaft, die Ökonomie und die Ethik) werden voneinander immer unabhängiger, da jede, ihren spezifischen Zielen entsprechend, ihre eigene Logik entwickelt und ihren je eigenen zweckmäßigen Ansatz. Die Welt wird dadurch immer komplexer. Ihre Komplexität erfordert Koordinations- und Verwaltungsapparate, die ihrerseits eine immer stärkere Formalisierung der Beziehungen und Abläufe verlangen. Die kulturelle Welt fällt auseinander:

»Haben wir nicht den Eindruck, in einer zersplitterten Welt zu leben, in einer Gesellschaftslosigkeit, da sich Persönlichkeit, Kultur, Wirtschaft und Politik scheinbar in je unterschiedliche, auseinanderstrebende Richtungen entwickeln? (...) Dieses Auseinanderfallen von Tatsachen und Sinn, von Ökonomie und Kultur charakterisiert die Krise der Moderne am treffendsten.«[215]

Für Habermas hat dieser Ausdifferenzierungs- und Auflösungsprozeß zwei Seiten. Einerseits verringert die Koordinierung gesellschaftlicher Aktivitäten mittels *Steuerungsmedien* (*steering media* nach Parsons) wie Geld, Recht und administrative Vorschriften die den kommunikativen Interaktionen inhärenten Anforderungen und Risiken und gestaltet das gesellschaftliche Universum vorhersehbarer und sicherer. Sie befreit die Individuen von der Abhängigkeit vom guten Willen und Glauben anderer und von der *persönlichen Macht* der Machthaber vormoderner Gesellschaften.

Andererseits vermindert die Koordinierung von Aktivitäten durch Steuerungsmedien die Möglichkeiten und Gelegenheiten freiwilliger »kommunikativer« Kooperation und das Bedürfnis, sich mit anderen zu verständigen.

Die soziale Realität, die »gegen Kultur, Gesellschaft und Persönlichkeit eigentümlich indifferent ist, schrumpft (...) insgesamt auf eine versachlichte, von normativen Bindungen freigesetzte Organisationsrealität zusammen«.[216]

Durch seine zunehmende Komplexität entzieht sich das gesellschaftliche System dem intuitiven Verständnis. Von Alltagskultur und -praxis abgespalten, ist es für die in ihren jeweiligen Disziplinen isolierten Experten nur noch fragmentarisch verständlich. Die

215 A. Touraine: *Critique de la modernité*, Paris 1992, S. 119, 121.
216 Jürgen Habermas: *Theorie des kommunikativen Handelns*, Bd. 2, Frankfurt am Main 1981, S. 455.

Trennung von Legalität und Moralität ist offensichtlich. Die Alltagskultur – als Gesamtheit von intuitiven und informellen Normen und lebenspraktischen Kompetenzen – wird entwertet und ausgegrenzt. »Kultur, Gesellschaft und Persönlichkeit« treten auseinander. Subjektive und objektive Bedeutung entkoppeln sich. »Soziale Beziehungen sind von der Identität der handelnden Aktoren abgetrennt.« Bis sich schließlich »Formen des Widerstands« entwickeln, deren Ziel es ist, » einen Teil der formal organisierten Handlungsbereiche [zu] entdifferenzieren, dem Zugriff der Steuerungsmedien [zu] entziehen und diese ›befreiten Gebiete‹ dem handlungskoordinierenden Mechanismus der Verständigung zurück[zu]geben«.[217]

Touraine liefert eine auf den ersten Blick in allen Punkten identische Diagnose: »Je moderner eine Gesellschaft ist, desto stärker tendiert sie dazu, auf ein Rationalisierungsmodell reduziert zu sein, auf ein System von Techniken und Objekten, auf eine Technostruktur.«[218] »Nichts kann die Welt der Produktion und der Macht daran hindern, sich von der Welt des Individuums, dessen Bedürfnissen und Wunschvorstellungen zu entfernen.«[219] »Es gibt keine höhere Macht noch irgendeine Schlichtungsinstanz, die die Verflechtung der beiden Seiten der Moderne – die Rationalisierung und die Subjektivierung – wirksam schützen kann.«[220] Es ist nicht mehr möglich, die »Gesellschaft« als »Totalität« zu denken.

Beim Herausarbeiten der frappierenden Übereinstimmungen zwischen den Diagnosen von Habermas und Touraine habe ich die semantischen Differenzen bewußt außer acht gelassen, die auf grundlegenden philosophischen Unterschieden beruhen. Habermas bezieht sich auf die gesellschaftlichen Akteure nie als Subjekte, während es für Touraine den Akteur nie ohne das persönliche Subjekt geben kann. Habermas ersetzt die Idee des Subjekts durch die der Lebenswelt*. Diese begründet bei ihm die theoretische wie praktische Legitimität der Gesellschaftskritik. Er beschäftigt sich hauptsächlich mit den für die Lebenswelt zerstörerischen Auswirkungen, sowohl der zunehmenden Komplexität des gesellschaft-

217 *Ibd.*, S. 228, 461, 582.
218 A. Touraine 1992, *op. cit.*, S. 281.
219 *Ibd.*, S. 269.
220 *Ibd.*, S. 250.

lichen Umfelds als auch der Ausweitung von formalisierten und verselbständigten Handlungssphären auf Kosten der kulturellen Mittel, durch die die Individuen sich intuitiv in der Welt orientieren, verständigen und kommunikativ handeln können. Nach Habermas haben die Regeln des verbalen Austauschs, auf denen das kommunikative Handeln beruht, einen normativen Grund: Sie verlangen, daß das wechselseitige Verständnis der miteinander sprechenden Individuen vollkommen transparent und gegenseitig sowie ohne Verstellungen, gewalt- und herrschaftsfrei ist. Die verbale wechselseitige Kommunikation bezieht sich implizit auf eine Norm vollkommenen gegenseitigen Verstehens unter Gleichen, obwohl die Praxis den Anforderungen dieser Norm niemals genügen kann.[221]

Lebenswelt und Subjekt: Touraine gegen Habermas

Touraine formuliert mehrere Einwände gegen diese Theorie: »Die intersubjektive Kommunikation läßt nicht Individuen einander gegenüberstehen, sondern soziale Positionen und Machtmittel, persönliche und kollektive Phantasien aufeinandertreffen. Und jedes Individuum ist viel mehr in Abhängigkeits- oder Kooperationsbeziehungen verstrickt als in den sprachlichen Austausch (…).

Die privaten und öffentlichen Sozialbeziehungen des Einzelnen verleihen seiner Person eine Undurchsichtigkeit, die Diskussion und Argumentation nie aufzulösen vermögen. (…) Das Individuum wird durch organisatorische und institutionelle Umstände, die das Entstehen einer anschließend anderen mitteilbaren Erfahrung verhindern, von sich selbst getrennt.«[222]

Anders gesagt, um auf der Höhe des Ideals aller verbalen Kommunikation zu sein, auf das sich die Diskursethik* von Habermas bezieht, müßten die Gesprächspartner als personale Subjekte, die ihre sozialen Rollen, hierarchischen Positionen, Meinungen, Vorur-

---

221 Vergleiche Jürgen Habermas, »Diskursethik – Notizen zu einem Begründungsprogramm«, in: ders.: *Moralbewußtsein und kommunikatives Handeln*, Frankfurt am Main 1983, S. 53 ff.
222 A. Touraine: *Qu'est-ce que la démocratie?*, Paris 1994, S. 179.

teile und uneingestandenen Hintergedanken ablegen, miteinander kommunizieren. Nun ist aber gerade die Möglichkeit einer solchen Beziehung von Subjekt zu Subjekt für Habermas philosophisch unannehmbar. Im Denken Touraines dagegen ist sie zentral.

»Das Individuum ist nicht durch göttliche Entscheidung Subjekt, sondern durch seine Bemühung, sich aus Zwängen und Regeln zu befreien und seine Erfahrung zu gestalten. (...) Man kann ein Individuum Subjekt nennen, (...) das gegen jene gekämpft hat, die in sein persönliches Leben einbrechen und ihm ihre Anordungen aufzwingen.«[223]

Diese Differenz der jeweiligen philosophischen Ansätze von Habermas und Touraine schlägt sich unweigerlich in den völlig unterschiedlichen Weisen nieder, wie sie die Triebkraft und den Gegenstand der gesellschaftlichen Konflikte verstehen. Für Habermas ist es nicht das um seine Selbstbestimmung kämpfende Subjekt, sondern die Lebenswelt, die gegen die unpersönlichen Imperative der ökonomischen, administrativen und technischen Apparate Widerstand leistet.

Die »systemischen Zwänge, die eine kommunikativ strukturierte Lebenswelt *instrumentalisieren*«, zwingen die Individuen zur Verfolgung ihrer eigenen Ziele in vorgegebenen Bahnen und ihnen aufgegebenen Verfahren. Sie zwingen sie, während sie ihren eigenen Zielen nachgehen, zugleich ihnen fremden Zielen oder Interessen zu dienen. Sie »verstecken sich gleichsam in den Poren des kommunikativen Handelns« und depersonalisieren es, indem sie jede Spontaneität vergiften.[224]

Die kulturelle Verarmung und die daraus folgende Zersplitterung der Alltagsbeziehungen »bringen das Bewußtsein um seine Fähigkeit zur Synthese« und um seine Fähigkeit, Sinn zu verleihen, und machen schließlich die Vergesellschaftung unmöglich. Die »symbolische Reproduktion der Lebenswelt« gerät in eine Krise und mit ihr die Gesellschaft selbst, die Habermas als »*systemisch stabilisierte*[n] Handlungszusammenhang *sozial integrierter* Gruppen« definiert oder auch als ein System, »das Erhaltungsbedingungen soziokultureller Lebenswelten erfüllen muß«.[225]

223 *Ibd.*, S. 178f.
224 Vergleiche Jürgen Habermas, *op. cit.*, S. 277f.
225 *Ibd.*, S. 228.

Wenn aber dem kommunikativen Handeln immer weniger Raum bleibt und wenn die Lebenswelt durch die Logik und die Systemzwänge vergiftet, kolonialisiert und ihrer Fähigkeit zur Selbstreproduktion nach ihren eigenen Gewißheiten und Normen beraubt wird, wie kann dann die kommunikative Vernunft die Angriffe des Systems auf die Lebenswelt abwehren? Zieht die Krise der Lebenswelt nicht unweigerlich eine Krise der kommunikativen Kooperation und Verständigung nach sich? Ist eine im Namen und auf der Grundlage der kommunikativen Vernunft geführte Gesellschaftskritik unter diesen Bedingungen nicht eine *Kritik von außen*? Wird sie nicht von einem Subjekt, nämlich dem Soziologen, ausgeübt, der sich außerhalb dieser Gesellschaft stellt, in der die soziokulturellen Lebenswelten dabei sind, zu zerfallen? Und verliert dann diese Kritik nicht allen Grund, von dem ihre Legitimität und Stichhaltigkeit abhängen, das heißt ihre Verankerung in der gesellschaftlichen Realität und Praxis?

Solange die Gesellschaftskritik von der Integrität und Vitalität der Lebenswelt abhängt (zumindest so, wie die Soziologie letztere definiert), läuft sie Gefahr, entweder abstrakt theoretisch oder praktisch konservativ zu bleiben. Die Definition selbst der Lebenswelt, die Habermas und vor ihm Schütz geben, impliziert, daß ihr Widerstand und die Verteidigung ihrer Integrität notwendig eine Verteidigung der Tradition und ein Widerstand gegen Veränderung und Neuerung sind. Für Schütz ist die Lebenswelt »das durch Tradition vermittelte Alltagswissen, das uns die auf die Personen und Ereignisse unserer unmittelbaren Umgebung anwendbaren Deutungen liefert«.[226] Für Habermas ist sie ein »Reservoir von Selbstverständlichkeiten oder unerschütterten Überzeugungen, welche die Kommunikationsteilnehmer für kooperative Deutungsprozesse benutzen«, ein »Vorrat an Deutungsmustern«, »der fraglose Rahmen, in dem sich mir die Probleme stellen, die ich bewältigen muß«, das intuitive »Wissen, *wie* man mit einer Situation fertig wird und *worauf* man sich in einer Situation verlassen kann«.[227]

In dem Maße, wie die Komplexität des Systems steigt, gelingt es

---

226 Schütz A., Luckmann Th., *Strukturen der Lebenswelt, I, II*, Frankfurt am Main 1979.
227 J. Habermas, 1983, *op. cit.*, S. 189, 198 f., 205.

der Lebenswelt nicht mehr, die Ereignisse zu interpretieren und sich ihnen zu stellen. Sie wird zu einem immer »provinzielleren« Subsystem. Das Wissen, die Kriterien, Normen, Gewißheiten und »unerschütterten Überzeugungen« der Individuen erlauben es ihnen nicht mehr, sich in einer Welt zu orientieren, die dem intuitiven Verständnis entgeht und die sie verfehlen. Unter diesen Umständen muß man darauf gefaßt sein, daß sich die Lebenswelt dem wachsenden Druck der systemischen (nicht intuitiv zu verstehenden) Zwänge nicht etwa durch eine rationale Kritik am System und ein rationales Handeln gegen es widersetzt, sondern durch die eigensinnige (»sture«) Verteidigung der intuitiven Gewißheiten, gewöhnlichen Verhaltensweisen und Beziehungen und der üblichen, vertrauten und herkömmlichen Meinungen und Denkweisen. Das Mißverhältnis zwischen Lebenswelt und veränderter bzw. sich verändernder Realität wird nicht mehr als Anreiz verstanden, die üblichen Überzeugungen, Normen und Haltungen zu revidieren und neu zu erarbeiten – denn diese In-Frage-Stellung erforderte die Reflexivität und Autonomie des Subjekts. Es wird ganz im Gegenteil mit einem Komplott erklärt, das die »Mächte des Bösen« gegen die »normale« und »natürliche« Ordnung der Dinge anzetteln. Nicht die intuitiven Deutungsmuster werden als verfehlt empfunden, sondern die Realität, die sie widerlegt. Intuitiv wird man ihre Ungültigkeit als das Ergebnis einer Konspiration okkulter und fremder Mächte erklären. Die Lebenswelt verteidigt dann ihre »unerschütterlichen Gewißheiten« durch einen fundamentalistischen Kreuzzug gegen alles, was diese Gewißheiten unterminiert.

Die Gesellschaftskritik und die politische Opposition werden, solange sie sich auf die (durch die Soziologie definierte) Lebenswelt gründen, traditionalistisch, antimodern und provinziell bleiben. Diesen Aspekt hat Touraine – der sich ausführlich mit der »Sehnsucht nach dem Sein« beschäftigte – im Unterschied zu den Nachfahren der Kritischen Theorie herausgearbeitet.

Eine fruchtbare Erneuerung der Kritischen Theorie jedoch bringt Axel Honneths Neuinterpretation von Habermas' Theorie. Er räumt dem von Adorno so genannten »Nicht-Identischen« eine zentrale Bedeutung ein, das heißt, jenen Tätigkeiten und Beziehungen, durch die das Subjekt sich der Identifikation mit einer Rolle,

Funktion oder gesellschaftlichen Nützlichkeit entzieht.[228] Für Honneth ist das Nicht-Identische nicht nur (wie bei Adorno) eine Restgröße. Im Gegenteil, in den modernen und postmodernen Gesellschaften ist es eine Dimension individueller Erfahrung, der ein zentraler Stellenwert zukommen kann und die die Grundlage zu einer Gesellschaftskritik und zugleich einer Opposition gegen die instrumentelle Vernunft abgeben kann. Das Nicht-Identische umfaßt die ästhetische Erfahrung ebenso wie öffentliche oder private kommunikative Beziehungen von Liebe und Freundschaft. Sie alle verwehren sich wesensmäßig dagegen, als Mittel für andere Ziele als um ihrer selbst willen gebraucht zu werden.

Honneth konzentriert sich nicht auf die kommunikative Wiederherstellung der Lebenswelt. Vielmehr widmet er statt dessen seine Aufmerksamkeit den sogenannten »Pathologien der gesellschaftlichen Anerkennung«. Diese Pathologien treten dann auf, wenn die Individuen keine Anerkennung mehr dadurch bekommen können, was sie sind, tun, fühlen und wünschen. Wenn es, mit anderen Worten, einen Konflikt oder Widerspruch zwischen ihrer Realitätserfahrung und jenen sozialen Normen gibt, kraft deren man anerkannt und geschätzt werden kann. Weil diese Normen nicht mehr der realen Situation entsprechen, können die Individuen dem, was man »normalerweise« von ihnen erwartet, nicht mehr genügen. Das, wofür die Gesellschaft ihnen Anerkennung zollt (zum Beispiel ihre Arbeit und ihr Beruf), liegt infolge des Systems (zum Beispiel infolge der Funktionsweise des Arbeitsmarktes und infolge der Massenarbeitslosigkeit) außerhalb ihrer Reichweite oder widerspricht sogar dem, wofür anerkannt zu werden sie sich berechtigt fühlen.

---

228 Vergleiche hierzu Axel Honneth: *Kritik der Macht. Reflexionsstufen einer kritischen Gesellschaftstheorie*, Frankfurt am Main 1985, »Von der Aktualität des Adornoschen Denkens. Ein Gespräch mit Axel Honneth und Ernst Schiller«, in: *Links*, 7. August 1994, S. 27-31; ders.: »Die soziale Dynamik von Mißachtung. Zur Ortsbestimmung einer kritischen Gesellschaftstheorie«, in: C. Görg (Hg.): *Gesellschaft im Übergang*, Darmstadt 1994.

Honneth geht einen wichtigen Schritt in Richtung des von Touraine verteidigten Subjektbegriffs. Denn für letzteren wird das Subjekt zum einzig möglichen Grund einer zugleich wirksamen und legitimen Gesellschaftskritik, nachdem die unbestreitbaren Gewißheiten, die unerschütterten Überzeugungen, die sozialen Rollen und Identitäten von einem stetigen Auflösungs- und Umwälzungsprozeß des sozialen Gefüges hinweggefegt wurden. Die Individuen können unter diesen Umständen weder durch ihren Platz in der Gesellschaft noch durch das, was die Gesellschaft von ihnen erwartet oder sie von ihr, erklärt oder verstanden werden. Die Kategorien der funktionalistischen Soziologie treffen in einer »auf ihre Veränderungen reduzierten Gesellschaft« nicht mehr zu.[229] Diese bildet nur noch einen unzusammenhängenden und schlecht gemeisterten Raum, in dem die techno-bürokratischen oder kommerziellen Produktions-, Verwaltungs- und Kommunikationsapparate den Menschen darauf reduzieren, »Konsument, menschliche Ressource oder Zielscheibe zu sein«.[230] »Alle Formen von Funktionalismus, ob konservativ oder kritisch, sind nicht auf gesellschaftliche Situationen anwendbar, in denen Bewegen mindestens so wichtig ist wie Ordnen.«[231] Es wird dann unmöglich, sich mit einer sozialen Rolle oder einer Arbeit zu identifizieren. Im Gegenteil wird von den Individuen die Bereitschaft zum ständigen Wechsel verlangt, etwa dem des Arbeitsplatzes, der Qualifikation, des Konsums, der Lebensweise, des Wohnsitzes etc. Ihr Leben und ihre Aktivitäten sind nicht mehr von den normativen Anforderungen *gesellschaftlicher Nützlichkeit geprägt*. Die Gesellschaft kann einem zunehmenden Anteil ihrer Mitglieder keinen Arbeitsplatz mehr bieten. Auf die eine oder andere Weise sind Leben und Arbeit auseinandergetreten, genauso wie Arbeitszeit und jene Zeit, die das Individuum der Produktion seiner selbst und von Sinn widmet.

Das Leben des Individuums ist so immer weniger durch die instrumentelle Vernunft beherrscht. In dem Maße, wie die Quantität der zur Produktion und Reproduktion erforderlichen Arbeit ab-

229 A. Touraine, 1992, *op. cit.* 1992, S. 302.
230 *Ibd.*, S. 291.
231 *Ibd.*, S. 188.

nimmt, werden virtuell unbegrenzte Räume erschlossen für selbstbestimmte, nicht erwerbsorientierte und nicht instrumentelle Aktivitäten, die keine vorbestimmten Ziele haben. Gemeint sind Tätigkeiten der Pflege (einschließlich der der eigenen Person und der Umwelt) und der gegenseitigen Hilfeleistung, zwischenmenschliche Beziehungen, erzieherische und künstlerische Aktivitäten in privaten und öffentlichen Bereichen, in selbstverwalteten Kooperationsnetzen und nicht-monetären Tauschringen. All diese Aktivitäten müssen sich aber im Widerstand gegen die Logik der Machtapparate entwickeln.

Denn je schneller die materielle Produktion zu wachsen aufhört, der Industrialismus zu Ende geht und die arbeitsfreie Zeit den Vorrang vor der Arbeitszeit gewinnt, verlagert sich die ökonomische und politische Macht auf neue Bereiche. Sie sucht nicht mehr primär, die Individuen als Produzenten und Konsumenten zu beherrschen, sondern jetzt auch in ihrer freien Zeit bei nicht produktiven und immateriellen Aktivitäten der Produktion ihrer selbst. Sie muß sie daran hindern, von der durch die Arbeitszeiteinsparung freigesetzten Zeit Besitz zu ergreifen und diese dazu zu nutzen, die Macht über ihre individuelle und kollektive Existenz zu übernehmen. Das Kapital muß, um seine Macht zu erhalten, die Aktivitäten, in denen die Fähigkeit der Individuen und Gemeinschaften zur Selbstverantwortung, sprich ihre Autonomiefähigkeit, verankert ist (also erziehende und häusliche Tätigkeiten, Wartungs- und Reparaturdienste, kulturelle und sportliche Aktivitäten), merkantilisieren, vergeldlichen und verberuflichen. Zu diesem Zweck müssen die Lockerung der sozialisierenden Zwänge und die Möglichkeiten einer zunehmenden Autonomie der Menschen sich als bedrohliche Leerstellen darstellen, in die zu fallen die Individuen durch die auf dem Markt von der Mode-, Kommunikations-, Kultur-, Vergnügungs- und Gesundheitsindustrie angebotenen Ersatzidentitäten bewahrt werden.

Der von Touraine so genannte »Hauptkonflikt« verlagert sich auf neue Bereiche. Die Herrschafts- und Machtstrategien greifen heute die intimsten Triebkräfte der Autonomiefähigkeit an und versuchen die Individuen radikaler noch sich selbst zu enteignen, als es die Entfremdung ihrer Arbeitskraft je zu tun vermochte. So nähert sich heute nach Touraine die Kulturkritik an der Konsumwelt der ethischen und politischen Kritik der totalitären Gesellschaft: »Ob intellektuell oder nicht, kein menschliches, in der westlichen Welt des 20. Jahrhunderts lebendes Wesen entgeht dieser Angst vor dem völligen Sinnverlust. Niemand entgeht dem Überfall auf sein Privatleben und seine Fähigkeit zum Subjekt durch Propaganda und Werbung und durch die Herabwürdigung der Gesellschaft zur Masse und der Liebe zur Lust.«[232] Der Widerstand gegen diese Form von Herrschaft wird von der Fähigkeit des Subjekts abhängen, seine Autonomie zu verteidigen. Das ist der Gegenstand des »Hauptkonflikts« der »programmierten Gesellschaft«.

Die programmierte Gesellschaft

Touraine nennt eine Gesellschaft »programmiert«, in der »die massenhafte Produktion und Verbreitung von Kulturgütern«, insbesondere die von Wissen, medizinischer Pflege, Informationen und von Selbstbildern, »den zentralen Platz einnehmen, den in der Industriegesellschaft jene von materiellen Gütern einnahm«.[233] Sie geschieht durch die jeweils entsprechenden Apparate, deren Funktion es ist, die Rationalisierung »von der Verwaltung der Dinge auf die Regierung der Menschen« auszudehnen. »Die Steuerungsmacht besteht in dieser Gesellschaft darin, Meinungen, Einstellungen, Verhaltensweisen vorauszusagen und zu verändern und die Persönlichkeit und die Kultur zu gestalten.«[234] Die Kontrolle der kulturellen Produktion im Gesundheits-, Erziehungs- und Medienbereich wird zum Gegenstand von Konflikten, die wichtiger sind als die Kontrolle über die materiellen Produktionsmittel. Es geht dabei um die »Verteidigung eines bestimmten Begriffs von Freiheit sowie der Fähigkeit, dem Leben gegen jene Apparate Sinn zu verleihen, die von einem neo-liberalen Willen, (...) einem Wunsch nach sozialer Kontrolle oder von techno-bürokratischen Argumenten gelenkt werden.«

»Soll zum Beispiel das Krankenhaus eine von einer Mischung aus professionellen, finanziellen, administrativen und korporatistischen Logi-

232 *Ibd.*, S. 192.
233 *Ibd.*, S. 283.
234 *Ibd.*, S. 284.

ken geführte Organisation sein? Oder sollte es sich derart um den Kranken drehen, daß dieser nicht nur Objekt der Pflege wäre, sondern auch ein informiertes Subjekt, das planen und sich erinnern kann und an der Auswahl und Anwendung der Behandlung teilnimmt? Diese Debatte führte zwar nicht zur Bildung von organisierten Akteuren oder von Krankengewerkschaften. Aber sie ist doch in allen Köpfen und äußert sich häufig im Fernsehen, wo jene Gesundheitssendungen das meiste Aufsehen erregen, die das Thema der Verantwortlichkeit und der Rechte der Kranken am direktesten ansprechen, ob es sich nun um Euthanasie und Notfallmedizin, um künstliche Befruchtung oder die Behandlung schwerer Krankheiten handelt.«[235]

»Die heftigsten Streitpunkte haben heute einen moralischen Grund, (...) weil die Herrschaft sich stärker noch auf Körper und Seele als auf Arbeit und Rechtsstellung erstreckt.«[236]

»Das Individuum widersetzt sich der herrschenden Logik des Systems durch seine Selbstbehauptung als Subjekt gegen die Welt der Dinge und gegen die Vergegenständlichung seiner Bedürfnisse zur zahlungsfähigen Nachfrage. Deshalb ist die Idee des Subjekts nicht von der gegenwärtigen Gesellschaft zu trennen, die nicht als postmoderne, sondern als postindustrielle oder programmierte Gesellschaft aufgefaßt werden muß. (...) Schon lassen sich, wenn auch noch nicht im organisierten politischen Leben, so doch in der öffentlichen Meinung, neue Konflikte und der Aufruf zur grundlegenden Umgestaltung der Gesellschaft vernehmen. Einer Gesellschaft, in der soziale Bewegungen bemüht sind, die von ihnen akzeptierten kulturellen Orientierungen in einander widerstreitende gesellschaftspolitische Richtungen umzusetzen.«[237]

Reformulierung des Hauptkonfliktes

In seinen früheren Schriften definierte Touraine den Hauptkonflikt als einen, der »die Beherrschten den Herrschenden« hinsichtlich »des Gebrauchs, den die Gesellschaft von ihrer Fähigkeit zur Selbstgestaltung« macht, entgegenstellt. Diese Fähigkeit bildete dabei den »Hauptgegenstand« des Konflikts. »Die Klassen kämpfen um die Steuerung der Mittel, durch die die Gesellschaft sich selbst

235 *Ibd.*
236 *Ibd.*, S. 286.
237 *Ibd.*, S. 291 f.

produziert. Der Kampf der beherrschten Klasse (…) gilt einer ›kollektiven Wiederaneignung‹ dieser Mittel.«[238]

Diese Definitionen sind in den folgenden Schriften ein wenig modifiziert worden. Denn die »Mittel«, um deren Gebrauch sich der Hauptkonflikt dreht, dringen heute in alle Lebenssphären ein. Die Herrschenden und die Beherrschten sind nicht mehr nur als Klassen zu identifizieren, wie auch der Hauptkonflikt sie nicht mehr an einer zentralen Konfrontationslinie einander entgegenstellt. Denn Beherrschung funktioniert heute umfassend, und »gegen eine umfassende Herrschaft kann der Widerstand nicht mehr auf eine gesellschaftliche Rolle beschränkt bleiben. Er ist nur dann von Bedeutung, wenn er eine Allgemeinheit im Ganzen mobilisiert.«[239] Die Front verläuft überall, die Akteure können mit den üblichen soziologischen Kategorien nicht mehr ausgemacht werden. Denn die Bedeutung der Konflikte und ihr Gegenstand werden nur dann einsehbar, wenn man als deren »zentrales Prinzip« den Standpunkt des Subjekts, das die ihm von der Gesellschaft aufgezwungenen Bilder ablehnt, annimmt. Ebenso wie umgekehrt die Existenz des Subjekts »nur durch die hermeneutische Erforschung jener Einheit und Mannigfaltigkeit offenbar und verständlich wird, die mit all den Rissen der etablierten Ordnung, all den Aufrufen zu Freiheit und Verantwortlichkeit untrennbar verbunden ist«.[240]

Es ist das Ende des soziologischen Objektivismus und dessen Wissenschaftsgläubigkeit. Denn das Subjekt kann nicht mehr mit Hilfe der empirischen Methoden einer positivistischen Soziologie zutage gefördert, identifiziert und dechiffriert werden. Es ist, so Touraine, »ein nicht-gesellschaftliches Prinzip«, ein nicht ableitbarer Ausgangspunkt, der sich selbst gründet und hervorbringt, und kein Endpunkt. Es kann in seiner Selbstbehauptung nur durch Soziologen erforscht und begriffen werden, die selber Subjekte sind und sich als solche selbst verstehen und selbst behaupten. Demnach muß der Soziologe sich als teilnehmender Analytiker auf die Seite der Akteure als Subjekte, in ihre Bewegungen hineinstellen. Er darf »die Mitglieder der Gruppe nicht als Studienobjekte betrachten, sondern als Sinnträger ihres Handelns, das es so bewußt wie mög-

---

238 A. Touriane: *Le retour de l'acteur*, Paris 1984, S. 84, 112 f.
239 *Ibd.*, S. 257.
240 A. Touraine, 1992, *op. cit.* 1992, S. 333.

lich zu machen und aus dem Druck der Ideologie und des politischen Spiels zu lösen gilt (...). Die Forscher, die sich zugleich vor einer neutralen Beobachterhaltung und einer Identifikation mit der Gruppe hüten, machen sich zu Vertretern (des) weitestgehenden Sinns der untersuchten Handlung. Wenn diese Hypothesen von der Gruppe selbst aufgegriffen werden, die dadurch ihrerseits auf die Seite der Analyse tritt, (...) und wenn sie ins Leben der Gruppe mehr Verständlichkeit bringen, dann sind sie zutreffend.«[241]

Der theoretische Zugang und die praktische Methode von Touraine haben zwei Voraussetzungen, die es herauszuarbeiten gilt:

1. Die sozialen Bewegungen, auf die die Methode von Touraine, nämlich »die soziologische Intervention«, anwendbar sind, müssen grundlegende Veränderungen der Gesellschaft anstreben. Sie müssen diese Veränderungen durch Handlungen *im Rahmen* dieser Gesellschaft und ihrer kulturellen Orientierungen erreichen wollen und dabei die »Fähigkeit (dieser Gesellschaft) zur Selbstgestaltung« gegen die Interessen und die Logik der herrschenden Mächte lenken. Das setzt selbstverständlich voraus, daß die Gesellschaft Veränderungen gegenüber aufgeschlossen ist, also weder totalitär noch diktatorisch. Und darüber hinaus, daß »die Mittel, durch die die Gesellschaft sich selbst gestaltet«, auch zu von den herrschenden Mächten abweichenden, ja sogar entgegengesetzten Absichten eingesetzt werden können. Denn sie müssen vor allem dazu geeignet sein, deren Macht über die Gesellschaft zu brechen.

Die Ambivalenz oder die »Neutralität« der Mittel, durch die moderne Gesellschaften sich selbst gestalten, bedeuten jedoch nicht, daß sie alle gleichermaßen für Befreiungs- bzw. Herrschaftsabsichten geeignet wären. Besonders die Technologien (denen Touraine zu bereitwillig eine Neutralität verleiht, von der sie häufig weit entfernt sind) werden oft bewußt zur Verstärkung der Herrschaft des Kapitals über die Arbeit oder der kommerziellen Interessen über den Konsumenten konzipiert. Deshalb besteht eines der wichtigsten Ziele der sozialen Bewegungen, in denen Gewerkschafter, Grüne und Verbraucherverbände ihre Kräfte vereinen, darin, die technologischen Optionen öffentlichen Kontroversen und Debatten zu unterziehen.

241 A. Touraine (ed.): *Mouvements sociaux d'aujourd'hui. Acteurs et analystes*, Paris 1982, S. 14-15.

Doch Touraine sucht einen noch grundlegenderen Aspekt herauszuarbeiten. Er wird nicht müde, darauf zu bestehen, daß moderne Gesellschaften weder soziale *Ordnungen* noch geschlossene systemische Totalitäten sind. Da sie sich in ihrem Inneren durch die Konflikte zwischen einer Vielzahl von Wertvorstellungen, von Rationalitäten und Finalitäten spalten, sind sie strukturell entwicklungsfähig und durch systeminterne Handlungen veränderbar. Sie sind von keiner totalitären Struktur, die man umstürzen und schlichtweg zerstören müßte. Die fundamentalistischen Gruppen – ob sie nun religiös, rassistisch, *deep ecologist*, ethnisch oder leninistisch-maoistisch sind –, die die moderne Gesellschaft von außen als eine Inkarnation des Bösen bekämpfen, kämpfen nie gegen ein geschlossenes System im Namen der Freiheit, sondern immer gegen eine unvollendete Moderne und eine unvollkommene Freiheit im Namen einer »natürlichen«, ganzheitlichen gesellschaftlichen Ordnung. Touraine ist erklärter Reformist, er hält die Revolution für ein vormodernes Projekt, das nur zu totalitären Regimen führen kann.[242]

2. Die sozialen Bewegungen, auf die die Methode der »soziologischen Intervention« anwendbar ist, müssen (zumindest potentiell) Emanzipationsbewegungen sein. Ihre Akteure müssen sich als Subjekte begreifen, die für ihre Autonomie kämpfen oder zumindest bereit sind, sich als solche zu verstehen. Denn nur Subjekte, die sich als solche verstehen, sind dazu bereit, ihre Motivationen und den Sinn ihrer Handlungen reflexiv zu prüfen. Es wäre extrem schwierig oder schlichtweg unmöglich, Touraines Methode auf Bewegungen oder Gruppen auszudehnen, deren Mitglieder von der Leidenschaft *zu sein* besessen sind. Auf jene also, die leidenschaftlich gerade nicht als Subjekte zu existieren versuchen und ihre Freiheit fliehen – wie Fromm es in seiner bemerkenswerten Analyse der nationalsozialistischen Ideologie zeigte.[243] Die, um das zu erreichen, als Instrumente und Diener eines Willens, einer Notwendigkeit, einer Wahrheit oder eines übermenschlichen Wesens gelten wollen, welche, per definitionem, nicht angezweifelt, analy-

242 A. Touraine, 1984, *op. cit.*, S. 316-327.
243 Vergleiche Erich Fromm: *Escape from Freedom*, New York 1942, dtsch. von Liselotte Mickel und Ernst Mickel, *Die Furcht vor der Freiheit*, Frankfurt am Main 1990.

siert oder interpretiert werden können. Vom Standpunkt des Subjekts spiegelt die Ideologie derartiger Bewegungen und Gruppen dessen Fähigkeit *zur Verleugnung seiner eigenen Existenz, einschließlich dieser Selbstverleugnung selbst* (was der genauen Definition von Unaufrichtigkeit bei Sartre entspricht[244]). Dazu versteckt sich das Subjekt hinter einem undurchdringlichen, durchorganisierten System von Argumenten, unantastbaren Dogmen und heiligen Wahrheiten, deren geringste Infragestellung als Sakrileg bestraft werden muß. Die Fanatiker und Dogmatiker weigern sich, sich selbst zu verstehen und verstanden zu werden. Sie wollen gefürchtet und respektiert werden – denn wer immer sie zu verstehen sucht, räumt ihnen eine Existenz als Subjekt ein, die sie ja gerade ablehnen. Wenn es jemandem gelänge, ein Gespräch mit einem Fanatiker anzuknüpfen und dabei durch sein Verständnis diesen dazu zu bringen, sich selbst als »Sinnträger seiner Handlungen« zu verstehen, dann bräche dessen System von Gewißheiten zusammen. Unter diesem Aspekt zeigt sich Habermas' kommunikative Vernunft wiederum als von der Autonomie und der Reflexionsfähigkeit des Tourainschen Subjekts nicht zu trennen.

Touraines Ansatz verbindet also Gesellschaftskritik unauflöslich mit der Fähigkeit des Subjekts, sich selbst zu verstehen. *Quelle und Grund der Kritik sind das Subjekt selbst.* Die Aufgabe des Soziologen besteht so darin, *die reflexive Selbsterkenntnis des Subjekts auf das höchstmögliche Niveau zu heben.* Evidenz wird nicht mehr – wie bei der »Lebenswelt« – auf die als unerschütterlich überlieferten Gewißheiten und auf Tradition gegründet und daraus legitimiert. Sie gründet sich nunmehr auf das Verständnis des Sinns und der Wirklichkeit dessen, was die Akteure als Subjekte bekämpfen und wofür sie kämpfen. Hier liegt meines Erachtens die einzig überzeugende Lösung des Dilemmas der Kritischen Theorie. Bei Touraine sind das Subjekt der Emanzipation und das der Theorie tendenziell versöhnt und erkennen sich wechselseitig als komplementäre Dimensionen ein und derselben Praxis an.

244 Vergleiche Jean-Paul Sartre: *L'être et le néant. Essai d'ontologie phénoménologique*, Paris, 1943, dtsch. von Justus Streller, Karl August Ott und Alexa Wagner: *Das Sein und das Nichts. Versuch einer phänomenologischen Ontologie*, Reinbek 1962.

Touraine kommt folglich zur Ablehnung und Subversion der klassischen Soziologie und ihres Anspruchs, das Individuum als Produkt einer Gesellschaft zu erklären, die sie »letzten Endes« für das einzige »wahre« Subjekt hält. Diesbezüglich sind die folgenden Ausführungen besonders bedeutsam.

Das Ende »der« Soziologie

Für Touraine »ist die zentrale Geschichte (der Moderne) die des Übergangs von den Kämpfen des Subjekts gegen die heilige Ordnung – ein Kampf, bei dem es der Verbündete des Rationalismus war – zu einem anderen Kampf des Subjekts, den gegen die Rationalisierungsmodelle«.[245] Weil »die Rationalisierung nachdrücklich mit dem Handeln der herrschenden Mächte verbunden ist«, das heißt mit der Industrie und dem Staat, »stößt sich die Verteidigung des Subjekts vor allem am Positivismus und Technizismus der modernen Gesellschaft und ihrer Verwaltungs- und Kontrollapparate«.[246] »Das Subjekt ist immer ein *schlechtes Subjekt und ein Trotzkopf*, es widersetzt sich den Regelungen und der Integration und sucht sich selbst zu behaupten und zu genießen. Durch den Widerstand gegen die Macht – im Widerstand gegen die Apparate und sogar *gegen die Gesellschaft als totalem Apparat* – verwandelt es diese Selbstbehauptung in den Willen, Subjekt zu sein.«[247]

Das Subjekt »kann sich nur im Kampf um seine Befreiung manifestieren und handeln und nur durch die Ausweitung eines Raumes, in dem Begehren und Gesetz sich nicht widersprechen (...). Es konstituiert sich im *Kampf gegen das Anti-Subjekt* und gegen die Logiken der Apparate, vor allem dann, wenn diese zu Kulturindustrien werden.«[248] »Das Subjekt definiert und gestaltet sich nur als Akteur gesellschaftlicher Bewegungen.«[249]

Der Nachdruck, den Touraine auf den Konfliktcharakter von Handlungen legt, die die Existenz des Subjekts zugleich offenbaren und reflexiv hervorbringen, zielt einerseits gegen die funktionali-

245 A. Touraine, 1992, *op. cit.*, S. 273.
246 *Ibd.*, S. 28 f.
247 *Ibd.*, S. 319.
248 *Ibd.*, S. 317 f.
249 *Ibd.*, S. 415.

stischen und systemischen Theorien und andererseits gegen die individualistischen und egozentrischen Interpretationen, bei denen sich das Subjekt nur für sein Image interessiert und von seiner »Identität« besessen ist.

»Die Soziologie hat sich (...) durch die Definition des Guten als die gesellschaftliche Nützlichkeit der beobachteten Verhaltensweisen konstituiert (...). Das Gute (bestand) im Beitrag eines Akteurs – oder besser eines Organs – zum Funktionieren des sozialen Körpers. (...) Das Individuum wurde also durch seine Stellungen definiert, denen die Rollen, also die Erwartungen der anderen an sein Verhalten, entsprachen.« Man erwartete von ihm, daß es seine Rolle »gemäß den im Gesetz, im Gesellschaftsvertrag und vor allem gemäß den im Stand der Sitten und Vorstellungen festgeschriebenen Modellen erfüllte«.[250]

Durch die Erklärung von Funktionalität (gesellschaftlicher Nützlichkeit) zum Kriterium des Guten konnte die funktionalistische Soziologie nicht anders als konservativ und elitär sein. Sie verbannte aus ihrem Forschungsgebiet die »nicht rationalen Wesen, Frauen, Kinder, Arbeiter, Kolonisierte, deren legitime Revolte gerade den Ausgangspunkt unserer Überlegung bildet«.[251] »Die Art von Soziologie, gegen die sich dieses Buch richtet, erklärt die gesellschaftliche Nützlichkeit (...) zum Moralitätskriterium und bemißt Verhaltensformen als randständig oder abweichend, die die Ordnung der Dinge tiefgreifend verändern.« Indem sie vorgibt, »positiver oder empirischer zu sein, weil sie sich ausschließlich mit dem Ich-Selbst (*Moi*) und dem Sich-Selbst (*Soi*) beschäftigt und das Ich (*Je*) völlig verleugnet, stellt sie sich aktiv in den Bereich der soziokulturellen und ideologischen Kontrollkräfte. Diese halten die Macht des Systems über die Handelnden darüber aufrecht, daß sie das Subjekt durch das Individuum als Konsument von Gütern und Normen und die Historizität durch die Reproduktion von Werten, Normen und etablierten Organisationsformen ersetzen. Die Bezugnahme aufs Subjekt (...) ist ein Hauptprinzip der Analyse aller Äußerungen des individuellen und kollektiven Lebens.«[252] Nur sie erlaubt es »vielen der besten Soziologen, den Bruch in der Entspre-

---

250 *Ibd.*, S. 405.
251 *Ibd.*, S. 364.
252 *Ibd.*, S. 326.

chung von System und Akteuren« und von Institutionen und Individuen zu erkennen. Nur sie erlaubt es, zu sehen, daß »die sogenannte soziale Integration auch als Kontrolle interpretiert werden kann, welche die Machtzentren auf die immer stärker manipulierten gesellschaftlichen Akteure ausüben«, und daß letztere sich durch die Verteidigung ihrer Freiheit »gegen eine überorganisierte Gesellschaft« als Subjekte behaupten.[253]

Durch einen vollständigen Perspektivenwechsel »wird die Achtung vor dem Subjekt heute zur Definition des Guten. (...) Das Böse ist die Herrschaft des Menschen über den Menschen und seine Verwandlung in ein Objekt oder dessen monetäres Äquivalent.«[254] »Wenn die Soziologie nicht die Partei des Subjekts gegen die Gesellschaft ergreift, dann verdammt sie sich dazu, ein ideologisches Instrument im Dienst sozialer Integration zu werden.«[255]

Das Ich gegen das Selbst (Soi)

Die Ablehnung aller Formen von Soziologismus zeigt sich am besten in der Nachdrücklichkeit, mit der Touraine das Subjekt vom Selbst (*Soi* bzw. *self*) und das Ich (*Je*) vom Selbst (*Moi*) unterscheidet. »Die Normalisierung und Objektivierung des Menschen produzieren das Selbst (*self*), während das Ich sich durch seinen Widerstand gegen die als repressiv erkannten Machtzentren konstituiert.«[256] So wie Sartre zeigte, daß das Sich-Selbst und das Ich-Selbst durch ein Subjekt konstituierte »psychische Objekte« sind, wobei das Subjekt sich verleugnet durch die Bemühung, für sich selbst der Andere zu *sein*, der es für die anderen ist[257], genau so zeigt Touraine, daß das Ich-Selbst und das Sich-Selbst »von außen« durch »soziale Rollen« gebildet werden.[258] Das Selbst wird »durch die Erwartungen der anderen definiert und durch institutionelle

253 *Ibd.*, S. 406f.
254 *Ibd.*, S. 268.
255 *Ibd.*, S. 323.
256 *Ibd.*, S. 196.
257 J.-P. Sartre, »La Transcendance de L'Ego. Esquisse d'une description phénoménologique«, in: *Recherches Philosophiques*, *IV*, Paris 1936.
258 A. Touraine, 1992, *op. cit.*, S. 268.

Regeln kontrolliert«.[259] Im Gegensatz dazu existiert das Subjekt als solches nur, wenn es die »Nichtübereinstimmung der von der Gesellschaft vorgegebenen oder mir aufgezwungenen sozialen Rollen und Bilder meiner selbst einerseits und meine Selbstbehauptung als ein eigene Existenz schöpfendes Subjekt andererseits erkennt.«[260] Nicht »die moralisierenden Diskurse derjenigen, die nur von sozialer Integration reden«, lassen jeden Einzelnen von uns als Subjekt leben, sondern »die Nicht-Zugehörigkeit (...), die Fähigkeit zur Distanz von seinen eigenen gesellschaftlichen Rollen (...) und das Bedürfnis nach Streit und Protest. Die Subjektivierung steht immer im Gegensatz zur Sozialisierung (...), vorausgesetzt, daß sie sich nicht in einer Gegen-Kultur der Subjektivität verschließt, sondern, ganz im Gegenteil, den das Subjekt aktiv zerstörenden Kräften den Kampf ansagt.«[261]

Hiermit sind wir sehr weit von der Sorge um »Identität« entfernt. Der Subjektbegriff, den Touraine verteidigt, ist dem Begriff des »Nicht-Identischen« bei Honneth verwandt. Touraine zeigt, daß Liebe und Freundschaft wesentliche Erfahrungen für das Erscheinen des Subjekts sind, da es sich auf diese »jenseits des Erlaubten oder Verbotenen« einläßt. Die Liebesbeziehung ist zu absolut, um nur von gesellschaftlicher Natur zu sein. Sie bringt das Individuum dazu, »die gesellschaftlichen Determinismen zu überwinden«, »eine Situation zu erfinden, anstatt sich ihr anzupassen«, »sich von den Verhaltensweisen des Konsums und der Anpassung zu entfernen«[262]. Liebe und Erotik sind frei von gesellschaftlicher Funktionalität. Daher kommt ihre zentrale Bedeutung in der Moderne.

Im Unterschied zu dem um seine Identität besorgten Individuum von Giddens, dessen Handlungen nicht auf Veränderung oder Erfindung abzielen, sondern auf die reflexive Erhaltung eines Bildes seiner selbst, das dem »idealen Selbst« (*the ideal Self*) entspricht, das heißt dem »Selbst, das ich sein möchte« (*the Self I want to be*)[263], ist das Subjekt bei Touraine ein »Dissident und Re-

259 *Ibd.*, S. 267.
260 *Ibd.*, S. 317.
261 *Ibd.*, S. 317f.
262 *Ibd.*, S. 263f.
263 A. Giddens: *Modernity and Self-Identity: Self and Society in the Late Modern Age*, Cambridge 1991, S. 52.

bell«.[264] In diametralem Gegensatz zur »Sorge um sein Selbst«
verteidigt es die Freiheit gegen die Macht und ist vor allem bestrebt,
ein Akteur zu werden, der die Verhältnisse verändern kann. Weil es
sich bei seinem Entwurf nicht um einen Entwurf zu *sein* handelt,
den Sartre vor allem anläßlich des Ernstes beschrieb, sondern um
einen Aufruf zur Freiheit, der die Logik der Systeme anficht, ist das
Subjekt »das im menschlichen Individuum am wenigsten Gesellschaftliche«.[265] Damit ist es, besonders in der »Konsumgesellschaft«, der mögliche und notwendige Grund unseres Widerstands
gegen die gesellschaftliche Macht.

Die Sorge, »eine Identität zu erlangen« oder »jemand zu sein«,
arbeitet der Kulturindustrie in die Hände, es sei denn, man begreift
den Ausdruck »Identität« als ein unpassendes Synonym der
»Selbstbestimmung dessen, der ich bin«. Denn diese floriert durch
das Angebot einer Vielzahl von Modellen und Elementen, die die
Individuen nutzen können, um sich eine »Identität« zu konstruieren und ein »Image« aufzubauen. »Die Sprache der Propaganda
und der Werbung sucht fortwährend (…) die Vorstellung durchzusetzen, daß die Organisation der Gesellschaft auf Bedürfnisse
antworte, dabei konstruiert diese Organisation die Bedürfnisse al-
lererst (…) und zwar den Interessen der Macht gemäß.«[266] Die
Machtzentren bemühen sich, Konsumenten, Wähler und ein Publi-
kum zu schaffen, und eben nicht, sich spontan äußernden Nachfra-
gen und Bedürfnissen zu entsprechen. Wenn die Individuen sich
nicht selbst als Subjekte entwerfen, werden sie in ihrem Verhalten
von den Entscheidungszentren bestimmt, die festlegen, was die
Menschen lieben, verlangen und kaufen werden und sollen, einschließlich des Selbstbildes, das ihnen verkauft werden kann. Der
Konsument ist selbst eine durch die »Kommunikations«- und
»Marketing«industrie produzierte Ware, eine von Fabrikanten, die
ihren Marktanteil zu halten oder zu vergrößern suchen, einge-
kaufte und verkaufte Ware. Die Nachfrage wird hergestellt, der
Konsum gesellschaftlich neu definiert und das Selbstbild des Konsumenten ihm als ein eigentlicher Bestandteil des Gebrauchswertes
der Ware verkauft. »Nie haben in einer Gesellschaft, die sich durch

264 A. Touraine, 1992, *op. cit.* 1992, S. 306.
265 *Ibd.*, S. 254.
266 *Ibd.*, S. 271.

das definiert, was sie macht (*achievement*), die zugeschriebenen (*ascribed*) Positionen eine derartige Bedeutung gehabt«, bemerkt Touraine.[267] Und nie zuvor war der Einfluß der Entscheidungszentren auf die Erlebnisse der Individuen und Gruppen so groß. »Der Bereich der organisierten Eingriffe der Gesellschaft in das Leben der Individuen wird immer größer, was am privatesten ist, findet sich seinerseits als vom öffentlichen Leben vereinnahmt. Die sozialen Beziehungen und Konflikte (...) dehnen sich auf den Konsum aus, also auf die gesamte Kultur und Persönlichkeit.«[268]

Es stimmt, daß – wie Giddens es mit einer Formel von Sartre festhält – in der modernen, sich auflösenden Gesellschaft das Individuum »keine andere Wahl hat als zu wählen«.[269] Aber diese Wahl läuft Gefahr, eher trivial als autonom zu sein – nämlich eine Wahl zwischen verschiedenen vorgefertigten Merkmalen und Bildern des Selbst –, es sei denn, das Subjekt wählt die Autonomie, in die es geworfen ist. Es sei denn, es erkennt hinter der herrschenden Ideologie der »freien Wahl« die Macht- und Abhängigkeitsverhältnisse von Aggressivität und Mangel und verweigert die vom System angebotenen Selbstbilder, Rollen, Identitäten, da sie keinen Bezug zu seinen eigenen Bestrebungen und Wünschen haben.

Genau diese Selbstbehauptung des Subjekts erforscht Rainer Zoll in seiner Untersuchung über die veränderte Haltung der Jugendlichen der Arbeit und den gesellschaftlichen Rollen gegenüber.[270] In bezug auf »die unvergleichliche Verschiedenheit und Vielfalt der ihnen zur Auswahl angebotenen Möglichkeiten« erklären die Jugendlichen, daß »keine der angebotenen Berufsrollen genügende Aussicht auf Konsistenz und dauerhaften Sinn bietet, um eine Festlegung auf sie zu rechtfertigen, ja zu ermöglichen«.

Was die Soziologie häufig als eine Suche und ein Bedürfnis nach Identität beschreibt, offenbart sich hier als stets frustrierte Suche und immer frustriertes Bedürfnis nach Sinn, wobei die Identität höchstens einen Ersatz darstellt. Denn abgesehen von stark integrierten, mobilisierten und hierarchischen Gemeinschaften oder Gesellschaftsordnungen, die ihren Mitgliedern Identitäten liefern

267 *Ibd.*, S. 347.
268 *Ibd.*
269 A. Giddens: *Modernity and Self-Identity*, *op. cit.*, S. 81.
270 Vergleiche Rainer Zoll (Hg.): *Nicht so wie unsere Eltern. Ein neues kulturelles Modell?*, Opladen 1989.

und ihnen die Mühe ersparen, selbst Sinn zu schöpfen, vermag nur ein Subjekt Sinn zu stiften.

Tod der Gesellschaft

In den hypermodernen Gesellschaften fehlt es also nicht an Möglichkeiten, eine dem »Ich, das ich sein möchte«, entsprechende Identität zu erlangen. Es fehlt vielmehr an sinnvollen Aktivitäten, durch die die Individuen freie, auf wechselseitiger Anerkennung beruhende Beziehungen herstellen und als Subjekte ihrer Handlungen auftreten könnten. Denn wenn man sich nicht über das, was man *tut*, definieren kann, bleibt nur noch, sich über das, was man *ist*, zu definieren. »Wer nicht mehr durch sein Handeln definiert wird, konstruiert oder rekonstruiert sich eine Identität über seine Ursprünge.«[271] Was Giddens zu Recht »die Ersetzung von Sozialbeziehungen durch abstrakte Systeme« nennt[272], erzeugt »Systeme ohne Akteure« und machtlose »Akteure ohne System«.[273] Diese suchen Zuflucht im Schoße ihrer ethnisch-kulturellen Gemeinschaft und lehnen eine Moderne, die sie außen vor läßt und ihnen keine Zukunft bietet, ab. Kulturalismus, Rassismus und Fundamentalismus sind die aggressiv ressentimentgeladenen Verhaltensweisen, mittels deren Opfer der Machtapparate versuchen, eine letzte Form von Zugehörigkeit, affektiver Sicherheit und Selbstwertgefühl gegen die abstrakte Logik des Marktes, des Geldes und des Profits zu bewahren. Der Preis, den sie für diese Sicherheit zahlen müssen, ist die totale Unterwerfung unter die Traditionen, Riten und Führer ihrer Gemeinschaft und der völlige Verzicht des Einzelnen auf seine Existenz um seiner selbst willen.

Deshalb hebt Touraine die notwendige Komplementarität von Freiheitssubjekt und Gemeinschaftssubjekt, von Rationalisierung und kultureller Identität hervor. Das Subjekt als Freiheit ist von der »Rationalisierung, die es gegen eine erstickende Sozialisierung schützt«[274], ebensowenig zu trennen wie von der kulturellen Ver-

271 A. Touraine, 1992, *op. cit.*, S. 214.
272 A. Giddens, *op. cit.*, S. 209.
273 A. Touraine, 1992, *loc. cit.*„ S. 225.
274 *Ibd.*, S. 353.

wurzelung, durch die es sich nicht auf einen manipulierten Konsumenten oder einen leistungsstarken Produzenten reduzieren läßt. Die »beiden komplementären Seiten des Subjekts« müssen immer vorhanden sein, wenn das Subjekt zum Widerstand gegen die beiden es bedrohenden Arten von Zerstörung durch Technik wie durch Religion fähig sein soll. Die »kritische Vernunft« schützt die persönliche Freiheit gegen die Immobilität der Gemeinschaft. Aber die *Kombination* dieser beiden Dimensionen des Subjekts bedeutet keineswegs, daß diese *versöhnt* oder gar vereinheitlicht werden könnten. Denn die Werte der Vernunft und der kulturellen Eigenheit sind einander entgegengesetzt, und ihr Konflikt kann nicht aufgehoben werden. So gehört die Spannung zwischen Gemeinschaft und System, zwischen dem Subjekt als »begehrendem Wesen« und dem Subjekt als Agent der Rationalisierung, wesentlich zur Moderne. Sie schafft »im Herzen der Gesellschaft eine Leerstelle«, die erhalten bleiben muß. Denn diese bietet jenen unbestimmten Raum, in dem die politischen Debatten, Beratungen und Entscheidungen darüber stattfinden können, wie diese beiden Dimensionen der Moderne am besten ins Gleichgewicht zu bringen sind.[275]

»Die Moderne schiebt die Idee von Gesellschaft beiseite, zerstört sie und ersetzt sie durch die Idee des sozialen Wandels.« »Das gesellschaftliche Leben muß dergestalt als Handlung und also als Bewegung begriffen werden, daß es den gesamten Komplex der Beziehungen zwischen den Akteuren des Wandels bildet.«[276] Es kann keine Demokratie ohne Subjekte geben, die fähig und entschlossen sind, sich dieser Spannung zur gleichzeitigen Bekämpfung der Macht der Apparate und der Identitätsfixierungen zu bedienen und dadurch jenen Spielraum zu vergrößern, in welchem sie die »versprengten Fragmente der Moderne« frei anzuordnen vermögen und dazwischen (zwischen Eros, Nation, Konsum und Produktion) »ein Netz komplementärer und antagonistischer Beziehungen« knüpfen können.[277] »Die demokratische Ordnung muß jenseits von jeglichem vereinheitlichenden Prinzip als Kombination der internen Logiken besonderer Gesellschaftssysteme und

275 A. Touraine, 1994, *op. cit.*, S. 171 ff.
276 A. Touraine, 1992, *op. cit.*, S. 255 f.
277 A. Touraine, 1994, *op. cit.*, S. 263.

der Selbstproklamierung des Subjekts neu definiert werden.« »Die Trennung von Akteur und System, von Bürger und Staat erscheint als die einzige Antwort auf die totalitären Bedrohungen einerseits und das neo-korporatistische oder liberale Regime des Marktes andererseits.«[278]

Diese Definitionen treffen meines Erachtens vollkommen auf die keimende soziale Bewegung zu, die aus der diffusen Ansammlung von Gruppen, lokalen Wahlinitiativen, para-gewerkschaftlichen Kooperationen, militanten Intellektuellen, Sozialarbeitern, religiösen Vereinen, Rentner- und Arbeitslosenverbänden besteht. Und zwar, insofern sie nach einer Alternative zu der in Auflösung begriffenen Lohngesellschaft trachten und auf der Basis eines anderen Umgangs mit einer der wichtigsten gesellschaftlichen Ressourcen, nämlich der durch den technischen Wandel freigesetzten Zeit, für weniger Markt, weniger Staat und mehr selbstorganisierte Gesellschaftlichkeit kämpfen. Die Bedeutung dieser Bewegung liegt in ihrer Art, Rationalisierung und Subjektivierung miteinander zu kombinieren.

Im Namen des Subjekts als Vernunft verwirft diese Bewegung eine kapitalistische Wirtschaft, die die Produktivitätssteigerung in einer Weise nutzt, die einerseits zur Absenkung der Löhne, zur Verschlechterung der Arbeits- und Lebensbedingungen und zur Herausbildung eines Lumpenproletariats aus Arbeitslosen und Obdachlosen führt und andererseits zum explosionsartigen Anstieg der Profite, zur Bereicherung der Reichsten und zu kostspieligstem Luxus. Anstatt das Verschwinden von Armut, Streß und erschöpfender Arbeit zu befördern, dient nämlich die Einsparung von Arbeitszeit der Verschärfung der Herrschaft, die das Kapital im Namen der Marktgesetze auf alle Lebensbereiche ausübt. Die Bewegung weist jene antimodernen Konzepte der Rechten zurück, die Lohnsenkungen in der Form vorsehen, daß sich eine größere Zahl von Arbeitskräften die von der Produktion ausgeschüttete abnehmende Lohnmasse teilt. Sie fordert statt dessen die Umverteilung des gesellschaftlich produzierten Reichtums wie der gesellschaftlich notwendigen Arbeit, damit alle immer weniger arbeiten können und ihnen dennoch ein ausreichendes Einkommen gesichert ist.

278 *Ibd.*, S. 159.

Eine solche Rationalisierung wird im Namen des Subjekts als Freiheit gefordert. Ihr Ziel besteht in der »Zurückdrängung der Macht der Apparate«. Die Bewegung leitet Praktiken, Vorstellungen und Werte ein, die eine Alternative zur Lohngesellschaft entwerfen, nämlich die »Multiaktivitätsgesellschaft«, in der die freigesetzte Zeit die Entwicklung von selbstorganisierten Netzwerken freiwilliger Kooperation und Selbstversorgung ebenso ermöglicht wie Selbstbestimmung und Selbstbeschränkung der Konsumbedürfnisse. Eine Gesellschaft, in der das Gleichgewicht zwischen Geben und Teilen einerseits, Kaufen und Verkaufen andererseits oder zwischen Selbsttätigkeit einerseits und funktional spezialisierter Arbeit andererseits sich zugunsten von Aktivitäten verschiebt, die sich der Logik des Marktes und des Systems entziehen. Eine Gesellschaft also, in der die Einzelnen gleichzeitig mehrere gleichwertige Leben führen könnten – etwa als Staatsbürger, Erzeuger, Privatperson, Mitglieder einer Gemeinschaft, einer Vereinigung, einer Kooperative – und diese durch die »endlose aber glückliche Arbeit an der Konstruktion eines Lebens als ein aus unterschiedlichsten Materialien zusammensetztes Kunstwerk« kombiniert.[279]

Die Gesellschaft, die Identitäten, Orte und Zugehörigkeiten verteilt, gibt es nicht mehr.

»Wir müssen«, schreibt Jean-Marie Vincent, »die Vorstellung von vollkommen harmonischen Beziehungen zwischen Individuen, Gruppen und der Gesellschaft aufgeben. (…) Die Gesellschaft ist nichts anderes als eine Konstellation von Gruppen, Interaktionsnetzen und sich wandelnden Normen. Sie verdankt ihre scheinbare Einheit nur der Herrschaft praktisch-technischer Verwertungsapparate oder staatlicher Macht. Wir müssen eine variable und differenzierte Gesellschaftlichkeit suchen, die einer sich ständig erneuernden Fülle von Kommunikationsweisen und Tätigkeitssequenzen entspringt und den Individuen eine echte Erfahrungshäufung, Erweiterungen ihres Horizonts und ihre ständige Selbstverwandlung ermöglicht.«[280]

Nach Touraine sollen die Soziologen den Sinn »der sozialen Konflikte und politischen Handlungsformen, die sich unter unseren Augen neu bilden«, entschlüsseln.

279 A. Touraine, 1992, *op. cit.*, S. 258.
280 Jean-Marie Vincent: *Critique du travail*, Paris 1987, S. 19f.

Ihr Ziel soll »die Herausarbeitung des Sinns nicht nur neuer Ideen, sondern ebenso neuer individueller wie kollektiver Praxisformen aller Art sein, welche die Gegensätze, Akteure und Konflikte einer neuen Welt offenbaren. Neben den strategischen Machtkämpfen ist unsere Welt voll befreiender Utopien, kommunitaristischer Gegenwehr, erotischer Bilder, humanitärer Hilfsaktionen, Suchen nach dem Blick des Anderen, versprengten Fragmenten der Erfindung eines Subjekts, das Vernunft und Freiheit, Intimität und Gemeinschaft, Engagement und Distanzierung verkörpert (...). Ist es nicht an der Zeit (...), den Raum und die Zeit zu erkunden, in denen bereits neue gesellschaftliche Akteure, eine neue Kultur und neue gelebte Erfahrungen aufscheinen?«[281]

281 A. Touraine, 1992, *op. cit.*, S. 426.